本书由江苏大学专著出版基金资助出版

U0727093

法学视野中的大学自治

——以大学权力为中心的分析

FAXUE SHIYE ZHONG DE DAXUE ZIZHI

夏 民·著

江苏大学出版社

图书在版编目(CIP)数据

法学视野中的大学自治——以大学权力为中心的分析
/夏民著. —镇江：江苏大学出版社，2009.12
ISBN 978-7-81130-131-1

Ⅰ.①法… Ⅱ.①夏… Ⅲ.①高等学校－学校管理－
研究－中国②高等教育－教育法令规程－研究－中国
Ⅳ.①G647.1②D922.164

中国版本图书馆 CIP 数据核字(2009)第 241078 号

法学视野中的大学自治——以大学权力为中心的分析

著　　者/夏　民

责任编辑/林　卉

出版发行/江苏大学出版社

地　　址/江苏省镇江市梦溪园巷 30 号(邮编：212003)

电　　话/0511-84446464

排　　版/镇江文苑制版印刷有限责任公司

印　　刷/丹阳市教育印刷厂

经　　销/江苏省新华书店

开　　本/890 mm×1 240 mm　1/32

印　　张/9.625

字　　数/280 千字

版　　次/2009 年 12 月第 1 版　2009 年 12 月第 1 次印刷

书　　号/ISBN 978-7-81130-131-1

定　　价/28.00 元

本书如有印装错误请与本社发行部联系调换

目　录

引　言

一、大学危机与大学权力

　　有着"象牙塔"之称的大学多年来一直是人们心中神圣的殿堂,大学以其威严、高贵的精神气质被人类赋予了诸多充满想象力的称谓。诸如:大学是培养人才的摇篮,大学是云集大师的圣地,大学是科学发展的源泉,大学是铸造人生的熔炉,大学是引领社会的灯塔,大学是精神寄托的家园,等等。实际上,大学通常被看成是知识经济的发动机、文化传统的传承地、国家声望的代言人、个人潜能的开发者、公正秩序的守护神以及科学知识的传播地。英国诗人约翰·曼斯菲尔德曾用充满诗情的语言歌颂大学:"世间再无堪与大学相媲美的事物。在国破家亡、价值沦丧之时,在大坝坍塌、洪水肆虐之时,在前途暗淡、了无依赖之时,不论何地,只要有大学存在,它就巍然屹立,光芒四射。只要有大学存在,人的自由思想、全面公正探索的冲动仍能将智慧注入人们的行为之中。"①

　　回顾人类刚刚过去的千年历史,可以印证大国兴盛的历史与大学兴起的历史是同步的。公元 1088 年,意大利半岛上诞生了世界上最早的大学,意大利成了欧洲文艺复兴的基地,世界资本主义

―――――――――――

　　①　罗伯特·伯恩鲍姆:《大学运行模式——大学组织与领导的控制系统》,中国海洋大学出版社,2003 年,第 6－7 页。

经济也最早兴起于意大利半岛。公元 13—14 世纪,大学在英国兴起,特别是英国拥有了当时世界一流的牛津大学和剑桥大学,英国率先爆发了工业革命,导引着世界工业革命的浪潮。公元 19 世纪,当研究型大学理念在德国兴起的时候,德国柏林大学成为世界大学的样板,德国很快成了第二次工业革命的领跑者。当欧洲现代大学理念远渡重洋传到美国后,哈佛、耶鲁、麻省等世界著名大学如雨后春笋般地涌现,美国又成为世界上最大的经济中心。大学与国家兴衰的关系如此密切,以至于政治家对大学的青睐超越了个人单纯的政治追求。美国《独立宣言》的起草人杰弗逊,拒绝在自己的墓碑上刻上美国总统的头衔,却要求将"弗吉尼亚大学的倡议者"刻在上面,大学的神圣由此可见一斑。

自现代意义上的第一所大学创办至今,大学已有近千年的历史,大学经过近千年的发展,在人类社会中的重要性已日渐显现。大学已经从社会的边缘走进社会的中心,成为人类社会发展的"动力站"和"轴心机构",大学的职能也日益繁复,大学承担着知识的存储、传授、传播、应用和创新,文明的传承和进步,人才的发掘与培育,科学技术的发明与发现,社会的文明与理性发展,异域文化的交流与融合等多种职能。正是因为大学的职能如此众多,世界各国特别是发展中国家越来越重视大学的发展,建设高水平大学乃至世界一流大学甚至被提升为国家层面的战略任务。1998 年,时任中共中央总书记的江泽民同志代表党中央在庆祝北京大学成立 100 周年的讲话中指出:"为了实现现代化,我国需要若干所具有世界先进水平的一流大学。"他亲切地寄语北京大学,希望其成为培养和造就高素质、创造性人才的摇篮,成为认识未知世界、探求客观真理、为人类解决面临的重大课题提供科学依据的前沿,成为知识创新、推动科学技术成果向现实生产力转化的重要力量,成

为民族优秀文化与世界先进文明成果交换、借鉴的桥梁。① 2001
年,江泽民同志在清华大学成立 90 周年校庆的讲话中也同样勉励
清华大学:"建设世界一流大学,为实现中华民族的伟大复兴而努
力奋斗。"国家对大学的高度重视,为高等教育的发展提供了良好
的外部环境,大学步入了繁荣发展的新时期。然而,在大学繁荣发
展的背后,大学危机论也悄然兴起。

　　"大学危机"的思潮始于 20 世纪 60 年代,发源于欧美发达国
家,逐渐推演到广大发展中国家。近年来,这种思潮声势越来越
大,并化作一股批判力量,造成深远而持久的社会影响。"一种力
量无疑是公众对高等教育的不满,这不光可以从媒体对于各种学
术丑闻、研究欺诈和用人舞弊的关注上,也可以从雇主、政府领导
人和家长更为深刻、更为个人化的批评中明显地看出来。"②社会对
大学的批评一方面反映了大学在社会上占据的地位越来越重要,
人们对大学寄予更多的期望;另一方面也说明由于社会力量对大
学的过度干预,大学的发展偏离了高等教育的规律,出现了种种匪
夷所思的现象。对于后者,我国学者似乎体会更深。有学者毫不
留情地批评我国大学中的种种学术现象:"一些大学里弥漫着推崇
官阶、唯官是从、攀权附贵的庸俗风气,神圣的学术尊严被学术腐
败所玷污,知识殿堂被亵渎。同时,大学在社会主义市场经济大潮
中左右摆动,对急功近利的商业化行为过度热衷,使得神圣的学府
被人指责为'学店'。有的大学成为金钱的奴婢,充满了世俗气与
铜臭味,大学行为被经济利益驱动,商业化的侵蚀严重扭曲了大学
的灵魂。"③

　　针对大学危机论的思潮,国内学者对大学危机特别是我国大
学危机的成因进行了见仁见智的解说,同时也对大学走出危机给

---

　　① 许智宏:《创建世界一流大学的目标与北大人的使命》,《中国软科学》,2000 年第 11 期,第
1-4 页。

　　② 唐纳德·肯尼迪:《学术责任》,新华出版社,2002 年,第 330 页。

　　③ 季诚钧:《大学组织属性与结构研究》,华东师范大学 2004 年博士学位论文,第 1 页。

出了不同的良方。有学者坦言,大学发展中失范现象是大学危机的根源,而我国大学失范的原因主要体现在以下几个方面:一是由于社会转型带来了社会价值观念、精神面貌、道德规范、政策规范等一系列的变革,导致大学的精神、文化、规范、属性等与社会的冲突的形成;二是由于大学自身的发展所产生的大学结构性、功能性的变革,导致大学价值的漂移、转换、异化而形成制度的缺失、行为的不检、形象的失落等。大学失范导致的危机包括:大学精神的失范导致教育思想的危机、大学价值的失范导致学术的危机、大学文化的失范导致大学形象的危机、大学制度的失范导致大学管理的危机、大学行为的失范导致大学主体的危机。因此,解决大学失范的关键在于建立社会控制机制和大学自我控制机制。大学失范的社会控制机制从宏观上对大学失范控制有着积极的意义,它是社会为了维持大学秩序而推动建立的约束大学组织和大学主体行动的一种稳定的活动模式,表现为社会建立了完善的,既有利于大学地位保障又有利于大学独立运行的管理制度、法规、条例等。大学自我控制机制则主要是指大学内部建立了职责分明,既必要又必需的机构和符合大学本质属性、组织功能的规范体系。社会控制机制和大学自我控制机制的综合运用,将从内、外两方面实现对大学失范的有效控制,有利于使大学在转型背景下实现自我超越。①

　　大学危机的根源在于大学组织的科层化危机,这是大学危机论中颇具代表性的观点。该观点认为大学组织的科层化危机体现在以下 3 个方面:一是大学组织之外的宏观管理体制在很大程度上剥夺了大学的自主权;二是科层权力的无限扩大趋势导致了大学组织内部学术权力与行政权力的冲突与对立;三是科层制理性至上的原则压制了大学师生的个体理性和学术自由。据此,化解大学危机必须对大学组织科层进行如下改造:正确认识大学特殊的组织特性,在宏观控制的前提下减少对大学组织的微观科层控

---

① 肖起清:《我国大学存在的失范与危机》,《现代大学教育》,2007 年第 6 期,第 13－16 页。

制;厘清大学组织中事务及其对应的权力关系,有效协调大学管理中的权力关系;以制度化的方式培植学术权力,对行政权力形成有效制衡,避免行政权力一股独大;针对大学组织重心下沉的特点,改革科层权力的配置方式,采取权力下移和"决策下沉"的方式对科层体制进行改造。①

大学危机的核心在于大学精神的危机,这是学者们普遍认同的观点。有学者就此指出,大学精神危机主要表现为大学人格的危机、大学品位的危机和大学伦理责任的危机。大学精神危机产生的主要原因有6个方面:其一,制度文化背景与社会因素的制约;其二,高等教育大众化的冲击;其三,功利性价值取向的凸显;其四,对大学技术至上的推崇;其五,大学师生关系的疏离;其六,大学校长的"黯淡无光"。因此,克服大学危机应当重建大学精神。首先,大学精神的建设必须坚持以下原则:一是引导社会进步;二是崇尚学术自由;三是坚守人文主义立场。其次,在大学精神的建设过程需要把握好以下3个关系:共性与个性的关系,继承与创新的关系,校长、教师与学生的关系。最后,大学精神建设的主要内容包括5个方面:一是求真务实的科学精神;二是自由民主的人文精神;三是兼容并蓄的开放精神;四是与时俱进的创新精神;五是隆法明德的治校精神。②

有学者从宏观层面分析认为,大学危机是高等教育规模急剧扩张,而政府支撑能力不断下降所造成的。其对大学造成的负面影响表现在大学的商业化、大学的官僚化、大学的技术至上和大学教育质量的滑坡。据此,大学走出危机的出路在于:一是厘清观念。高等教育不是经济的一个分支,而是社会的一个基本领域。从这一基本观念出发,大学的主体应该定位在非营利机构,而不是产业或商业机构。大学应该主要由公共经费支撑,不能完全交给

①　高见:《大学的科层化危机及其改造》,《高教探索》,2004年第4期,第33-36页。
②　陈忠群:《论中国大学精神的危机与重建》,福建师范大学2007年硕士学位论文,第1页。

市场;大学的运作应该以公共利益为指导原则,不能去争取自身利益的最大化,尤其是发展中国家的大学对这一观念更应该有一个特别清醒的认识。二是制度建设。对于发展中国家而言,财政危机固然阻碍大学的发展,但是制度建设的滞后对大学则构成更加致命的危机。可以说,没有现代制度,就没有现代大学。我国大学长期以来由政府投资,由政府管理,大学隶属于政府,没有自己独立的地位,大学外部不能自治,内部又缺乏学术自由。因此,在计划经济逐渐被市场经济取代的时代,建立起必要的制度以规范大学的行为已经刻不容缓。①

也有学者从学习的层次性需求出发,探究中国大学危机的深层次原因。此类学者将人类的学习划分为 3 个层次:第一层次是简单的知识和技艺传承;第二层次是"学会如何学习";第三层次是"学习打破常规"。大学作为第二层次学习需求的产物,现在企图同时在第一、第二和第三层次学习方面都扮演重要甚至主导角色是不可能的。而中国的高等教育实施者,其中既包括政府官员,也包括大学的领导者,正在进行着这样一场不可能成功的改革。这样错位的改革造成大学在知识与道德方面的权威性降低、大学教育普遍的实用性降低以及大学教育费用相对廉价的优势丧失,从而引发大学的危机。基于此,中国大学改革必须从学习的层面对大学教育的宗旨、手段进行根本性的反思,使大学危机变成转机。②

更有学者放言大学危机的始作俑者是现代性,即大学为现代性逻辑俘获后,制度层面患上"制度改革依赖症",导致大学制度越来越具有一种人为性与科层化,大学成为一个彻底的人造物,而不再是一个民间行会型的组织。与此同时,现代性导致自然科学引入大学,使现代大学失去了成为公共领域的兴趣,甚至开始远离公

---

① 王英杰:《大学危机:不容忽视的难题》,《探索与争鸣》,2005 年第 3 期,第 34－38 页。
② 黄利:《大学的危机——对中国高等教育问题的一点思考》,《博览群书》,2004 年第 7 期,第
30－36 页。

共性,走向隐蔽的政治化抑或趋于公开的私人化。在现代性张力下,知识分子变成了专业化的大学教授,大学本身或顺流而下成为政治统治和经济发展的工具,或逆流而上径直走到另一极端,即通过企业精神铸就营利性大学。大学迈出危机的关键在于重树大学的批判精神。"今天伴随着知识社会的来临,重温大学批判精神,复兴大学批判实践,将现代大学建设成为相互批判空间的中心,并通过说'不'的行动来培育相应的公民文化,以最终促成全球公民社会的实现,将既是大学超越现代性危机的一种途径,也是检验现代大学是否超越危机、实现复兴的重要标准。"①

　　检视大学危机论的代表性观点,学者们对大学危机的成因尽管有着似乎截然不同的理解,但如加以细致考量,大体可以分为外因和内因两个方面要素。外部要素包括:国家对大学管制过多,抑制了大学的办学自主权;国家高等教育资源配置不合理,特别是资金向国家重点大学倾斜,造成大学布局失衡;市场经济条件下,大学教育产业化导向使大学沦为经济的附庸;等等。内部要素包括:大学内部行政权力与学术权力不协调;大学内部行政权力行使不规范,缺乏有效的制约机制,校、院两级行政权力配置不合理;学术权力过于弱化,学术失范、学术不端乃至学术腐败现象较为严重,缺乏有效的监督手段;大学内部教师、学生权利受到挤压,缺少民主管理的渠道,权利救济措施不完善;等等。

　　需要指出的是,上述两种要素的划分与当前颇为流行的大学治理理论不谋而合。治理理论源于企业问题的研究,1989 年的世界银行报告将政府、中介组织、学校等非营利组织也纳入治理研究的视线。对大学治理研究者而言,尽管大学治理与企业治理是不同的,但这并不意味着两者没有逻辑上的共通。利益相关者问题、所有权与经营权关系、委托—代理制度等,都不是企业所独有的,而是任何组织都存在的现象。因此,两者的治理逻辑是相同的,存

---

① 王建华:《现代大学的危机与超越》,《高教探索》,2008 年第 5 期,第 28－33 页。

在区别的只是约束条件和治理形式的不同。

依据大学治理理论,大学治理包括外部治理和内部治理。大学外部治理关注的是政府和社会等外部力量如何参与大学的管理,主张政府的作用应主要体现在通过立法为大学的发展营造适宜的发展环境。大学法令相当于利益相关者签订的"契约"的一部分,是所有大学共同的契约,是确定大学兴办及运作的基本依据。对社会力量来讲,应该在大学和社会力量之间建立起一个直接的、畅通的信息沟通渠道,帮助大学确定与社会发展相适应的战略目标。大学内部治理则侧重于大学内部利益相关者参与大学管理,其关键在于促进行政权力与学术权力、民主与效率之间的平衡。"大学治理结构中的学术权力和行政权力之间不是上下级关系,而是一种平行的、合作的关系。它们应该各司其职,在各自的专属领域发挥作用,进而使学术权力和行政权力在大学内部治理结构中达到最优配置。"[1]

深入大学内部的基本构造之中去分析、体察即会发现在诸多因素当中,大学权力无疑是一个最值得认真研究和关注的要素。在很多情况下,正是大学权力的错位与越位,直接导致了现代大学的危机。事实上,早在 20 世纪 80 年代前后,美国的伯顿·R·克拉克、加拿大的约翰·范德格拉夫等著名学者即意识到大学权力对于当代大学发展的重要意义,约翰·范德格拉夫曾惋惜地指出:"过去的 10 年,是高等教育变革的 10 年。其间出版的论战性学术著作卷帙浩繁,喧嚷不止,然而却很少直接涉及权力问题。"[2]

中国学术界关于大学权力对大学健康发展重要性的认识,经历了一个相当漫长的发展过程。改革开放初期,多数人认为中国的大学只是在研究经费、科研水准等"有形"层面与西方发达国家

---

① 潘海生、张宇:《利益相关者与现代大学治理结构的构建》,《教育评论》,2007 年第 1 期,第 15－17 页。

② 约翰·范德格拉夫,等:《学术权力——七国高等教育管理体制比较》,浙江教育出版社,2001 年,第 1 页。

的大学存在比较明显的差距,但经过 20 多年的摸索与反思,人们逐渐意识到,制约中国建设高水平大学的最关键的因素不是资金、设备等"物质因素",而是制度因素和观念因素。其中,如何建构合理的大学权力管理模式,又是重中之重的因素。国内率先开展"大学治理"研究的是我国著名的经济学家张维迎教授,他以北京大学改革方案的论争为背景,论证北大的改革应当真正按照大学的逻辑来进行。① 所谓的"大学的逻辑",主要包括以下几层含义:其一是要回答"大学是什么"的问题,即应当明晰创造知识、传播知识、培养人才、服务社会乃是现代大学至高的理念;其二是大学以何种"治理结构"来实现上述理念,以解决大学学术秩序何以能够持久的问题;其三是大学中纵向的行政性学术权力和民主性学术权力之间的相互关系及其与政治权力的互动问题。本书认为,从大学权力的角度看,其一是大学的社会功能表明了大学权力存在的必要性;其二是大学的管理结构决定了大学权力存在的合理性;其三是大学组织的高效运作取决于大学权力架构的有序性。一言以蔽之,"大学的逻辑"其实就是大学权力的逻辑,洞悉了大学权力的逻辑也就把握了"大学的逻辑"。大学的危机在于权力的危机,大学走出危机必须着眼于大学权力。

二、研究视角与研究方法

20 世纪下半叶以来,人类知识生产由"学科体制垄断时代"向"跨学科时代"转变。人类社会的快速发展和复杂性变化,使传统的社会科学理论的解释能力大为降低,丧失了应有的预见能力。同时,人类文明的剧变也使得任何理论上和实践上所提出的重大问题,仅凭单一学科和单一思维方法已难以给出圆满的解答。"因

---

① 陈然:《大学的逻辑与北大的逻辑——从高等学校的社会职能角度看〈大学的逻辑〉》,《黑龙江高教研究》,2006 年第 8 期,第 5 - 7 页。

为随着现代社会和现代科学技术的日趋丰富与发展,各个学科相互渗透和汇流,不仅越来越成为一种普遍的社会现象,而且也越来越成为未来社会的发展趋势。它要求人们从对个别事物的研究过渡到对系统的研究,从单值的研究过渡到多值的研究,从单目标函数的研究过渡到结构的研究,从单方向的研究过渡到矩阵和网络的研究。"①作为对学科制度弊端的反思,人们试图通过跨学科研究对此进行适当调节和矫正,于是学术界出现了交叉学科或跨学科研究的热潮。正如皮亚杰所言,跨学科研究之目标是使一门学科与邻近学科或邻近领域之间的合作,导致彼此有一些真正的相互作用,即在交流中导致某种互利,如使对方在总体上有所丰富。从字面意义分析,大学权力中的"大学"显然是教育学的研究范畴,而"权力"则是法学重点关注的领域,因此大学权力的研究关涉教育学和法学两大学科。本书试图运用教育学与法学的学科理论和研究方法,从教育法学的研究视角展开研究,对大学权力的起源、发展、结构、特性、功能及其合法性基础等问题展开全面、深入的探究。

教育法学作为一门新兴学科发轫于西方,其形成经历了一个漫长的演化过程。西方的教育法学思想源远流长,最早可追溯到古希腊,主要围绕国家教育权问题展开。柏拉图在《理想国》中最早提出了国家教育权的问题,主张全部教育国有,教育由国家负责,教育权属于国家。亚里士多德在《政治学》中对教育立法给予了特别关注,提出"少年的教育为立法家最关心的事业"的论断。尽管如此,对教育中的法律问题进行系统的理论探讨却是近代的事情。文艺复兴、宗教改革之后,随着近代民族国家的兴起,国家教育权受到了空前的重视。从国家教育权的角度论述义务教育成为思想家们研究的热点,他们的研究成果也为教育法学的诞生奠

---

① 高春梅:《论跨学科研究的时代特征与现实趋向》,《山西师大学报(社会科学版)》,1996年第4期,第22-24页。

定了法理基础。例如,英国的莫尔在《乌托邦》中主张普及教育、人人受教育;德国著名的宗教改革家马丁·路德主张国家建立学校并负有强制入学的责任;意大利的爱尔维修提出国家应该办公民教育;法国百科全书派的创始人狄德罗提出国家应实施普及初等义务教育。

对教育法进行较为系统的理论探究始于19世纪,最初仅限于行政学和理论法学的探究。19世纪末,德国行政管理学的创始人施泰因首次倡导国家运用法律对教育事业进行干预,并从法理学角度对此进行论证。他认为教育事业是公共事业,故国家应该以立法的形式对其进行管理。其后,美国公立学校之父贺拉斯·曼从法律的角度论证了免费公共教育制度的合理性,主张实行义务教育。1904年法国巴黎大学“教育法学”讲座教授涂尔干开设了教育法方面的专题讲座,内容涉及教育法的各个层面,后来整理成具有深远影响的传世名著《教育思想的演进》。

20世纪50年代之后,教育法学在西方的研究进入了系统化阶段。20世纪50年代初,德国国际教育研究所的黑克尔(Heckel H.)出版了《学校法学》,对学校制度的法律构成及其管理、教师与学生的权利与义务、学校的权利与职责等方面的法律关系进行了系统的论述。1967年黑克尔又出版了另一部教育法学著作《学校法与学校制度》。1969年德国宪法学家克莱因与他人合著了《教育权利以及在人口稠密地区的实现》。1972年德国的亨内克发表了《国家与教育》。德国学者的这些著作集中讨论了国家、学校、教师、学生及家长的权利与义务。美国学者的研究兴趣则围绕教育法学中的典型判例展开,代表性研究成果有爱德华兹的《法院与公立学校》以及诺尔特和林恩的《学校教师法手册》。也有学者将其理论研究建立在判例基础上,其中最具代表性的是约翰·S·布鲁贝克的《高等教育哲学》。在这部高等教育的法哲学著作中,布鲁贝克对学术自由、大学自治、国家教育权、受教育权、学术道德等教育领域中的基本权力进行了法理学的探究。上述学者的研究为教育法学成为一门新兴的独立学科打下了坚实的基础。

　　周光礼教授认为:"学科成熟的标志应同时满足以下两个方面:一是内在标志,即一个成熟的学科必须有明确的学科主题或者说研究对象以及卓有成效的研究方法;二是外在标志,即一个成熟的学科应进入大学课程、有学位授予点、有全国性的研究组织以及有学术期刊。"①就内在标志而言,国外教育法学有教育权利(力)这一固定的研究对象,形成了概念分析法、案例分析法、比较研究法等卓有成效的研究方法。就外在标志而言,教育法学已进入了大学课程。例如:20 世纪 50 年代之后,美国许多大学的教育学院正式开设了教育法学课程,甚至已有教育法学博士学位授予点。1954 年,美国成立了"全美教育法问题研究会"(NOLDE),1972 年出版了《法律与教育杂志》。日本也于 1970 年成立了"教育法学会",出版了《日本教育法学会年报》等刊物。据此可见,国外的教育法学已经独立为一门成熟的学科。

　　国内对教育法学的研究是随着我国第一部教育法规《中华人民共和国学位条例》的颁布而展开的,大体分为两个阶段:1995 年之前与 1995 年之后。1995 年之前的研究阶段又称为"文本中的教育法"研究,该阶段研究内容侧重于教育立法成果的阐释与说明,偏重于教育法学思辨层面上的研究。代表性的作品有 1980 年《甘肃师范大学学报》发表的《谈谈制定教育法令的问题》和 1984 年《法学研究》发表的《论我国的高教立法》。这个阶段的研究特点被学者概括为"四多四少":对教育法律法规本身的关注多,而从教育法律现象赖以产生和存在的更为广泛的社会背景中考察教育法的运用的理论研究与实践行为少;对教育法律法规、条文规范的诠释多,而考察教育法在教育活动中的实际运作少;对国外教育法的理论研究与实践译述成分多,而结合我国实际分析、借鉴者少;囿于

_____

　　① 周光礼:《反思与重构:教育法学的学科建构》,《高等工程教育研究》,2007 年第 6 期,第50－55页。

教育法律现象本身内部要素的静态描述多,而从影响和制约这一特殊社会现象的深层文化渊源和国际比较中加以考察少。①

1995年以后,我国教育法学的研究由以往偏重学理的、应然的教育权利(力)的思辨性研究,转向注重实践意义上的、实然的教育权利(力)的问题探究。这一研究价值取向的战略转移,顺应了当代法律科学发展的趋势,标志着我国教育法学研究进入了新的发展阶段。该阶段的研究特点主要表现在以下几方面:

其一,研究范围有所拓展。为了克服前期研究的局限,学者们在引进大量国外教育法学译著的基础上,比较注重国外教育法制建设中的实践动态及与我国教育法制的现实状况的比较分析。既关注我国教育法制实践的微观环境,又涉及影响我国教育法制实践的宏观社会背景;既有对已经出台的教育法律法规、条文规范的法理阐释,又有针对法律制定中存在的程序瑕疵以及影响法律实施效益的现实观照。

其二,研究队伍得到加强。教育法学研究队伍中以往主要是学校教育管理领域的专家学者,现在一大批在学的高等院校教育学、法学、管理学的硕士、博士研究生也加入到研究队伍中来。研究队伍的扩大,既丰富了研究成果,也拓展了研究视阈。以法学为例,教育法学以往主要是以法理学的学科研究为主,现在不仅从民事、行政、刑事法律领域展开研究的作品层出不穷,而且从程序法角度展开研究的成果也屡见不鲜。

其三,学科建设取得新进展。在学科建设上,教育法学研究的专业组织和机构应运而生。目前,高等师范院校普遍开设了教育法学课程,培养出一批以教育法学为研究方向的硕士、博士。特别值得一提的是,目前中国人民大学已拥有了全国第一个教育法学硕士学位点,北京师范大学与华东师范大学也将教育政策与法律

---

① 谭晓玉:《当前中国教育法学研究中的若干理论问题探讨》,《教育研究》,2004年第3期,第56－61页。

设定为教育学的二级学科博士点。以往散兵游勇、单枪匹马的研究方式正努力向"教育法学研究共同体"的目标前行。

其四,研究成果较为丰硕。研究成果中,代表性的著作有劳凯声的《教育法论》,张维平的《教育法学基础》,李连宁的《教育法制概论》,黄崴、胡劲松的《教育法学概论》、褚宏启的《教育法制基础》等。最近几年来,更有一批博士学位论文对教育法学中某个专题进行系统的探讨,代表性的作品有秦惠民的《论教育权的演变》、温辉的《受教育权入宪研究》、龚向和的《受教育权研究》、李晓燕的《论我国教师的权利与义务》、申素平的《中国公立高等学校法律地位研究》、周光礼的《学术自由与社会干预——学术自由的制度分析》等。令人鼓舞的是,由劳凯声教授担任主编的首部教育法学学术刊物——《中国教育法制评论》于 2002 年应运而生。上述的研究特点,进一步扩大了教育法学的学术影响,为我国教育法学迈向独立学科提供了有力支撑,也为作者的研究提供了有益的参考。

跨学科的研究必然表现出多学科的研究方法,本书在以教育法学作为研究视角的基础上采用以下研究方法展开研究:

其一,文献法。大学权力诸模式的发展嬗变极为复杂,这种变化既涉及西方发达国家,也涉及发展中国家。因此,欲对大学权力问题进行深入研究,必须首先对相关文献进行分析、研究。概括起来说,既要对中外大学自治的历史过程进行系统考察,也要对学界有关权力的相关理论作系统的文献整理。特别是在对大学自治历史考察中,要对包括西方大学通史、中世纪及近现代大学发展的专门史、西方教育思想通史等学术著述在内的基础性文献进行系统的梳理,还要尽力搜集中外大学不同历史时期的大学规章、教授会章程、学术委员会章程等文件,以此作为研究的基础。在占有上述文献资料的基础上,通过对文献资料的辨析、取舍,使作者的研究结论更为坚实可信。

其二,历史法。在人文社会科学研究中,经常有人将历史法简单地归类于历史学研究,这实际上大大曲解了历史法的广泛功用。实际上,历史法绝非历史学的专利,无论是人文科学还是社会科学,在研究中都不可避免地要使用历史研究的方法。从学理上看,重视历史法在某种程度上是对学术研究中非历史主义倾向的修正,这正如丹尼斯·史密斯所言:"它不是简单地重视历史研究,更是强调时间因素在社会学研究中的重要性,强调研究对象及相关结论的历史具体性。它与被划在历史学范畴的'社会史'也有所区别,主要是它更强调理论,强调从历史研究中得出在相当大的时空范围内具有普遍意义的结论。"①历史法中所谓重视"时间因素"的作用,就是将研究对象置于一个"长时段"的进程中,对其进行溯源式的研究。就本书所研究的大学自治这一主题而言,从中世纪后期西方大学的兴起,到今天世界范围内大学的最新发展,从中国清末的大学萌芽至 21 世纪的大学复兴,研究所经历的时间跨度既有千年的"长时段",又有百年的"长时段"。无论是千年的"长时段"还是百年的"长时段",大学自治既具有"连续性",又经历了剧烈的变迁而造成的"断裂性"。通过这些"不变"与"变"的分析,为了把握其规律性,就必须运用历史法。

其三,比较研究法。西方中世纪大学诞生以来,大学自治的发展既具有极为突出的"个性特色"和"本土化"色彩,又存在较为浓厚的"共性特征"和"国际化"倾向。而到了近代,由于西方国家率先跨入人类文明"一体化"的工业时代,使得世界各国大学自治模式的交互影响也进入一个新的历史发展阶段,相互交往过程中大学自治并未丧失其"个性风采"。每一国家各具特色的民族文化都对其大学影响至深,遂形成不同的"大学自治模式",诸如德国的大学自治模式、美国的大学自治模式等。作为不同模式的代表,大学在不同的时代里存在着一种良性的互动关系,取长补短,共生共荣。因此,理解西方大学权力发展演进的基本轨迹并洞悉其内在

---

① 丹尼斯·史密斯:《历史社会学的兴起》,上海人民出版社,2000 年,第 307 页。

变化机理,须采用比较研究的方法。本书试图对西方大学不同时期和不同国度大学自治的变化情况进行比较研究,以把握大学权力发展嬗变的基本规律。同时,对于非西方国家来说,其真正意义上的现代大学发展,实质上是近代以来西学东渐的产物。因此,对非西方国家现代大学构建过程中"西方模式"与"本土文化"间复杂的互动关系进行比较研究,亦是一个非常重要的研究视角。运用比较研究方法展开研究,不同于一般的事实罗列,需要对比较对象作系统、全面的把握,"若对所比较之对象没有全面深入系统的了解认识,则格义附会,似是而非,主观任意,毫无约束"。① 因此,本书在展开比较研究的过程中,力求准确把握西方和中国大学自治中权力架构的基本事实,并以此作为比较的对象,客观提炼出两者之间的统一性和差异性。

其四,案例分析法。书中的案例是指各级法院作出的生效的司法判决。由于司法具有统一性、说理性、权威性和终极性的特征,所以案例分析法成为法学研究中普遍使用的方法。"案例是法治的基本单位,是法治的最小单元。它既包含着立法要素,又包含着司法要素;既包含了实体规则,又包含了程序性规范;既包括字面上的法律,又包括案例中当事人及法律人心目中所理解的法律;既包括法官所适用的法条,又包括法律适用活动本身对法律的生动解释。"②我国传承大陆法系国家的传统,判例没有法律拘束力,但这并不等于完全排斥判例法机制任何形式的存在和影响。事实上,当普通民众面对新型、疑难、不典型的案件时,相关司法先例的参考意义是显而易见的。如果找到了某种相似案件的生效判决,意味着某类案件的处理有了参照;反之,如果找不到某种相似案件的生效判决,表明此类问题与某种法律规则之间的联系尚需慎重

---

① 桑兵:《近代中外比较研究史管窥——陈寅恪〈与刘叔雅论国文试题书〉解析》,《中国社会科学》,2003 年第 1 期,第 190－202 页。

② 白建军:《案例是法治的细胞》,《法治论丛》,2002 年第 5 期,第 25－27 页。

考虑。因此,大陆法系国家通常将司法先例视为成文法条的某种解释和补充。本书将通过一起国内较为典型的司法审查介入大学自治的案例,借助司法判例的说理性阐明司法审查介入大学自治的必要性和有限性。

三、研究进路与研究内容

国内立足法学视野对大学自治进行研究,始于 1998 年北京市海淀区人民法院审理的田永诉北京科技大学案。以该案为标志,法治(司法审查)的阳光开始照进大学自治的殿堂,我国高等教育领域的"无讼"状态成为历史。然而,就田永案以及随后的刘燕文案、湖南外语外贸学院案、博士生告武汉大学案等诉讼案件所引发的学术论争却显得空前激烈,大有方兴未艾之势。赞成者认为,作为社会文明的必然趋势,法治(司法审查)介入理应对大学行使的公权力进行监督;反对者则声称,法治(司法审查)介入妨碍了大学自治,而大学自治是大学的基本准则。为了尽可能平息双方的论争,有学者试图从法治(司法审查)介入与大学自治相调和的视角对之进行论证,但尚缺乏对法治(司法审查)介入合理性的法理思考和法治(司法审查)介入尺度精确把握的佳作。同时,其研究成果也时常脱离我国正在不断扩大的大学办学自主权的大学自治实践。更有学者较具前瞻性地指出了法治(司法审查)介入与大学管理现代化的有机关联,并从法治视野对大学自治中存在的种种弊端作了梳理,对完善大学自治的规章也做了有益的设计,但其因整体把握较欠缺,具有实际可行性差及实践指导性弱的缺陷。

不可否认,法治(司法审查)介入大学自治是一个世界范围内的有争议的话题。自公元 1088 年意大利诞生了世界上第一所大学——博洛尼亚大学之后,大学作为与中世纪教会势力和封建权贵相对立的力量,一直高举自治的旗帜。在西方世界,由于整个社会法治化水准较高,大学自治的历史较为悠远,对法治(司法审查)

介入大学自治的研究起步较早,成果较为丰硕。其不足之处在于缺乏对我国现行大学内部结构和运作模式的客观把握,其理论研究亦通常游离于我国大学自治的实践之外。为了克服上述国内外研究的缺陷,本书取名为《法学视野中的大学自治——以大学权力为中心的分析》,试图沿着这样的研究进路:以大学管理法治化为背景,以国外大学自治的历史发展为依托,以我国大学自治的现实为主线,以大学内部的权力架构(学术权力和行政权力)及其相互关系为基点,以法治(司法审查)介入大学自治时对大学内部权力运作模式的影响为切入点。全书主要分为6个章节。

第一章,大学自治的历史发展。现代大学起源于欧洲的中世纪大学,这已成为教育史学界的共识。中世纪大学的诞生植根于中世纪欧洲城市得天独厚的土壤,其获得自治地位的重要标志是拥有特许状。特许状赋予大学师生居住权、司法管辖权、颁发教学许可证权等诸多特权,这些特权构成大学自治权的原生形态。中世纪后期,由于大学的地方化、贵族化和世俗势力的日益强大,大学无情地走向衰落,但是中世纪大学的衰落并未丧失其对现代大学的历史价值,并依然影响着大学自治的未来走向。

中世纪以来的西方大学发展进程中,不同的政治体制、文化传统、大学理念形成大学自治的两种代表性模式:德国的大学自治模式与美国的大学自治模式。这两种模式对其他国家的大学自治产生了深远的影响。德国模式的创立者是著名教育家洪堡,他以柏林大学为蓝本,以教授会、讲座制、评议会等形式实行教授治校。以欧洲文化与大学传统为背景成长起来的美国大学,在学习德国模式的过程中,结合自身的政治文化特点,形成"法人—董事会制度"的自治模式,将学术自由与服务社会有机地统一起来。

在被西方坚船利炮打开国门的背景下,在"师夷长技以制夷"思想的影响下,以京师大学堂的设立为标志,我国现代意义上的大学自治得以萌芽。中华民国成立初期,在以蔡元培为代表的一批教育家的推动下,大学自治得到一定程度的发展。南京国民政府成立后,特别是抗日战争时期,政治集权主义思想蔓延,政府对大学实施全面控制,大学自治受到严重挤压。新中国成立伊始,大学教育管理体制师法苏联,大学自治走上一条畸形发展之路。加上历次政治运动的"洗礼",大学自治丧失殆尽。改革开放后,以落实大学办学自主权为主线的大学办学自主得以逐步推行。

第二章,大学自治与大学权力。权力是当今社会科学理论体系的核心概念,可从政治学、经济学和社会学等视角给出不同的定义。权力与组织呈双向互动关系:一方面,组织是权力存在的基础,组织化的过程就是权力运作的过程;另一方面,权力是组织运转的支撑力量,是组织秩序的有力保障。作为自治组织的大学权力,其生成时具有确认自身存在合法性、功能合法性、成员资格,自主处理外部关系等权力。发展至今,现代大学权力体现出来源知识化、结构多样化、主体多元化和配置分散化的特性。

现代大学的组织系统是以学科专业为基础,学术权力和行政权力构成大学权力的两种基本类型。它们各自有其存在的合理性和必要性,不可偏废。学术权力与行政权力在权力的产生、权力的实质、权力的地位、权力的作用范围、权力的外部监督机制等方面存在着明显不同,两者不能混同。环视当今世界高等教育界,依大学中的行政权力和学术权力所起主导作用的不同,可分为以下3种模式:以美国为代表的学术权力与行政权力两权分离,互有渗透,各司其职的模式;以德国、日本为代表的学术权力与行政权力两权渗透,适当分离,学术权力起主导作用的模式;以法国为代表的学术权力与行政权力两权渗透,适当分离,行政权力起主导作用的模式。

由于我国大学多为政府设立,缺乏自治传统,大学内部存在着官本位思想严重、行政权力和学术权力界线不清、行政人员和学术人员关系紧张等因素,这些都制约着我国大学的健康发展。因此,重建我国大学的权力架构应把握以下原则:分清两种权力的职责范围,厘清行政权力与学术权力的行使界限;加强学术权力建设,建立学术权力的学术主导机制;发挥大学校长在协调行政权力与学术权力中的枢纽作用,保障行政权力与学术权力的和谐运行。同时,针对我国大学研究型、教学研究型、教学型的不同分类,行政权力与学术权力在权力架构中的比重应有所侧重。

第三章,大学自治与行政权力。社会组织形态演化的特征是日趋理性化,其外在表现形式是日趋科层化,韦伯认为现代理性科层制建立在严格的法治社会基础之上,具有内部成员工作范围明确、上级监督下级、通过书面文件施行现代化管理等特征。科层化对大学自治的重要影响表现在:作为正式的社会组织,大学实施科层管理有其必要性;大学规模不断膨胀,实施科层管理有其合理性;行政事务与学术事务相分离,实施科层管理有其可行性;大学正在进行人事制度改革,实施科层管理有其紧迫性。

大学的科层化尚不足以完全解释大学行政权力的存在,大学存在的内部和外部环境也为大学行政权力的存在提供了合理的阐释,即:国家对大学的控制是行政权力存在的政治基础;大学办学经费对政府的依赖是行政权力存在的经济基础;现代大学组织规模不断扩大是行政权力存在的组织基础。大学组织的行政权力分为外部性行政权力和内部性行政权力。外部性行政权力是大学代表政府机关履行某种政府行政职能时而产生的一种权力;内部性行政权力是大学组织代表自身履行学校行政职能时而产生的一种权力。大学行政权力的合理配置应从强化行政配置权力、提升行政规制能力、加强行政协调能力、提高行政服务能力、增加基层行政管理权力入手。

依法行政的理论经过多年的实践演化,发展至今包含两层含义:行政行为的合法性和行政行为的合理性。我国大学行政权力依法行政的阻力在于:一是是行政权力自身具有的扩张性;二是传统行政文化中的"人治"大于"法治";三是"官场逻辑"渗进大学内部。基于此,推进我国大学依法行政的具体举措在于:建立健全大学依法行政的法律体系,创建扁平化的矩阵型大学行政组织结构,优化大学民主管理制度,完善大学校长选任机制。

第四章,大学自治与学术权力。学术活动反映着人类探索和发展知识、保存和应用知识、传播和延续知识的过程。大学是人类认识活动由单个个体向专门的学术机构转变的产物。立足大学认识论的逻辑,大学自治与学术自由两者之间的关系可以概括为:大学自治是学术自由的必要条件,而学术自由是大学自治的自觉目的。学术权力与学术自由呈良性互动关系,学术自由是学术权力运行的前提,学术权力又为学术自由提供有力保障。学术自由有助于保障大学对真、善、美的追求,有利于大学成为社会进步的推动力量,有益于大学成为社会责任的践履者。

大学作为研究高深学问的圣殿,以培养人才为主旨,以知识创新和知识传递为主要活动方式,这决定了大学学术权力具有学科性、多维性和松散性特征。大学学术权力的生成基础,也就是学术权力的合法性问题,涵盖学术基础、制度基础和意识形态基础 3 个方面。学术权力的功能则指向维护学术秩序、推进知识创新、配置学术资源 3 个层面。

对于大学内部出现的违反学术规律现象,有学术不端、学术不正当行为、学术腐败、学术失范等诸多界说,其中学术失范说较为妥帖。学术失范的根源在于学术权力尤其是学术权威的滥用,主要是指学术权力行使程序的合法性欠缺、"公共性"缺失和责任机制缺位。因此,学术权力作为一种权力,在制度设计上与行政权力一样需要约束和规制,即学术权力应遵循程序正义、恪守学术性特质、健全责任机制的原则。

第五章,大学自治与权利保障。权利可作多种分类,依据权利存在的形态可以划分为应有权利、法定权利和现实权利。其中法定权利的实现程度是评价法治化程度的重要指数。现代社会中,大学生利益实现方式的改变、大学生主体地位的提高和高等教育理念的转变促进了大学生权利意识的觉醒。权利意识的觉醒,推动了大学生法定权利的完善。依我国相关法律规定,大学生法定权利包括平等受教育权、全面发展权、就业权等 11 项内容。

保障大学生法定权利的实现,应从 3 个方面入手:其一,大学管理工作的价值导向应由传统的着力规范和维护教育秩序,向尊重和维护大学生合法权利转变;其二,大学生要树立权利与义务相一致的观念,通过积极履行义务构建理性的校园秩序;其三,完善大学生权利救济渠道,包括以申诉为主要形式的行政救济和以诉讼为代表的司法救济,其中司法救济的最高形式是宪法救济。

新颁布的《普通高等学校学生管理规定》,完善了《教育法》和《高等教育法》中保障大学生权利的两项重要制度:一是在明确大学享有对违纪学生处分自主权的基础上,要求建立违纪学生处分听证制度;二是细化了大学生申诉制度,即对申诉处理机构、处理时限、处理程序等作出了明确的具体规定。这两项重要制度的出台,有助于使大学生法定权利从"纸上的权利"转化为"行动中权利"。

第六章,大学自治与司法审查。司法审查作为现代民主法治国家普遍设立的一项重要法律制度,既有国际性又有民族性。我国法制化初期,司法审查的重点在于行政组织的公权力,随着法治化程度的深入,司法审查对自治组织公权力的监督成为必然。大学自治权的行政权力色彩和权力应当受到制约的共识为司法审查介入大学自治提供了法理依据;大学管理中普遍存在着的章程瑕疵、管理失范、程序缺失等现象,也使司法审查介入大学自治有了现实需求。

司法审查介入大学自治的有限性表现为个方面:一是司法审查程度的有限性,即大学生诉讼制度作为司法审查前置程序的同时,司法审查的基点应落在大学行政权力上,对学术权力应保持节制;二是司法审查范围的有限性,即司法审查受到受案范围的限制,司法审查只针对可能涉及大学生重大权益的事项;三是司法审查作用的有限性,即司法权启动的消极性、司法裁决的滞后性、司法判决的不彻底性和司法权存在滥用的可能性等因素限制了司法审查作用的发挥。

　　司法案例是微缩的法治。本书通过对国内较为典型的田永诉北京科技大学拒绝颁发毕业证、学位证行政诉讼案的司法判决的评析,更为直观地阐释了司法审查介入大学自治的必要性和有限性。同时,也指出了该司法判决存在的缺憾,并对此提出了有益的建议,以使大学管理者更加谨慎地行使管理权力,更好地保护大学生的合法权益。

第一章　大学自治的历史发展

一、大学自治的历史回溯

欧洲中世纪大学是欧洲中世纪对人类社会最有价值的创造之一，是欧洲中古时代留给世界的最为宝贵的文化遗产之一。现代大学的起源可追溯至欧洲的中世纪大学，现代大学的自治理念也形成于欧洲中世纪大学，现代大学的学科分化、学院管理、专业培养等最核心的运作方式无不铭刻着欧洲中世纪大学的烙印。"无论在什么时代，教育的器官都密切联系着社会体中的其他制度、习俗、信仰，以及重大的思想运动"，而且"这些器官也各有其生命，有其相对自主的演进，在这段历程中，也留存了各自前身的许多结构特征。在有的情况下，它们会依赖于各自的过去，以此来抗拒来自外界的种种影响。例如，要想理解大学何以分划成各个院系，理解各种考试和学位制度、膳宿制度，理解学术世界里种种奖惩约束的运用，我们就必须一直回溯到创建这一机构的时候"。①

1. 大学自治的历史成因

11 世纪欧洲中世纪的大学是现代大学的雏形，这已成为教育史学界的共识，然而教育史学家关注的是最早的大学为何偏偏就

---

① 爱弥尔·涂尔干:《教育思想的演进》，上海人民出版社，2003 年，第 3 页。

在那个时间、那个地方产生。面对这种历史追问,学者们进行了见仁见智的有益探求。

宋文红博士撰文认为,大学在中世纪产生有以下 4 个方面的原因:一是基督教及其组织对中世纪文化的塑造和早期知识的累积,为中世纪大学的诞生提供了智力支持。"教堂学校和修道院学校里的知识传播活动以及越来越多的学生和教师,为中世纪大学的诞生奠定了直接的人力基础,而诞生后的大学则借鉴了基督教教育的一些办学基础和经验。"①二是由于大学的社会存在基础是城市,城市为大学提供了活动的场所,城市及其自治联盟的出现也为大学奠定的物质基础和组织原型;三是欧洲的通用语言——拉丁文的翻译活动,在融合东西文化的过程中,使西欧的知识领域活跃起来,萌生了欧洲现代学术,奠定了大学诞生的知识基础;四是持续的文化复兴和知识价值认同形成了智力活动凝聚的土壤。在此基础上,教师和学生组成教学共同体,通过教学活动满足社会专业化及对专业人员、专业训练的需要,从而促成了大学的诞生。

贺国庆教授认为,中世纪大学的诞生取决于以下 3 个方面的因素:一是城市的复兴、经济和贸易的发展为大学的产生创造了客观条件;二是十字军东征客观上提高了欧洲人的文化智力水平,导致了 12 世纪欧洲的文艺复兴,为大学的产生提供了知识基础;三是 10 世纪和 11 世纪欧洲社会经济的发展,导致社会各种机构不断增多,社会机构对专业知识和特殊技能人才的需求,为大学的诞生提供了现实条件。②

还有学者认为影响欧洲中世纪大学产生的主要因素有 3 个层面:一是城市的兴起为中世纪大学的产生提供了物质基础,同时由城市兴起而产生的行会制度为教师法团的形成提供了蓝本;二是

---

① 宋文红:《欧洲中世纪大学产生的历史原因和历史文化背景》,《现代大学教育》,2005 年第 5 期,第 34 - 38 页。

② 贺国庆:《欧洲中世纪大学起源探微》,《河北大学学报(哲学社会科学版)》,2007 年第 6 期,第 21 - 28 页。

市民阶层的出现以及其对世俗知识的需求是中世纪大学产生的另一重要因素;三是教权和王权的斗争为中世纪大学的产生提供了有利时机。①

对上述观点细加分析可以发现,学者们都述及了大学诞生与城市的不解之缘。"大量的具有地理意义的中世纪大学的名称表明了大学与城市的联系密切,也标明了这些城市必定是大学的发源地。"②重要的是,城市不仅是大学的诞生地,更是大学自治理念的发源地。诚如有学者所言:"中世纪大学的产生正是根植于中世纪欧洲城市这种得天独厚的土壤,而大学自治传统的历史渊源更直接脱胎于中世纪欧洲的城市自治和行会自治,拥有特许状就是中世纪大学自治的一个标志。"③城市对大学自治历史产生的影响具体体现在以下几个方面:

首先,大学自治的理念源自古希腊和古罗马城邦自治的观念。自治的思想和制度在西方社会源远流长。英文中的 autonomy 在古希腊语中是 autos(自己)和 nomos(法律)两词的结合。在古希腊思想中这一术语适用于城邦,表示一种政治概念。如果一个城邦有权力按照自己的法律行动并管理自己的事务,城邦就拥有了自治权。古希腊社会的组织形式是自治的城邦国家,城邦在本质上是自由公民的自治团体,具有契约基础。从希腊化时期开始,西方社会就开始出现了由城邦向帝国的转变,个人与国家、政府与社会开始疏离。自治市(municipium)是古拉丁同盟解散后并入罗马国家的社区,其居民被视为罗马公民,并仍可保留自己的政权机构和行政长官,具有一定限度的司法和财政实权。公元 3 世纪的罗马法学家乌尔比安将自治市当做法人加以论述:municipium 是一个法律

---

① 户翠红、荀渊:《中世纪大学产生的历史因素分析》,《煤炭高等教育》,2007 年第 3 期,第 30 – 33 页。

② 宋文红:《欧洲中世纪大学产生的历史原因和历史文化背景》,《现代大学教育》,2005 年第 5 期,第 34 – 38 页。

③ 和震:《西方大学自治理念的演进》,《学术研究》,2003 年第 10 期,第 119 – 122 页。

上的实体,它能够订立契约、出售土地以有利于地方管理,以及制定自己的法规。① 中世纪后期,西欧多个民族和不同文明之间的冲突与融合,形成了王权、神权和贵族权等多元权力并存、斗争与妥协的独特格局。这种特有的多元权力土壤,为城市兴起及城市自治权的发展提供了充分的条件,欧洲中世纪"每个城市都是一个自治的市民社会"。② 城市自治的标志是城市特许状。现存最早的城市特许状是公元 967 年的法兰西城市特许状,该特许状给予居民免受奴役的自由。从公元 11 世纪开始,城市特许状在法兰西、英格兰、苏格兰以及各低地国家被广为效仿和传播。"这些特许状的实质就在于,领主承认市镇为一整体单位,亦即一个集体附庸。这认可赋予公社一些本质特征——公社成员的团结一致和彼此平等,公社享有内部自治权等。这类特许状实际上默认了城市居民正如骑士、军士、僧侣、修道院长、大主教,以及所有其他已有明确界定的社会集团的成员一样,是应有某种适用于其本身的法律和属于其独有的身份。"③他们通过获得特许状的形式,既在一定程度上接受封建领主的控制,又在很大程度上独立于领主,建立了自己的政府,享有行政、司法、财政和军事大权,制定自己的法律,依法选举自己的城市议会,组建行会,实行行业自治管理,逐步建立起民主参与自治管理的制度和机构。

其次,城市中的行会制度为大学提供了自治原型。大学自治的组织形式来自行会制度,"大学最初的含义就是行会,是为争取特许状(即法律地位)及学术活动自由而组织起来的中世纪学者行会组织,这便是对城市自治运动模仿或者说是当时行会制度影响的结果"。④ 10 世纪至 11 世纪,欧洲封建制度进入巩固和发展时

　　① 利维:《法律与资本主义的兴起》,学林出版社,1996 年,第 44 页。
　　② 汤普逊:《中世纪晚期欧洲经济社会史》,商务印书馆,1996 年,第 174 页。
　　③ 同①,第 84 页。
　　④ 宋文红:《欧州中世纪大学产生的历史原因和历史文化背景》,《现代大学教育》,2005 年第 5 期,第 34 - 38 页。

期,农业生产开始出现稳步上升的趋势,与农业有关的副业也日渐发达,同时手工业技术显著提高,手工业逐渐从农业中分离出来,成为专门的职业。经济的发展使城市在欧洲大地如雨后春笋般迅速发展,11世纪至15世纪,欧洲诞生了约5 000个新兴城市和城镇,有些城市一半以上的人口由农业转向了商业和手工业。随着商人群体的财富和人数的增长,商人群体日趋演化成为一个可以脱离封建国家的常设机构而独立存在的完善的自给自足的组织,着手将从前绝对属于主教、伯爵或封建国家代理人的政治、司法和军事职责接管过来,这种组织被称之自治联盟(commune)。自治联盟不仅是商人的联盟,还被扩大为一个城镇的所有居民的联盟,居民"都受到保卫共同和平、维护共同自由、服从共同首领这一誓约的约束"。① 在自治城市里,有权处理自己事务的各阶层市民取得了与日俱增的独立地位,建立起可以用集体力量维护自己利益的组织——行会制度。

　　行会制度最早出现在10世纪的意大利,至12世纪遍及法、英、德等西欧国家。行会制度的兴起,使得学生或教师为保护自身利益需要自发组织起来,成为城市众多行会组织中的一员。对此,有学者作过如下深刻的阐述:11世纪至13世纪的许多学生是在其他国家接受他们自己国家所不能提供的教育,就是这种表面上不重要的差别,导致了大学的兴起。因为,"在中世纪,一个人住在外国是要自己承担风险的。他没有对其进行冒险进入的国家提出任何要求的权利,而他最能保障安全的机会,则是与在该国的同胞联合起来。就是由于这个原因,外国学者的各种团体就在各个学习所在地联合成了许多独立的'行会组织'。"②这一论点还可以从大学的称谓——universitas 中得到证实。在 13 世纪的文本中,

---

① 田薇:《信仰与理性:中世纪基督教文化的兴衰》,河北大学出版社,2001年,第83-84页。

② Hastings Rashdall. *The Universities of Europe in the Middle Ages*(2). New York: Oxford University Press Inc., 1936:137.

universitas是一个抽象的古拉丁词,意为"整体的"和"全部的",中世纪的法学家使用 universitas 来称呼各种各样的行会,后来逐渐固定用于指称大学。行会的特性构成了中世纪大学自治的精神实质,它暗含着大学是一个集体,也是一个精神实体,它能够以法人名义参与民事行为,自行订立组织章程并强迫内部成员服从。

最后,城市中的教权与王权势力的差异形成了大学自治的不同模式。"中世纪大学自治是大学与教、俗势力斗争和权衡的结果,它不仅要反对教会势力,还要反对世俗势力,这其中既包括反对王室的斗争,又包括与地方政权的对抗,并且还有教廷的笼络与利用,这一切都构成了大学复杂的外部环境。"①城市中教权与王权势力的不同,形成了中世纪大学的两种不同的自治模式:巴黎大学"教师型自治"模式和博洛尼亚大学"学生型自治"模式。

巴黎大学的自治模式是通过与教、俗两种势力的斗争而形成的。教师主要反对的是教会对办学权的垄断,特别是教会司法官对大学任意干涉的权力;学生主要反对的是市民社会对其权利的侵犯。发生在 1200 年和 1229 年的巴黎大学学生与市民之间的冲突和流血事件见证了教、俗两种势力对大学的干预。由于巴黎大学以文法学院学生为主,学生年龄很小,没有能力管理大学事务。加上 13 世纪后,教师在与司法官斗争中权利不断扩大,特别是1231 年教皇格雷高利九世颁布的 Parens Scientiarum 法令更进一步限制了司法官的权力,规定教师有权用停课的方式坚持自己的权利和制定教师协会章程,并且有强迫成员尊重和遵守章程的权利。这样大学教师就掌握了学术准则的制定权和学术许可权,从而使"教师自治"模式最终形成。

与巴黎大学不同,博洛尼亚大学的学生大多年龄较大,有较强的自治能力,加上博洛尼亚是一个典型的工商业城邦,世俗的权力

① 冯典:《中世纪大学自治精神探析》,《广东工业大学学报(社会科学版)》,2006 年第 1 期,第 16－18 页。

远高于教会。不能享有博洛尼亚市民应有的公民权的学生与市政当局展开了斗争,出于对自身利益的考虑,博洛尼亚市政当局最终妥协并许可了学生提出的大部分"大学自治"的要求,这样学生取得了对外的自治权。加上当时教师在经济上对学生的依赖所形成的教师的从属性地位等因素,间接强化了学生对大学内部的管理权,上述多种因素的结合形成了博洛尼亚大学"学生型自治"模式。

2. 大学自治的权利解析①

大学作为行会组织,始终对企图控制它的外部社会力量保持着警惕,有的大学为了保护自身的利益,有时也不得不与各种外部势力展开激烈的斗争。中世纪是一个充满特许权的社会,既有封建主、僧侣所享有的特许权,也有城市等社团享有的特许权。所以,大学通过争取自己的法律地位来保证生存和发展,其斗争的最终目标就是获得特许权。"通过特许权表明大学是一个独特的、为社会所承认的社团。一方面保证了大学学术上的独立地位,免受世俗化的影响;另一方面师生在租房、日常生活等方面享有优惠的特权,此外,还享有其他的民事权利,两者共同保证了大学的存在和发展。"②从现有史料看,中世纪大学的特权主要有 3 种来源:教皇的训令、皇帝和国王的敕令、大学特许状。由于中世纪教会与王权的争斗始终延续,社会处于动荡不安之中,大学的权利也始终处于变动中。大体而言,通过特许状获得的自治权主要包含以下内容:

(1)居住权。中世纪大学的师生经常来往于各大学之间讲课和求学,不但旅途充满艰险,而且师生们不能享受大学所在的城市

---

① 关于大学自治权中的"权"是权力还是权利,学界有着不同的认识。本书认为当大学作为自治主体对抗外部势力对其自治事务的干预时,更多地体现为权利,即以大学自治权利对抗外部权力,而当大学作为管理者对其内部事务行使自治权时,更多地体现为权力,即以大学自治权力对抗内部成员的权利。本书此处提及的大学自治权侧重大学对抗外部势力的干预,故以权利来指代。

② 李秉忠:《权利视野下的西欧中世纪大学》,《比较教育研究》,2006 年第 7 期,第 37 - 41 页。

的居住权。居住权是大学师生教学和学习活动得以顺利进行的基本条件,因此获得所在城市的居住权的重要性是不言而喻的。通过斗争,腓特烈一世的《完全居住法》最早给了前往博洛尼亚求学的学者以居住权:"他们……可以平安地到学习的地方并安全地居住在那里……保护他们免受任何伤害。"①

居住权不但赋予师生们基本的公民权利和人身保护,同时还包含了一些普通公民享受不到的优待:学者们不仅可以在城市里居住,城市要提供合适的房屋供他们居住和学习,而且学者们还可以获得非法入侵所造成的财产损失的赔偿。例如,如果师生们的住所遭到偷窃,可以得到赔偿;在房屋的租金上,师生们的房屋租金是固定的,由选举产生的两名市民和两名大学师生组成的 4 人评估团每年一次加以确定。如果师生们住所的租金超过了上述评估团设定的价格,他们可以不必再居住在那里,而那些收取高额租金的房主则要受到相应惩罚。② 除了享有提供房屋和固定租金的优待之外,师生们还可以享有住所免受噪音、恶劣气味等骚扰的学习安宁权。例如,博洛尼亚市政长官规定,任何人不得在学校周围或者学者们的住所周围经营手工业,因为这可能会干扰教学和学习活动,违反规定者将受到处罚。在英国牛津,1305 年英王爱德华一世禁止在靠近城市的地方进行各种各样的比赛和马术活动,因为这会影响师生们的学习生活。居住权不仅保证了大学师生的人身安全,也使得教学和学习活动免受干扰。

(2)司法管辖权。大学的司法管辖权是指大学建立起相对独立的司法程序和机构,师生们不受所在城市司法体制的管辖。也就是说,当大学及其成员与大学成员以外的人产生纠纷时,不受城市法庭和教会法庭的审理,而是由大学法庭独立受理和裁判。腓

---

① E・P・克伯雷:《外国教育史料》,华中师范大学出版社,1990,第 169 页。

② Pearl Kibre. *Scholarly Privileges in the Middle Ages*(Medieval Academy Books:No.72):Medieval Academy of America, 1961:28 – 29.

特烈一世授予博洛尼亚大学的《完全居住法》首次对大学的司法管辖权予以确认:"如果有人由于商业方面的问题要对学生起诉,学生可以享有选择的机会:可以传唤起诉者到教授面前,也可以传唤到本市的主教面前,我们已经给了教授和主教对于这类事件的审判权。但如果起诉者企图把学生拉到其他法官面前,即便是他的案由非常有理,也要因此而败诉。"①此后该项权利还逐步授予了其他大学。1170 年,兰斯(Reims)大学的一些学生遭到了人身伤害并被开除了校籍,他们向教皇亚历山大三世求助,教皇立即明确提出禁止任何人以任何方式侵害学者们的自由权,由他们的教师对他们实行司法审判。② 1244 年,英王亨利三世给予牛津大学教师广泛的司法权,如可以审判债务纠纷,确定住房租金,受理涉及大学人员的租用马匹、违反合同、购买食物等诉讼案。

　　由于大学所在地的区别,大学拥有的司法管辖权并不完全等同,在阿尔卑斯山以南地区(尤其是意大利)的大学,大学成员更多是作为一个阶层被承认,以区别于僧侣和世俗人士,所以大学获得较多的司法权;在法国由于大多数师生被看做是僧侣,享有僧侣阶层的各种特权,大学从属教会司法体制的管辖,在司法方面的自治权相对较少。以巴黎大学为例,1198 年教皇塞勒斯丁三世颁布教令,规定凡是对巴黎教士的诉讼,只要是涉及钱财问题的,都应该在宗教法庭而不是在世俗法庭审判。③ 1200 年法王腓力二世将这一特权正式授予了巴黎大学的师生,他颁布法令规定巴黎大学学生的人身不可受到市民的伤害,普通的法官不能逮捕任何学生,遇紧急情况必须马上把案件交到教会法官手中,学生只能由宗教法庭审判。

---

① E·P·克伯雷:《外国教育史料》,华中师范大学出版社,1990,第 170 页。

② Hilde de Riddler-Symoners. *A History of the University in Europe*, Volume I——*Universities in the Middle Ages*. Cambridge: Cambridge University Press, 1992: 19-20.

③ Gabriel Compayre. *Abelard and the Origin and Early History of Universities*. New York: Charles Scriber's Sons, 1910: 77.

（3）罢课权和迁校权。如果大学师生同城市当局或教会发生矛盾，或者教学、学习活动受到干扰，可以举行罢课，以示抗议；如果问题得不到满意的解决，大学可以自行迁校。如 1231 年教皇格雷戈里九世授予巴黎大学这样的权利：在因房价提高而受到损失、丢失东西、身体受到令人难忍的伤害或受到非法的逮捕时，大学可以立即停止上课。①

罢课权和迁校权是欧洲中世纪大学经常使用的权利之一。当城市当局提高房租、食物价格或者大学师生遭受不法侵害时，大学常常采取罢课、罢教的手段以示抗议，在大学师生的抗议下，常常是大学师生最终获得赔偿而了结。而一旦冲突得不到满意的解决，大学就会行使迁校权，整体或部分迁移到另一座城市。1209 年牛津大学的罢教事件就是一个典型。当时一位正在牛津大学学习文科的教士，由于偶然原因杀害了一个妇女后畏罪潜逃。城市执法警察逮捕了与他同住的 3 名教士，将他们投入监牢，后英王又下令将 3 名教士处死。为了表示抗议，牛津大学决心行使迁校权，全校近3 000名教士、教师和学生全部离开牛津，未留下一人。

（4）颁发教学许可证权。教学许可证作为在特定城市或主教辖区进行教学的一种许可，在大学组织出现之前就已经存在，只是起初并非掌握在大学手中。例如在巴黎，根据宗教法的相关规定，只有巴黎教会中负责教育事务的教务长（chancellor）才有权颁发教学许可证。随着大学的发展壮大，在教皇的帮助下，大学逐渐从教务长手中夺得了该项权利。1219 年，教皇贺诺利斯三世规定，只要学生达到了标准，不管巴黎的教务长是否愿意，大学都可以给其颁发教学许可证。到1252 年，大学从教皇英诺森四世手中完全获得了此项权利。

原则上，一个人若获得了教学的资格，那么这种资格在整个由

---

① Lynn Thorndike. *University records and life in the middle Ages*. New York: Columbia University Press, 1944:35.

教皇统治的基督教世界中都应该是有效的,可实际上却受到了限制。因此,为了能使自己的成员不受阻碍地到各地传播和交流知识,大学还需要获得颁发另外一种教学许可证的权利,即到各地进行教学的许可证。1292 年,教皇尼古拉斯四世颁布训令,正式授予巴黎大学此种权利:巴黎城内任何学生通过学习,考试合格后,都可以获得在他们系科担任教学工作的许可证,并且在其他地方也享有教学权利而无须参加任何考试。① 此后,牛津、剑桥等大学也先后获得了此项权利。

(5) 免税、免除兵役权。对中世纪欧洲市民而言,税收负担繁重、名目繁多,主要包括运输税、货物税、酒税、市场税、售货税、度量衡使用税、关税等。对于贵族和教士,则享有免税权。随着大学的发展,大学的师生们也逐渐享受了贵族和教士享有的免税待遇。1340 年法王腓力四世授予巴黎大学此项权利:任何俗人,不论地位、声望如何,都不得对学生和教师进行干扰或用其他方法进行敲诈勒索,不准以捐税进行勒索。1386 年海德堡大学获得的特许状中,这一特权得到了更具体的规定:师生携带的一切物品都免除进口税、租税、监务税以及其他所有苛捐杂税,师生购买生活必需品也免除上述税收。

除了免税权之外,大学师生还获得了免除兵役的权利。这一豁免不仅包括战争时期的兵役,也包括为了保卫城镇而参加民兵团的义务。法国国王的特许状规定:“除非危险即将来临,大学所有的成员都免除各种巡查和放哨的义务。”②同样的特权在意大利也有,只是不是所有的师生普遍享有,仅有大学的高级成员才享有。1264 年费拉拉(Ferrara)大学的章程中具体说明这项特权只授予法律、医学和文学的博士。尽管大学师生有免除兵役的权利,可

---

① Hastings Rashdall. *The Universities of Europe in the Middle Ages* (A New Ed.). Third Vol. Oxford University Press, 1951:401-402.

② Gabriel Compayre. *Abelard and the Origin and Early History of Universities*. New York: Charles Scriber's Sons, 1910:86.

是有时候师生们为了大学的荣誉会自愿履行服兵役义务。例如，1356 年巴黎城面临英国入侵威胁时，大学的师生在校长的指挥下拿起武器保卫城市。①

（6）其他权利。上述列举的只是当时大学普遍享有的主要权利。除此之外，由于所在城市的不同，一些大学还获得了其他权利。例如，1319 年英王亨利二世授予教龄达 40 年的大学教师在他管辖的领域内享有同公爵、侯爵和伯爵一样在公共场合和私人场合携带武器的特权，以及保留 4 个有武器装备的侍从或奴隶的权利；1412 年建立的图林（Turin）大学拥有这样的特权：城市里如果有演出，喜剧演员要送 8 张免费入场券给学生领袖。在奥尔良大学，英王亨利四世批准德国民族团的学生可以佩带剑和匕首等武器。②

饶有趣味的是，有时大学的特权不仅授予大学师生，为大学提供服务的人员也享有某种特权。大学内被称为"服务人员"（supposita）的低级随从、差役、抄写员、登记员、送信员以及教师和学生的仆人，甚至为学生提供书和纸的商人、羊皮纸制造者、图书管理员都可以享受那些特权。③ 1386 年海德堡大学被授的特许状中曾作出如下规定："我们还希望……和巴黎大学一样，各种服务人员都享有教师、学生享受的各种特权，因此在海德堡大学建校伊始，我们以更慷慨的态度通过这个文件，给所有服务人员，如事务员、图书馆员、低级职员、准备文凭的成员、抄写员、装饰书稿的人员和其他所有服务人员，无论个人或全体，都不折不扣地享有教师、学生现在和将来所获得的相同的特权、公民权、豁免权和自由。"④

---

① Gabriel Compayre. *Abelard and the Origin and Early History of Universities*. New York：Charles Scriber's Sons，1910：87.

② 同①：91 - 93.

③ Hastings Rashdall. *The Universities of Europe in the Middle Ages（A New Ed.）*，ed. by F. M. Powicke and Q. A. B. Emden，Third Vol. Oxford University Press. 1951：420 - 425.

④ E·P·克伯雷：《外国教育史料》，华中师范大学出版社，1990，第 173 - 174 页.

3. 大学自治的现代价值

中世纪大学依然无法跳出事物兴衰更替的历史规律,其从诞生走向兴盛,又无情地走向衰落。中世纪大学走向衰落主要有以下3个方面的原因:

一是国际性的消失和地方化的兴起。在中世纪的大学的繁盛时期,学生经常跨地域和信仰进行流动,这种国际性和开放性曾一度使中世纪的大学自治达到极致。从14世纪开始,大学的国际性特点逐渐开始丧失,许多新建立的大学越来越注重从本民族、本地区招生,限制本民族、本地区的学生到外地的大学就读。大学开始用本民族、本地区的语言,而不是统一用拉丁语授课,这样也使大学变得日益地方化,学者只在较小的范围内进行流动,学术影响也逐渐减弱,大学丧失了稀有的价值和迁移的可能性。

二是大学和知识分子的异化。随着大学自治权的累积,大学变得故步自封,贵族化倾向越来越严重。"在对奢华的竞相追逐中,大学学者开始向往贵族生活。博士们纷纷挂上了'法学骑士'、'法学老爷'、'法律主子'等头衔,如有幸获得皇帝授予的骑士封号则是无上荣耀之事,哪怕是享受一次见面击肩礼也求之不得。于是,无功利的科学情趣、与他人分享的欲望、对辩论成果价值的确信,都丧失殆尽。"①大学的贵族化,导致大学不再是那个时代杰出人物的培养场所,而是堕落成落后和守旧的堡垒,许多大学在这种自治形式的维护下演变成保守的知识集团。同时,16世纪的欧洲大学不再拥有对精神生产与高等学校课程的垄断权。除了传统的大学(university)之外,还出现了一些其他类型和层次的专门学院(specialized schools)。这些学院只教授某一方面的知识,强调知识的实用性和实践性,培养某一方面的职业人士,而不是进行科学研究和通识教育。如外科学

① 王晓辉:《到源头探寻大学要素——读〈中世纪大学〉》,《现代大学教育》,2007年第6期,第21-26页。

院、兽医学院、行政学院、工程学院、农业学院、矿业学院、东方语言学院、商业学院等。专门学院的出现使得越来越多的知识在大学以外的场所传授，动摇了大学专有的时代知识中心的地位。

三是世俗势力的日益强大。中世纪欧洲教权与世俗政权之间存在二元对峙状态，大学充分利用了其中的矛盾获得来自教会和世俗当局两方面的庇护而授予的自治特权。因此，大学的自治权是在以国王为代表的世俗势力和以教皇为代表的教会势力的夹缝中获得的。"在这个时期，各种政治力量（特别是教会和世俗政权）都在尽量扩大自己的权力而削弱对方的势力。因此，他们都争相赋予幼年时期的大学以种种特权，使之站在自己一边，巩固自己的统治。"①这意味着，无论哪方势力主导，都会挤压大学的生存空间，制约大学的自治权。以巴黎大学为例，始于1378年持续达40年之久的宗教大分裂使基督教世界四分五裂，国王势力得以加强。国王势力加大了对大学的控制，巴黎大学渐渐失去其作为欧洲基督教世界学术中心的地位，其获得的自治特权也不断受到侵蚀。1437年法国国王下令取消巴黎大学的免税特权；1449年巴黎大学的司法管辖权被取消，司法权隶属于巴黎高等法院之下；1449年巴黎大学师生的罢课权也被取消。随着这些特权的丧失，曾被查理五世称为"国王的大公主"的巴黎大学，蜕变为"国王的女仆"。同时，在民族国家形成的背景下，大学数量日益增加，大学规模不断扩大，"大学在财政方面越来越难以维持独立性而依从于世俗权威，世俗政治权力开始介入大学教师人事自主权，肆意任命和罢免教授，大学自治的最重要部分遭到破坏。"②

历史是现实和未来的一面镜子。现代大学是以中世纪大学为蓝本建立起来的，这一事实是无人否认的。通过对中世纪大学的

---

①　张斌贤、孙益：《西欧中世纪大学的特权》，《北京师范大学学报（社会科学版）》，2004年第4期，第16－23页。

②　和震：《西方大学自治理念的演进》，《学术研究》，2003年第10期，第119－122页。

历史考察,能够辨识出中世纪大学与近现代大学之间的历史连续性以及发展的历史脉络,也能够理解大学自治薪火相传的遗传因子和历史价值。

(1)中世纪大学是现代大学自治精神的源泉

纵观中世纪大学,其作为自发的行会性质的组织,聚集这样一些追求知识的自由人群,在探究高深学问的理想下形成一种自由的文化氛围和精神品性,并以罢课、迁校等方式,维护和坚守自身的独立和自治,不愿受学术之外的政治、宗教和社会因素的干扰或约束。这种自治正是遵循了大学发展的内在学术逻辑,由此滋长并铸造了经典和永恒的学术自由的理念。中世纪大学表现出来的知识分子的职业化,让科学的内在的价值——自成目的的自由的人进行的自由思考活动成为现实的可能。因此,无论是宗教的力量、市场的力量还是政府的力量,都不能取代大学的学术力量,研究者的学术活动只服从真理的标准,不受任何外界压力的影响。尽管中世纪大学自治的传统并没有完全被后世大学继承下来,它却成为后世大学为争取自身独立自主地位的文化资本和精神寄托,对后世大学产生了巨大的影响。经过后世学者洪堡的理论阐述以及柏林大学的实践验证,大学自治与学术自由一起成为大学的经典理念,且被视为大学发展的基本准则。因此,虽然中世纪大学自治没有被直接继承下来,但中世纪大学自治精神给近现代的大学自治理念以重要的启迪,是现代大学自治的理论渊源;虽然现代大学与中世纪大学相比存在着诸多的不同,但大学自治精神是两者共同的追求。金耀基教授在其《大学之理念》一书中指出:"大学不能遗世独立,但却应该有它的独立与自主;大学不能自外于人群,但却不能随外界政治风向或社会风尚而盲转、乱转。大学应该是'时代之表征',它应该反映一个时代之精神,但大学也应该是风向的定针,有所坚守,有所执著,以烛照社会之方向。"①此番言论,

① 金耀基:《大学之理念》,生活·读书·新知三联书店,2001年,第24页。

既道出了大学自治精神的真谛,也道出了研究中世纪大学自治历史的原因。

(2) 中世纪大学成为现代大学制度的滥觞

虽然大学在近代转型期发生了重大的变化,但一个事物在它的萌芽时期的特征及其所昭示的发展趋势有着极大的价值。欧洲著名的大学,如柏林大学、斯特拉斯堡大学、爱丁堡大学、曼彻斯特大学和伦敦大学等都是按照中世纪大学的模式建立的,美国的大学也是借鉴欧洲大学的模式发展起来的。制度建设对大学兴衰的重要性,可从中世纪最早的大学之一——萨莱诺大学的陨落得到证明。1811 年当拿破仑下令将萨莱诺大学废止时,它实际上已经名存实亡了。历史学家科班曾这样总结其衰亡的原因:"萨莱诺(大学)的主要弱点在于它没有发展起一个保护性的和有凝聚力的组织以维持它的智力活动的发展。"因此,"如果要使智力活动的契机不被消散,那么在取得学术成就之后,必须迅速作出制度上的反应。如果缺乏固定的组织,在开始时也许为自由探究提供了机会,但经久不息和有控制的发展只有通过制度上的架构才能得到。"①

现代大学的学科制度也源于中世纪大学。早期具有高等教育性质的学校,如中国古代孔子所办的私学、古埃及文人学者议论朝政和钻研学术的"文人之家"、古印度享有盛名的纳兰陀寺、古希腊柏拉图创办的阿加德米学园、亚里士多德的吕克昂学园以及古代的雅典学校或亚历山大学校等,讲授的主要是文法、修辞、天文等被称为"七艺"的知识,这些具有高等教育性质的学校之所以没有最终发展成大学,原因在于其没有形成如中世纪大学那样的学科划分制度。中世纪大学开始的学科划分,促进了知识的繁荣和发展,多学科共同发展既是中世纪大学发展的基本特点,也是现代大

---

① 伯顿·R·克拉克:《高等教育系统:学术组织的跨国研究》,杭州大学出版社,1994 年,第4页。

学发展必须遵循的理路。比如,最早的 3 所大学设立了神学、法学与医学 3 门学科,各学科在不同大学得到了不同的发展。神学衰退后,哲学发展起来,成为与法学和医学地位相当的独立学科,并提升了学科的地位;法学发展成为社会科学的一部分;医学的发展促进了技艺、实证、实验等学科的发展,为自然科学的兴起奠定了基础。

(3) 中世纪大学也为大学的未来发展指明了方向

1988 年 9 月 18 日,欧洲各国的大学校长聚会博洛尼亚,庆祝世界最古老的大学——博洛尼亚大学创建 900 周年,并发表了著名的《欧洲大学宪章》。这部关涉大学未来发展的纲领性文本,确立了 21 世纪大学发展应共同遵循的 4 项原则:① 因地理条件和历史背景的差异,各国的社会结构不尽相同。处于社会中心地位的大学,是一个独立自主的研究机构。它在创造和传播知识方面,发挥着至关重要的作用。为了适应当代社会各方面的需要,大学在致力于研究和教学的过程中,应当保持道德和学术上的独立,不听命于任何政治和经济权力机构。② 当代社会和科学的发展不断对大学提出新的要求。为了与这种形式相适应,大学的教学活动必须与研究活动紧密结合。③ 研究自由、教学自由和培养人才的自由是大学存在的基本原则。国家权力机构和大学各有其职责范围,但尊重和维护这一基本原则并使之进一步发扬光大,是国家权力机构和大学义不容辞的共同义务。大学是教授们消除狭隘的门户之见、互相切磋学识的最佳聚会场所。在这里他们不仅赋予学生智慧,而且还向学生传授如何从事研究和发明创造,以便开拓新的知识领域。大学的学生不仅有获取知识、丰富自己智慧的权利,而且他们在这方面也有强烈的愿望和足够的能力。④ 大学不仅维护欧洲人文主义的传统,而且还坚持不懈地向更博大、更精深的知识领域挺进。为此目的,大学不惜通过一切可行的途径,不受任何地理和政治疆界的限制。大学确信,各种文化特别需要彼此交流,也迫切需要相互融合。① 毋庸置疑,这 4 项原则既是对大学发展历史的总结,也是大学未来走向的指南。

二、国外大学的自治模式

"自治是高深学问的最悠久的传统之一","失去了自治,高等教育就失去了精华"。② 毫无疑问,中世纪以来的西方大学发展进程中,大学自治作为大学发展的基本定律导引着大学的前行。不过,大学自治作为西方大学的治校原则在大学近千年的实践中不断发生着变化,不同的政治体制、文化传统、大学理念决定着大学自治的形式与内容。审视西方大学自治的历史发展,特别是近代以来,大学自治中较为典型的两种模式分别是德国模式与美国模式,它们对世界其他国家大学自治产生了深远的影响。

1. 德国大学的自治模式

·德国大学的自治模式以 19 世纪初期创立的柏林大学为标志。柏林大学的创建,深受当时德国教育家洪堡的影响。洪堡在1809—1810 年任德国内政部文化教育司司长期间,负责组建柏林大学。他围绕柏林大学的建立,撰写了《柯尼斯堡学校计划》、《立陶宛学校计划》、《文化和教育司工作报告》、《论柏林高等学术机构的内部和外部组织》等,表达了自己独特的大学理念。③ 就大学自身而言,洪堡认为大学必须服务于学问的纯粹理念,独立与自由是大学中起主导作用的原理。大学只有获得自由,才能很好地完成历史赋予的使命,而作为大学自由(包括研究自由、教学自由、学习自由)的制度保障的只能是大学自治。在大学与国家的关系上,洪

① 罗红波:《博洛尼亚大学》,湖南教育出版社,1993 年,第 81 – 82 页。
② 约翰·S·布鲁贝克:《高等教育哲学》,浙江教育出版社,1988 年,第 31 页。
③ 刘宝存:《洪堡大学理念述评》,《清华大学教育研究》,2002 年第 1 期,第 63 – 69 页。

堡以文化国家观为基础,强调大学作为科学与研究相统一的机构,本身就是国家事业的一部分,以发展理性为根本,大学的目标、利益与国家的目标、利益相吻合。大学只需要按照科学活动本身的需要,根据为科学而科学的原则进行活动,而无须依据对社会的某项具体功能来证明它存在的意义。国家的行为也应该服从于理性原则,承认科学活动的自主性,为科学活动提供保护和支持,使理性按其自身的原则得以发展。国家绝不能要求大学直接地和完全地为国家服务,而应当坚信只要大学达到了自己的最终目标,它也就实现了而且是在更高的层次上实现了国家的目标。

"柏林大学的成功,不但使洪堡成为永载德国大学发展史册的人物,也使洪堡成为整个世界大学理念发展史上的里程碑式的人物。他的大学理念以及为实现这种理念而设计的办学原则,对后世大学的发展产生了深远的影响。"①洪堡的大学自治和学术自由的理念奠定了德国大学自治的模式。在这种模式下,德国大学虽为国立,却享有充分的自治权,并且大学自治权最终在法律上得以确认。1975 年颁布的《联邦大学大纲法》中规定:"大学既是公法上的社团,同时又为国家机构。在法律规定的范围内,大学享有自治权。"德国的大学自治模式特征表现为教授组织是决定和管理大学事务的核心机构,故德国大学自治模式又被称为"以教授组织为中心的大学自治模式"。② 教授组织在大学事务中的核心作用体现在以下几个方面。

一是教授会。教授会是柏林大学学术自由精神的集中体现。教授会的成员由全体正教授组成,负责大学各项事务。按照施莱尔马赫制定的柏林大学章程,教授会有遴选校长、副教授等权力。教授会通过大学各学部的教授会自行选举出主任,对于延聘教授及准许讲师授课等问题进行商议。"学部的权力掌握在正教授手

---

① 彼得·贝格拉:《威廉·冯·洪堡传》,商务印书馆,1994 年,第 69 页。
② 胡建华:《两种大学自治模式的若干比较》,《全球教育展望》,2002 年第 12 期,第 21－23 页。

中,由正教授构成的教授会掌控着学部的行政管理,其运作既非全体学部成员的大民主,也非少数人的独裁,而是一种中间形态——在教授会层次上的民主。凭借教授会或学部制度,行会内部成员平等的传统精神与原则得到某种程度的保留。"①

在西方大学自治中,由于教授是某一领域的学术权威,其手中的学术权力是自主管理大学学术事务和监督大学行政事务的重要力量,可为学术活动的顺利开展提供制度和环境保障。因此,利用"教授会"等组织形式进行"民主管理、教授治校"是很多西方一流大学成功的宝贵经验。

二是讲座制。柏林大学按照学科和专业设置讲座,每个讲座由一名讲座教授全权负责。在德国传统上,教授是其研究领域中唯一的讲座持有者,在其研究领域中,全权负责教学和研究事项。同时,大学还任命讲座教授担任研究所的领导人。研究所是一个独立的研究和教学单位,拥有全部的人员和设备,如实验室、资料室、教室和讨论室等。研究所的人员是分等级的,不同的人有不同的地位和作用。在教授下面,第一类是编外讲师,编外讲师可以在大学独立授课,但是他们能否使用实验室要取决于教授的意见。第二类是助教,他们的任职由教授推荐,完全服从教授工作的需要。② 这样,以教授为中心的研究所就成为德国学术研究的基本单位,它弥补了教授个人研究的不足,更有利于科学研究的整体展开。柏林大学的讲座教授对于保障学术自由的积极意义还在于:以讲座教授为中心,围聚着很多才华横溢的学者和学生,他们在讲座教授带领下进行科学研究和学术探索。"习明纳和研究所的迅猛发展,改变了大学成员的生活方式,如今教授的大部分时间在研究所工作,而不是像从前那样坐在家里的书斋里。虽然他们仍到

---

① 张小杰:《从学部制度看早期德国大学模式》,《清华大学教育研究》,2006 年第 3 期,第 71 - 76 页。

② 约翰·范德格拉夫,等:《学术权力——七国高等教育管理体制比较》,浙江教育出版社,2001 年,第 20 页。

课堂讲课,但大多数工作是在研究所完成的。研究所成为他们的第二个家。对优秀学生也是如此,研究所有专门的图书馆和设备供他们使用,在这里他们能够获得在课堂上得不到的与教授交流的机会,并避免了外界的各种干扰而专心从事学习和研究。"①在这种学术氛围下,德国大学的科学成就曾一度位居世界前列。据统计,第一次世界大战前的42位诺贝尔自然科学奖获得者中,有14位是德国学者,10位为法国学者,5位为英国学者,美国学者仅为2位。德国的14位获奖者全部是大学教师,其中仅柏林大学就有8位。

三是评议会。在学部之上,柏林大学设立学术评议会,由各学部推举教授代表参加。"正像每个大学是一个教授俱乐部一样,评议会是一个学部主任和教授代表组成的俱乐部。"②由于规定重大事项由评议会作出,评议会成为决定大学事务的最高权力机构。如学生犯有严重过失被罚款、关禁闭或勒令退学等均须经由大学评议会通过才可执行。实际上,评议会作为最高权力机构只是名义上的,因为评议会的权力主要限于一般行政工作,对于像任命教授这种实质权力则由学部和教育主管部门直接掌控,根本无需评议会插手。

值得指出的是,评议会主席通常由大学校长担任,作为大学校长的人选不仅要注重其行政能力,更看重其是否具有与大学相匹配的学术成就,所以大学校长往往由德高望重的学者担任。例如曾任柏林大学校长的费希特本身就是德高望重的教授。评议会在德高望重的教授领导下,往往具有追求学术自由、保障学术自由的理念,成为大学争取学术自由空间、践行学术自由理念的有效载体。因此,实际上,评议会这种由教授组成的团队,本身就是对教

---

① 贺国庆:《近代德国大学科学研究职能的发展和影响》,《河北大学学报(社会科学版)》,1996年第4期,第8-16页。

② 约翰·范德格拉夫,等:《学术权力——七国高等教育管理体制比较》,浙江教育出版社,2001年,第24页。

授的学术自由的肯定,它在一定意义上可视为教授会的延伸。两者的不同在于,教授会的学术权力局限在其自己的学部甚其他自己的研究室,而评议会则负责校内的学术协调与筹划,在全校范围内保护教授的学术自由权。

19 世纪初期的德国大学改革在世界高等教育发展史上的重要意义是世人公认的。"德国大学一扫 17—18 世纪欧洲大学的陈腐之气,将研究引入大学的教育过程,重塑大学的理智生活,开了大学近代化之先河。"①英国、美国、法国、日本、中国等国也先后以柏林大学为首的德国大学为榜样,改造传统的大学或创建新的大学,建立起现代大学。例如,曾留学德国莱比锡大学的蔡元培深受德国大学理念的影响,他在担任北京大学校长期间,将大学看做研究高深学问的学府,主张教学和科研相结合,并在北京大学首创文、理、法 3 科研究所。他在校内提倡思想自由、兼容并包,采用选科制,实行教授治校。在很短的时间里,蔡元培就把北京大学改造为具有世界影响的中国一流的高等学府。

特别值得说明的是,中日两国虽然同样深受德国大学模式的影响,但影响结果却不尽相同。"中日两国同样受德国影响,但具体在实践中有很大的不同。中国对德国观念的接受发自学者个人的体认,并在学者力所能及的范围内进行实验;日本则是上升到国家利益的角度来体认并实践,并以国家法令的形式强制推行。究其原因,这可能与其明治维新后中央集权高度扩张有关;而近代以来中国中央政府控制能力趋弱,自由主义程度增强。"②因此,德国大学自治模式的影响至今在日本的大学体制中依然十分明显。日本的近代大学是在借鉴德国大学模式的基础上产生的,尽管二战之后在美国人的主导下实施了大规模的大学改革,但是二战之后

---

① 胡建华:《思想的力量:影响 19 世纪初期德国大学改革的大学理念》,《清华大学教育研究》,2004 年第 4 期,第 1 - 6 页。

② 叶隽:《近代德国大学对中日两国的影响》,《高等教育研究》,2002 年第 5 期,第 100 - 103 页。

的大学改革只是改变了日本大学的结构、学制、课程设置等,而对大学的内部管理体制则基本上没有触及。起初美国人是想按照美国大学的模式改造日本大学的内部管理体制,但是由于其与日本大学的传统相抵触而遭到日本大学的反对而未能推行。日本的大学自治是通过"讲座—学部教授会—大学评议会"这种与德国相类似的体制来实施的。讲座是日本大学中的基本教育与研究单位,若干讲座组成学科,若干学科构成学部。讲座制的主要特点是:讲座既是研究单位也是教育单位,讲座内教授、副教授、助手形成由上而下的垂直领导关系,讲座成员中教授、副教授的身份实行终身制;讲座的经费预算、教学、研究等方面具有独立性。日本的《学校教育法》第 59 条规定:"为了审议重要事项,大学必须成立教授会。教授会可以吸收副教授及其他职员参加。"教授会在关于学部的教育(招生考试、课程设置、学位授予)和管理(人事、经费)等一切重要事项上拥有审议决定权。由全体教师选举产生并有任期限制的学部长,实际上只承担召集教授会、主持学部日常工作的责任。

2. 美国大学的自治模式

以欧洲文化与大学传统为背景成长起来的美国大学,由于诞生于殖民地时期,大学缺乏中世纪大学学者行会自治的传统,没有出现过像英国牛津和剑桥大学那样的学者行会治校制度,而是移植了英国的学术法人制度,同时采用了加尔文教派外行管理教会的体制及英国的信托制度,创造了一种不同于欧洲传统的"法人—董事会制度"的大学自治模式。

美国大学的"法人—董事会制度"自治模式受美国联邦教育分权体制和多权力中心的政治结构的影响,甚至可以说美国大学的管理制度结构复制了美国联邦主义的多权力中心的政治结构。美国大学的"法人—董事会制度"自治模式生成于以教会和乡镇自治为基础的北美殖民地,独立建国后的国家制度认可了这种自治模式。国内的联邦分权体制和多权力中心的政治结构,又为美国大学在新的政治制度条件下得以延续和扩展提供了政治支撑。同时，联邦宪法修正案中政教分离原则的实行，为高等教育独立于中央政府控制之外发展提供了条件。所以美国大学的自治模式与美国政治体制存在着互动关系，即美国大学自治制度不仅是这种政治结构的必然结果，而且反过来又强化了这种政治结构。

美国大学的自治模式的形成并非简单地由环境塑造的结果，大学自身在为争取自治权的斗争中也发挥着重要的作用，有时甚至是关键的作用。有学者对亚历山大·布罗迪1935年出版的《美国州与高等教育》一书中所列案例索引作了统计，从美国独立至1935年这段时期，美国有47个州共发生了265起涉及大学或学院的案件，加上联邦最高法院判决的30起涉及大学或学院的案例，涉及大学或学院的案例共有295起，平均每年2起。而其中除了1862年莫雷尔法案之前发生的21起有关案例，其余274起有关案例发生在1862年至1935年，这个阶段恰是州立大学自治地位逐步确立和大学外部多元影响逐步加强的时期，此间平均每年发生4起有关案例。① 由此可见，美国大学为维护自身权利和自治地位所作出的努力是不可抹杀的，美国的大学自治与司法裁判之间的密切关系，表明美国大学自治所追求的是依法自治。

美国大学的"法人—董事会制度"自治模式，预示着法人制度与董事会制度相辅相成、相得益彰。法人制度在法律上维护了大学的整体性和独立性，使大学在内部事务的管理上独立于任何外部权威和资助者。法人制度的弊端在于它有可能使大学过于封闭，忽视社会利益和社会需要。董事会制度的存在，沟通了学术法人与外界的关系，能够及时反映外部要求和吸纳外部资源，为大学提供发展的动力。董事会作为大学的受托人，保证了受益人——公众和学生的利益不受侵犯，体现了慈善信托和公共信托的共同特点。董事会既为外界的影响和控制提供了途径和通道，又避免

---

① 和震：《美国大学自治制度的特征与主题》，《学术研究》，2006年第1期，第114－118页。

了外部对法人内部事务的直接干预。因此,学术法人与外行董事会的结合非常有利于克服各自的不足,为大学与社会之间既要保持独立又相互依赖,提供了一种行之有效的制度安排。在此,有必要更为详尽地阐释美国大学自治模式中的"法人—董事会制度"的特点。

一是法人制度。"美国大学的突出特点之一是享有显著的不受政府控制的自由……无论公立或私立,都有权不经政府审查自行任命教授。私立院校有权自由挑选学生,公立院校也一样。学院可以自行决定所开设的课程。私立大学有权自行分配经费,公立院校也有很大权力分配从州立法机关拨来的款项。"①仔细分析可以看出,美国大学的自治程度是有差异的。就州立大学而言,有"州普通法上的自治"和"州宪法上的自治"两种类型。在某些州,州普通法律给予州立大学以法人地位,使之免除政治干预,但它仍处于州议会的立法权之下,被称为"州普通法律上的自治"。在另外一些州,州宪法规定了州立大学的公法人地位,州立大学拥有议会和行政部门不可以介入的权力,州立大学成为一种新的独立部门——第四部门。州立大学之所以被称之为第四部门,是因为美国早期州政府成立时,州政府由行政、立法和司法3个部门组成,这3个部门的权力来源于宪法并相互并列。作为州宪法上的公法人,州宪法规定了州立大学的公法人地位,表明此类州立大学合法地位同样来源于州宪法,是原有3种部门之外的新部门。例如,密歇根州宪法关于州立大学的规定,使密歇根大学的管理机构成为平行并独立于前3个部门之外的州政治体制中的第四个部门。

在法人制度下,美国大学的自治权还体现在教师对大学事务尤其是学术事务的参与权。中世纪大学本身就是由学者组成的,大学是学者的行会,大学教师享有对大学事务的决策权就显得很自然。美国大学最初不是由学者创办的,大学教师对大学事务的

---

① 德里克·博克:《美国高等教育》,北京师范学院出版社,1991年,第3-4页。

参与权并非天然享有,学术法人制度则为教师参与大学事务提供了制度保证。并且,在法人制度的怀抱中,教师参与大学管理的权力不断增强,并逐步拥有了对学术事务的控制权。美国大学自治权始于1650年哈佛学院和1693年威廉—玛丽学院的特许状。根据当初的特许状,大学的管理权力主要掌握在董事会和校长手中,教师很少能够成为董事会成员。在早期大学,教师是无权参与大学事务管理的雇员。然而,教师是高深学问保存、传播和创新等活动的重要承担者,经过教师集体的不断努力,外行董事会被迫逐步将部分学术权力让渡与教师。第二次世纪大战后,教师参与大学的管理已成为普遍现象,教师参与大学的管理导致美国的大学形成了多权力中心的内部管理结构。

在大学教师争取对大学事务尤其是学术事务的参与权的过程中,美国大学教授协会(American Association of University Professors,以下简称AAUP)的努力功不可没。AAUP成立于1915年,该组织的创始成员共有6个学术机构的867位教授。AAUP在1916年开始推动院校学术管理的改进,争取教师在大学管理中的参与权,其下设的大学和学院管理委员会专司此事。该委员会提出了院校管理的"改良主义",在认可美国院校管理的基本框架基础之上,主张教授会应在院校学术管理上拥有更多的参与权。1920年AAUP发布了有关院校管理的声明,强调教师参与院校人事选聘、预算分配和政策制定的重要性。1966年AAUP又颁布了《关于学院和大学管理的声明》,进一步阐明了加强教师、校长、董事会之间沟通和理解的重要性,明确了教师参与学校管理的领域,要求大学制定保障教师参与管理的组织原则和制度,建立学院和大学的各级教师代表机构,通过教师选举组成各级教师委员会以及教师评议会、教授会,以充分保障教师履行民主管理的权利。最后,声明建议学院和大学建立教师、董事会和校长之间的长期协商机制,保持交流渠道的畅通,以促进高等教育的健康发展。在AAUP的推动下,到20世纪60年代末,美国高等院校教职员中的绝大多数具有参与学院事务,特别是学术事务的基本权利。① 依据大学发展的逻辑,大学教师参与大学管理的重要性是不言而喻的,因为学术事务的决定权应当掌握在最有资格作出决定的人手里,显然,只有教师自己最有资格在学术问题上作出最合理、最及时的反应和判断。

二是董事会制度。美国的大学发展历史证明,大学赢得自治地位,并不意味着大学孤立于国家和社会的发展,董事会制度为大学服务国家起到了桥梁作用。"为国家服务"是 19 世纪后期美国私立大学喊出的口号,事实上它们也是这样身体力行的。实际上,大学的存在不同于政治机构或企业,大学应该是社会道义的代表,应当满足的是全社会、全民族和整个国家的需要。美国大学在谋求自治发展与满足国家利益需求两方面的平衡和一致,使高等教育管理者更加深刻地认识到大学自治的内涵:自治的唯一目的就是在扩大知识传播和为社会提供其他服务方面增强大学的作用。大学自治就是在有关经济、政治、社会和文化条件下,大学为了出色地担当起社会赋予它的使命而提出的。为了保障大学自治,政府的权威必须受到限制,为了国家的长远利益,政府、社会和大学应当共同建造起大学自治制度,应当采取适当方式,既为大学提供足够的支持,又能理解、宽容和维护它的自治。

董事会制度下,多元社会参与和市场机制为美国大学自治制度运行提供了强劲的动力。多元社会参与伴随美国高等教育的整个过程,特别是在 19 世纪中后期以后,参与主体日趋增多,参与力度日渐增强,多元社会参与带来了美国大学资金来源的多样化。市场机制主导下的美国自由主义经济与高等教育的多元社会参与之间具有高度的相关性,形成了美国高等教育中交换和竞争的市场运作机制,即针对不同的社会需求,提供多样的教育服务和知识产品,优胜劣汰。

---

① 杨凤英、毛祖桓:《美国高校教师权利的维护——以美国大学教授协会活动为例》,《比较教育研究》,2008 年第 2 期,第 61−64 页。

董事会有时也可以成为维护大学自治的重要力量。董事会有时会在大学和社会政治浪潮之间起到一定的缓冲作用,以抗拒政治力量等外部势力侵入大学自治领地。当然,大学董事会的这种相对独立性和缓冲作用也是有限度的。董事会并不是生活在真空之中,董事本身也具有一定的政治倾向,特别是在一些私立大学中,多少存在某种政治党派或某些财团的政治倾向性。为了消除或者减少这种倾向性的负面影响,美国大学转而寻求公众的理解和支持。"美国大学既不能寻求国家权力对大学自治的保护,也不能依靠法院和立法者对大学自治的支持,因此只有获得公众对大学自治的理解和支持,才能保护大学自治和学术自由的权利。"①由于大学被看做是公众的财产,大学的存在是为了公众的利益,任何把大学当做私人财产的行为,或者把大学同某种特定的信仰或思想体系联系在一起的行为,以及使大学屈服于某个阶级、党派或政党的利益的行为,都违反了公众的信任,都将遭到公众的反对和抵制。如果得不到公众的理解和支持,美国大学所实行的任何政策,都不会取得令人满意的结果。在董事会制度下,美国大学重视公众的意愿,有利于美国大学关注公众的需要和利益,加强大学与社会和公众的沟通,争取社会和公众对大学的支持。

3. 两种大学自治模式的启示

从对上述两种大学自治模式不同特征的简要分析可知,大学自治模式形成的原因在于不同的社会条件、文化传统、大学体制和大学理念。不同大学模式之间的相互学习,却很难撼动原先存在的模式特征。例如,20 世纪 40 年代末期在日本的大学改革中,日本文部省曾经提出过一个国立大学管理改革的方案,其主要内容

---

① 张棣、李子江:《美国大学学术自由的历史演变与特色》,《湖北大学学报(哲学社会科学版)》,2006 年第 1 期,第 109 - 113 页。

是：在国立大学内设立类似于美国大学的董事会，董事会由校外人士组成，拥有大学人事、财政等决定权。此方案一经提出，立刻遭到大学界的普遍反对。反对者认为这种方案破坏了日本大学的传统，可能产生阻碍大学自治原则落实的危险。由于反对的呼声强烈，文部省的改革方案最终未能实施。同样的情况也发生在美国。19 世纪中叶美国南北战争之后，德国大学模式开始对美国大学产生重要影响。1876 年成立的约翰·霍布金斯大学被看做是德国大学的翻版（它被人们称为"巴尔的摩的哥廷根大学"），是"真正的大学"（real university）的代表。继约翰·霍布金斯大学之后，斯坦福大学（1885 年成立）、克拉克大学（1888 年成立）、芝加哥大学（1892 年成立）等以德国大学模式为基础的大学相继成立。加上哈佛大学、哥伦比亚大学、耶鲁大学等老牌大学进行了以德国模式为样本的改造，将美国高等教育界学习德国模式的浪潮推向了顶峰，以至于当时的美国大学被认为是德国以外的最德国化的大学。但是，这种"彻底的德国化"却没有动摇作为美国大学自治的主要特征的"法人—董事会制度"。当时新成立的大学，无论是约翰·霍布金斯大学、斯坦福大学、克拉克大学这样的私立大学，还是其他州立大学，都延续着美国传统的董事会管理方式。对此现象，有学者作了这样的分析：第一，具有漫长历史的董事会管理方式已经稳固于美国大学界；第二，对作为州属财产的州立大学应实施州民代表的集团管理，这种民众控制的理念根深蒂固；第三，即使在董事会管理的状态下，在一定程度上实行基于学术自由的教授自治被认为是可能的。①

　　通过对两种大学自治模式的比较分析，可以得出以下启示：

　　启示之一：美国大学学习德国大学并不是简单地模仿，而是结合美国大学和社会的实际需要进行了取舍。因此，美国对德国大学的学习不仅体现了文化选择的功能，而且体现了文化创新的作

---

① 胡建华：《两种大学自治模式的若干比较》，《全球教育展望》，2002 年第 12 期，第21－23页。

用。美国选择德国大学那些适合美国文化特点和需要的方面进行学习和借鉴,同时结合本国的实际对德国的学术理念进行了相应的调整。"由于理性主义始终是德国大学学术思想的重要内容,使德国大学始终与世俗社会保持一定的距离。大学追求所谓纯粹的学术研究,漠视实用技术,而由独立的职业学校或学院承担技术培训的任务,形成了德国大学与众不同的功能和特色。"①因此,美国的大学不像德国大学那样把大学和研究院分开,把大学办成一个纯粹的学术研究中心,而是尽量以多样化的形式适应社会多方面的需求。美国大学不仅把教学和科研结合起来,而且把对学术研究的兴趣和对实用技术的兴趣统一在同一所大学中,结果使美国大学把两种不同意义的研究有机结合起来。一方面,科学研究是大学内部按照学科自身发展的逻辑探究新知识的活动,大学的研究者可以不受任何外界的不合理干扰,独立地选择研究领域,进行所谓的纯学术研究,追求学理的思辨,履行大学学术研究的职能;另一方面,美国大学又始终与社会保持紧密的联系,具有强烈的为社会服务的思想观念。大学的科学研究经常是为了适应社会发展的形势,满足社会公众的各种需要,履行大学服务社会的职能。例如,美国大学中的农、工、商等各种应用型学院就是针对美国社会的各种实际需要进行应用研究的机构,以提供解决实际问题所需要的技能,其中尤其以威斯康星大学为典型,并形成了美国大学史上为社会服务的"威斯康星"精神。

启示之二:实施大学自治的目的是避免外部势力的干预,保障大学自由,特别是教师的学术研究自由和教学自由,这也是不同大学自治模式的共同追求。"无论哪一种模式,大学自治都是学术自由的制度保障,保障学术自由是大学自治的目的所在。"②德国"以

①　张楝、李子江:《美国大学学术自由的历史演变与特色》,《湖北大学学报(哲学社会科学版)》,2006年第1期,第109-113页。
②　胡建华:《两种大学自治模式的若干比较》,《全球教育展望》,2002年第12期,第21-23页。

教授组织为中心的大学自治模式"中,教授治校和实现学术自由没有任何组织上的障碍,而在美国的"法人—董事会制度"中,如何保障大学教师学术自由则是一个值得关注的议题。"由于美国大学的教授是大学的雇员,既不像德国大学的教授是国家的公务员,也不像英国大学的教授是'自治行会'的主人。美国大学的教授受到外行董事会的统治,因而董事会可以随意解聘大学教授。而在英国或德国大学不能随意决定教师的去留,德国大学教师的聘用或解聘是州和联邦的权力;英国大学的官员本身就是从大学教授中选拔出来的,他们更多的时候是教授利益的代表,维护教授的权利。美国大学教授作为大学的雇员,通过与董事会的斗争保护自己的合法权利。"[①]对此,美国大学教授协会下设的学术自由与终身聘任制度委员会起到了积极的作用。1915 年学术自由与终身聘任制度委员会首次拟定并公布了关于学术自由和教授任期的若干原则声明,阐述了学术权利的基础和学术组织的职能;1940 年发布了著名的《1940 年学术自由与终身教职的原则声明》,对 1915 年的声明作了补充,对终身教职作了明确而具体的界定。此声明获得了绝大多数美国高校的赞同,并在教师的聘任合同中被普遍采纳。1970 年,美国大学中拥有终身任职资格的教师开始超过半数,到 20 世纪 90 年代,拥有终身任职资格的教师比例大幅提升,其中,教授达到 100% ,副教授达到 85% 。

上述两种大学自治模式也引发了人们对大学自治概念的深入思考。克拉克主编的《国际高等教育百科全书》使用 institutional autonomy 指称大学自治。但正如有学者所指出的:"大学既不是一个完全自治组织,也不是一个完全受控制的组织,而是作为社会发展到一定阶段的产物和受到多种相关因素作用的结果,只是一个

---

① 张棣、李子江:《美国大学学术自由的历史演变与特色》,《湖北大学学报(哲学社会科学版)》,2006 年第 1 期,第 109 –113 页。

相对的概念,其含义也随不同国家和不同时期而变化。"①持大学自治观点的具有代表性的人物主要有 3 个。罗伯特·伯达尔把大学自治划分为实质性自治(substantive autonomy)和程序性自治(procedure autonomy)。实质性自治是指大学或学院以团体的形式自主决定自身的目标和各种计划的权力,即学术机构(academe)是什么;而程序性自治是指大学或学院以团体的形式自主决定实现这些目标和计划的手段的权利,即学术机构如何做。② 艾瑞克·阿什比认为大学自治包括以下内容:第一,在大学的管理上免于非学术的干预;第二,以大学看来合适的方式自由地分配资金;第三,自由地招收教职员并决定其工作条件;第四,自由地选择学生;第五,自由地设计和传授课程;第六,自由地设置标准和决定评价方式。③美国联邦最高法院大法官法兰克福特和哈兰在 1957 年史威兹诉新罕布什尔州案(Sweezy V. New Hampshire)判决的协同意见书中阐明,大学自治在于大学学术上享有四大自由,他认为"大学的任务即在于提供一个最有益于思维、试验和创造的环境。那是一个可以达成大学的四项基本自由——在学术的基础上自己决定'谁来教'、'教什么'、'如何教'以及'谁来学'的环境。"④

通过以上几种代表性观点的辨析可以看到,大学自治的核心在于,大学作为一个法人团体享有不受外部力量干预的自由,这种外部干预力量主要是指政府。约翰·S·布鲁贝克曾指出:"在 20世纪,大学确立它的地位的主要途径有两种,即存在着两种主要的高等教育哲学,一种主要是以认识论为基础,另一种哲学则以政治论为基础。"⑤由此,大学职能的价值取向可分为两种模式:理性主

---

① 眭依凡:《大学校长的教育理念与治校》,人民教育出版社,2001 年,第323 页。

② Berdahl, Robert. *Co-ordinating Structures:The UGC and US State Co-ordinating Agencies in Shattock, Michael*. The Structure and Governance of Higher Education.

③ Ashby E, Anderson. *M Universities:British, Indian, African, A Study in the Ecology of Higher Education*. London, Weidenfeld & Nicolson, 1966;296.

④ 周志宏:《学术自由与大学法》,法律出版社,1989 年,第96 页。

⑤ 约翰·S·布鲁贝克:《高等教育哲学》,浙江教育出版社,1988,第28 页。

义模式和功利主义模式。在这两种模式中,政府与大学的关系是迥然相异的。以认识论为基础的理性主义模式主张教授与学生应不受价值影响地探讨深奥的知识,了解生存的世界,他们探求知识的动机只是出于闲逸的好奇。大学保持着一种超然于社会的状态,俨然是一个独立王国,反对任何来自外界包括政府的干预。以政治论为基础的功利主义模式则认为,人们探讨深奥知识的目的不仅是出于闲逸的好奇,而且还因为深奥知识本身对国家有着深远的影响,因此他们认为社会的需要就是大学的需要,大学教育要以促进社会的发展作为最高目标。在功利主义模式下,大学被认为应当从社会的边缘进入到社会的中心,从一个"按照自身规律发展的独立有机体"转变为国家服务、为社会服务的机构。

回溯历史并观照现实,大学职能价值取向的理性主义模式和功利主义模式正由对立冲突趋向协同融合。因为无论是理性主义抑或是功利主义的模式选择都有其价值存在的片面性,只有强调两种模式的相互借鉴与融通,实现政府控制与大学自治之间的协调与平衡,充分利用政府控制与大学自治在价值指向上的互补性,才能使大学真正实现既服务社会又批评社会,既适应社会的发展又引领社会的发展,既满足国家当前的实际需要又符合国家长远发展的目标。因此,作为一个具有战略眼光的政府,必须赋予大学应有的自治权。"近代历史有力地证明了必须捍卫学术自由的原则,它是高等教育机构存在和正常运转的先决条件。因此,必须给予公立高校和认可的私立高校一定程度的法定的自治权,允许它们针对实际情况在社会中发挥其创造、思考和批判的职能。"[①]同时,"随着大学教育规模的不断扩大,其赖以生存与发展的物质基础越来越多地依赖于国家的给予,而承担大量教育经费的政府也势必坚持对大学实施控制,这就在一个层面上决定了大学自治的

---

① 联合国教科文组织:《关于高等教育的变革与发展的政策性文件》,1995 年。

有限性。"①政府对大学的有限控制,要求政府也应自觉地以"掌舵者"的身份,通过宏观管理对大学实施适度又富有成效的干预,使大学不断提升办学水平,自觉肩负社会责任,引领社会文明的发展与进步。

三、我国大学自治的实践历程

世界上的"现代大学,除了少数例外,其起源和基本设计都是西方式的。"②中国古代高等教育虽可追溯至西汉乃至商周时期,在传承中也曾绽放出毫不逊色于其他文明古国的绚丽曙光,可惜未能自行跨入现代大学的门槛。中国现代意义上的大学出现在 19世纪末。学界主流观点认为,1898 年北京"京师大学堂"的设立,标志着我国现代大学教育的开始。虽然清末的大学教育已经蹒跚地迈向现代化,但还基本属于政府的附属机构或技术人员的养成所,大学自治的理念与实践尚未发育成熟。

1. 大学自治的萌芽与奠基

1840 年鸦片战争爆发,西方资本主义列强的坚船利炮打开了古老而又自傲的东方大国的国门。面对外来侵略严重威胁国家与民族的存亡之际,龚自珍、林则徐、魏源等一批有识之士,在痛心疾首中看到了西方威胁背后隐藏着的思想观念、科学技术的力量。他们出于"救亡图存"、"自强求富"的目的,提出"师夷长技以制夷"的思想,积极主张学习西方的科学技术、方法、观念及制度,进而使中国教育制度进入了新旧交替的历史时期。第二次鸦片战争以后,一部分代表封建大地主阶级利益的地方军阀官僚,如曾国藩、李鸿章、

---

① 尹晓敏:《寻求政府控制与大学自治的平衡——世纪之交政府与大学关系的合理定位》,《高教探索》,2007 年第 4 期,第 52—55 页。

② 约翰·S·布鲁贝克:《高等教育哲学》,浙江教育出版社,1988 年,第 406 页。

张之洞等,转而提倡"洋务运动"。他们力主"洋务",积极筹办"西学",提出"中学为体,西学为用",以维护封建政权的稳定和统一。教育领域推行的"洋务教育",在学习西方教育形式的引领下,除了培养了一大批洋务人才,还催生了一批外国语学校、军事学校和工业技术学校等新式学堂。其中比较具有代表意义的有:1862 年在北京建立的外国语学校"京师同文馆",1865 年设立于上海的"江南制造局附设机械学堂"和1866 年在福州创建的军事学堂"福建船政学堂"。其中,"京师同文馆"作为洋务派最早创办的学校最具时代意义。"在中国近代教育史上,京师同文馆是最早的新式学堂,是中国近代教育的开端,也是近代高等教育的肇始。"①

洋务学堂开展的是专科教育,属于高等教育的起初层面,严格来讲,不属于现代意义上的大学教育。而 1898 年在北京设立的"京师大学堂"(北京大学的前身),作为我国最早建立的真正意义上的中央官办大学,被视为我国第一所现代大学,从而在我国现代大学教育史上具有划时代意义。洋务学堂"在 20 世纪初叶的兴学热潮中大多改为各省的'高等学堂'乃至'大学堂',成为最有可能具备大学自治精神的现代高等学校。只是当时它们还比较零散、薄弱,特别在'观首善于京师'的传统观念和思维定式下,万目所集并奉为圭臬者仍是京师大学堂。但正是这些学校,为日后大学自治的传播奠定了区域基础。"②

晚清时期大学自治的萌芽还体现在政府对大学体制的管理层面。中国传统的高等教育管理自隋代开始一直沿袭下来的是中央最高学府和教育行政管理机构合二为一的模式。1903 年清政府正

---

① 关于中国现代大学起源的标志,主要有 3 种观点:一是洋务学堂说,该学说认为 1862 年开办的京师同文馆及其后来创办的外语、军事、军事技术学堂是近代高等学校的萌芽;二是天津中西学堂与上海南洋公学说,该学说主张分别成立于 1895 年、1896 年的天津中西学堂和上海南洋公学标志着中国大学的创设;三是京师大学堂说,该学说以 1898 年建立的京师大学堂作为中国第一所现代大学。也有个别学者将 1928 年国立清华大学的成立视作中国现代大学教育起步的标志。

② 李剑萍:《百年来中国的大学自治与社会干预》,《河北师范大学学报(教科版)》,2005 年第 1 期,第 5 - 11 页。

式颁布的《癸卯学制》是一个比较完整的管理各级各类学校的法律依据,它改变了中国长期封建式的学校形式,延续两千年的封建传统教育制度由此解体,现代大学制度得以逐步建立。《癸卯学制》的主要贡献在于:其一,学校管理规范化。《癸卯学制》规定,学堂的管理人员设总办监督、堂长。教育有定制,分科大学及大学选科三年至四年,通儒院五年。不以官阶而以学识水平作为选择管理人员的标准。其二,派员出国考察学务,以学习外国学校的管理制度和方法,提倡学习、研究教育管理理论,希望按教育规律行事。其三,对教师资格作出要求,并制订了教师考核聘用办法,限制外国教师权力。①

民国建立后,大学自治由蔡元培奠基,郭秉文、周诒春、蒋梦麟、胡适等人推动,经新文化运动和教育独立运动洗礼,在全国范围内逐步推开。蔡元培是中国大学自治的第一人,他率先主张并勇于实践的"研究高深学问"、"思想自由、兼容并包"和"教授治校"三大办学理念,将北京大学由一所官僚养成所式的旧北大改造成为作为民主与科学策源地的生机勃勃的新北大,为中国现代大学树立了样板。1916 年蔡元培在就任北京大学校长的演说词中主张:"大学者,研究高深学问者也","诸君须抱定宗旨,为求学而来。入法科者,非为做官,入商科者,非为致富"。② 随后,在《北京大学月刊》发刊词中他又阐述了关于"何为大学"的独到见解:"所谓大学者,非仅为多数学生按时授课,造就一毕业生资格而已也,实以是为共同研究学术之机关","大学者,'囊括大典,网络众家'之学府也,《礼记中庸》曰'万物并育而不相害,道并行而不相悖'足以形容之……各门大学,哲学之维新论;文学美术之理想派与写实派;计学(经济学)之干涉论与放任论;伦理学之动机与功利论;宇宙论之乐天观与厌世观,常樊然并峙于其中,此思想自由之通则,而大

---

① 唐振平:《当代中国大学自治管理体制研究》,中南大学 2006 年博士学位论文,第 78 页。
② 杨东平:《大学精神》,上海文汇出版社,2003 年,第 221 页。

学之所以为大也",是为"兼容并收主义",①"我素来不赞成董仲舒'罢黜百家,独尊孔术'的主张","我素信学术上的派别,是相对的,不是绝对的;所以每一种学科的教员,即使主张不同,若都是'言之成理、持之有故',就让他们并存,令学生有自由选择的余地"。②1917 年开始,蔡元培又将其大学自治的理念运用于在北大的管理实践。他在北大校园内逐步设置和完善了评议会、各学科教授会、行政会议等组织架构,以各科学长和教授若干人组成的评议会作为大学的最高权力机构,以行政会议作为最高行政执行机关。这些都为大学自治的实施提供了组织保障。

　　除蔡元培之外,推动民国大学自治发展的当属南京高师(1923年后改为东南大学)校长郭秉文和清华学校校长周诒春。他们二人比蔡元培年轻 10 余岁,几乎与蔡元培同时在各自学校推行学术自由、教授治校,彼此之间虽无组织上的联系,却有思想上的契合。其后,以蒋梦麟、梅贻琦、胡适、竺可桢、王世杰、茅以升等为代表的第二梯队,更是推波助澜,将大学自治巩固深入。作为那个时代的知识精英,他们都生于 19 世纪末,20 世纪初留学欧美,二三十年代开始活跃于教育、文化和社会舞台,身处中国古今中西争鸣,际会西方高等教育之变,学贯中西,兼具理性精神与人文情怀。在政治巨变的年代,他们虽然多少带有某些政治色彩,或在政治对抗中不得不作出非此即彼的选择,但终究不同于以学术敲开仕途之门的政客。"他们分别执掌名校,转移风气,开新文化,试图在激进主义与保守主义之外,探索、实践一条理性之路。倘若说蔡元培输入的是以柏林大学为样板的欧洲高等教育传统,周诒春等人传播的则主要是美国式的自由主义、实用主义大学理念。"③

　　蔡元培等人的大学自治的理念与实践,对当时的高等教育立

---

①　杨东平:《大学精神》,上海文汇出版社,2003 年,第 3－4 页。
②　同①,第 225－226 页。
③　张晓唯:《民国时期的"教育独立"思潮评析》,《高等教育研究》,2001 年第 5 期,第 90－94 页。

法产生了积极的影响,政府通过的一系列法令为大学自治提供了法律保障。1912 年 10 月教育部公布《大学令》,规定"大学设校长一人,总辖大学全部事务;各科设学长一人,主持一科事务",并设立评议会和各科教授会,确立了高等学校中教授治校、学术自由的法律基础。1917 年 9 月,教育部修正《大学令》,基本沿袭上述规定,只是废止各科教授会,仅保留评议会,规定"仅涉一科或数科者,得由各科评议员自行议决"。这一方面有利于理顺校系(科)关系,协调行政职能,提高行政效率,另一方面实际上又是校系(科)权力的重组,可能压缩系(科)级行政权力和学术自由。1924 年 2 月,教育部废止原《大学令》和《大学规程》,颁布了《国立大学校条例》,规定"国立大学校设校长一人,总辖校务,由教育总长聘任",并"设董事会,审议学校进行计划及预算、决算暨其他重要事项"。董事会由例任董事(校长)、部派董事(由教育总长在部员中指派)、聘任董事(董事会推选呈请教育总长聘任)组成,"董事会议决事项,应由校长呈请教育总长核准施行"。值得指出的是,《国立大学校条例》突出了政府对大学事务的干预,受到北京大学等校教授的强烈反对,教授们多次联名呼吁取消。1927 年 6 月,蔡元培代表国民政府教育行政委员会呈文国民党中央政治会议,请求变更教育行政体制,"仿法国制度,以大学区为教育行政之单元,区内之教育行政事项,由大学校长处理之","凡大学应确立研究院之制,一切庶政之问题皆可交议,以维学问之精神"。①

　　南京国民政府成立以后,中央集权得到加强,政府注重通过立法规制大学的发展,在大学自治得到一定保障的前提下,促进了高等教育的规范发展。1929 年 7 月国民政府公布《大学组织法》、《专科学校组织法》,其后教育部又先后公布《大学规程》、《专科学校规程》等法律法规,除废止董事会制外,基本上发展和完善此前的《大学令》和《国立大学校条例》,并且得到比较严格的执行。但

---

① 宋恩荣:《中华民国教育法规选编(1912—1949)》,江苏教育出版社,1990 年,第 169 页。

是，"九·一八"事变乃至抗战全面爆发后，战时集权主义思想蔓延，自由主义思想销声匿迹，政府对大学实施了全面控制，大学自治空间受到严重挤压。具体而言：一是学校管理的指导思想产生了变化。1938年4月，国民党临时全国代表大会通过《战时各级教育实施方案纲要》，规定战时"中等以上学校，一律采军事管理方法"。随后，教育部制订《战时各级教育实施方案》，提出战时教育实行"政教合一"的原则，"国民之经济政治设施与学校教育打成一片，然后教育乃能辅助国家推行政策，使社会教育与学校教育成为一元化"。二是从严控制学校的设立。为适应战区扩大、沦陷区增加以及高等学校区域布局调整的需要，在学校设立上，规定"专科学校以由省市立为原则，大学及独立学院以由国家设立为原则"。①三是加强对学生的思想控制。为了加强对学生的思想控制，学校内部推行训育制和导师制。自1938年起，先后颁布了《青年训练大纲》、《高中以上学校新生入学训练实施纲要》、《训育纲要》、《专科以上学校导师制实施办法》等法规，要求"专科以上学校学生按院系分组，每组设导师一人，对学生思想、行为、学业及身心，依据严格标准实施严格训练"。② 四是统一规范课程的设置。为了加强课程管理，先后于1938年9月、1944年8月两次召开大学课程会议，依据厚基础、严质量的原则，制订、修订了文、理、法、农、工、商和师范等学院的共同必修科目及分系必修和选修科目。抗战胜利以后，仅仅经历了不到两年的短暂和平，便又陷入内战烽火，大学成为国共两党政治斗争的侧面战场，国共双方都加强对学校的渗透与控制，大学自治的空间更为狭窄。

2. 大学自治的曲折与前行

1949年新中国成立后，大学自治经历了曲折的发展历程。探

---

① 中国第二历史档案馆：《中华民国史档案资料汇编》，江苏古籍出版社，1994年，第27页。
② 中央教育科学研究所：《中国现代教育大事记》，教育科学出版社，1988年，第448页。

讨新中国成立后的大学自治历程，可追溯至创建革命根据地时期的教育制度。革命根据地时期教育事业的重点是初等、中等成人教育特别是干部教育，高等教育相对薄弱。即便如此，考察中国共产党创办或领导的为数不多的高等学校，从大革命时期的上海大学到苏区的苏维埃大学，再到抗日民主根据地的抗大、陕北公学等，直至各解放区的大学，仍有一以贯之的基本特点可寻。在管理上，坚持中国共产党的领导与政治工作的保证，实行党对学校的绝对领导；在办学目的上，一切从革命战争出发，极其重视教育的政治功能、军事功能和工具价值，强调教育工作的中心是配合军事、政治、经济、群运等工作，争取人民自卫战争的胜利；在办学形式上，以各种类型、层次的训练班为主，紧密联系社会实际和革命斗争需要，努力将大学办成与革命密切结合的新型社会的学校；在教学内容与教学组织形式上，重点传授革命斗争、军事战争亟需的实用知识，表现为急学急用、活学活用、学用结合，完全摈弃纯学理的研讨，实行"生活军事化"；在师资队伍上，几乎为清一色的革命知识分子，首先是革命者，其次才是知识分子，相当一部分人是党的干部甚至是中高级干部。① 上述这些特点，决定了革命根据地的高等学校中不可能也不需要存在大学自治的内在要求和外部环境。

新中国成立伊始，大学管理体制是师法苏联建立起来的，曾短暂实行过体现大学自治要求的校长负责制。1950 年 8 月教育部颁发的《高等学校暂行规程》规定，"大学及专门学院采校（院）长负责制"，对外"代表学校"，对内"领导全校（院）一切教学、研究及行政事宜"。② 在校长领导下设校务委员会，由校长、副校长、教务长、总务长、图书馆长、各学院院长、各系主任、工会代表、学生会代表组成，校长为当然主席。大学各项工作，包括教师聘任、干部任免

① 李桂林：《中国现代教育史教学参考资料》，人民教育出版社，1987 年，第 63—64 页。
② 张健：《中国教育年鉴（1949—1981）》，中国大百科全书出版社，1984 年，第 778 页。

等均由校长负责。这种校长负责制还受到 3 个方面的局限:其一,中国共产党按照一贯原则毫不放松对高校的领导,特别是 1955 年中共中央宣传部召开全国学校教育工作座谈会以后,"根据会议精神,中央有关部委和地方教育领导部门,为高等学校选调了一批政治上强、适合做学校工作的干部"①。其二,从 1951 年、1952 年开展的教师思想改造运动到 1957 年进行的反右派斗争,持续不断的政治运动,削弱了作为大学自治主体地位的教授群体的独立人格,他们或噤若寒蝉,或"改过自新",或走向政治投机。其三,新任大学校长多是从解放区来的高级知识分子以及原文教界地下党员和进步人士,他们虽保持着一定的学者品格与学术精神,但往往有意无意地按照自己的思维定式和习惯,以政治利益规范学术价值,以政治运动运作高等学校。②

到了 1958 年"教育革命"以后,即使原先那种形式上大学自治的校长负责制亦不复存在。1958 年 8 月,毛泽东视察天津大学时强调高等学校首先应抓好党委领导。同年 9 月,中共中央、国务院发出《关于教育工作的指示》,要求"一切教育行政机关和一切学校,应该受党委的领导","在一切高等学校中,应当实行学校党委领导下的校务委员会负责制;校长制容易脱离党委领导,所以是不妥当的"。③ 由此确定了新中国高校内部领导体制的基调。同时,经过"理论联系实际"、"插红旗,拔白旗"、"帮助资产阶级学者进行学术思想批判"等一系列运动,大学中的学术自由丧失殆尽。1961 年 9 月,中共中央印发《教育部直属高等学校暂行工作条例(草案)》(简称"高教 60 条"),重新规定大学领导制度实行党委领导下的以校长为首的校务委员会负责制。校长是国家任命的学校行政负责人,对外代表学校,对内主持校务

---

① 张健:《中国教育年鉴(1949—1981)》,中国大百科全书出版社,1984 年,第 353 页。

② 李剑萍:《百年来中国的大学自治与社会干预》,《河北师范大学学报(教科版)》,2005 年第 1 期,第 5-11 页。

③ 何东昌:《中华人民共和国重要教育文献》,海南出版社,1998 年,第 859 页。

委员会和学校的日常工作。大学设立校务委员会,作为学校行政工作的集体领导组织。这种领导体制实际上是对党委和校长权力运行的一种平衡的制度安排。党委是学校的最高管理机构,校长必须接受党委的领导,学校的重大决策和日常重大事务经党委确定后,由校长提交到校务委员会上讨论实施细则,在校长的主持下执行。在大学所属各学院则另行设立院务委员会,按照令行禁止的方式执行党委和校务委员会的决定和校长的指示,学院的党组织对此履行监督保障职能,以使校党委的重大决策得以有效地贯彻执行。"高教60条"虽然对校长的职责有所强调,但与校长负责制终不可同日而语。

此后,随着"左"倾思潮和"左"的政策的进一步加剧,大学的政治控制、政治干预空前强化,大学越来越偏离自治的轨道。1964年6月,中共中央批转《高等教育部党组关于高等教育部直属高等学校(扩大)领导干部会议的报告》,"同意在高等学校建立政治部,认为这是学习解放军、学习大庆油田的先进经验,加强学校的思想政治工作,从而进一步加强党对高等教育事业的领导的一项重大的组织措施"①。这标志着高等学校的内部管理开始滑向准军事化边缘,开启了"文革"时期高等学校非常态管理的前奏。"文革"10年,我国大学已逐步建立起来的、相对合理的内部管理体制遭到严重破坏,学校不仅失去管理秩序,教学和科研活动受到冲击,而且大学的基本精神和价值追求受到空前摧残,大学变得庸俗、野性和非理智。1971年大学的常设领导机构被党委"一元化"领导下的"革命委员会"所取代,原来的各种职能机构被撤并为政工、教育革命、办事3个组成部分,大学教学、科研等学术工作基本处于停滞状态。"文革"结束之后,大学内部管理重点在于恢复学校的办学宗旨和基本秩序。1978年10月教育部试行《全国重点高等学校暂行工作条例(草案)》,对原"高教60条"作了修改,在一

---

① 何东昌:《中华人民共和国重要教育文献》,海南出版社,1998年,第1289页。

定程度上使大学术研究重新获得被尊重的地位,教学与科研环境得到改进。

　　进入 20 世纪 80 年代,经济体制改革不断推进,教育体制改革日益迫切,时任复旦大学校长的苏步青等人带头公开建议,应"给高等学校一点自主权"、大学应"实行校长负责制"等。1985 年 5 月,中共中央印发了《关于教育体制改革的决定》,指出"要改变政府对高等学校统得过多的管理体制,在国家统一的教育方针和计划指导下,扩大高等学校的办学自主权"。为了落实高等学校办学自主权,国家还先后颁布了《高等教育管理职责暂行规定》、《普通高等学校设置暂行规定》等一系列行政法规,反映了国家层面对大学自治的新认识,即学术自由是大学的内在要求,大学不但应是学术活动的场所,而且应是在一定程度和范围内拥有自主权的相对独立的学术机构。与此同时,部分大学进行了校长负责制的试点,学院院长负责制也在各大学普遍试行。由于与政治体制改革不相配套,这种试行举步维艰,结果并不令人满意。

　　1993 年 2 月中共中央、国务院印发的《中国教育改革和发展纲要》提出:"在政府与学校的关系上,要按照政事分开的原则,通过立法,明确高等学校的权利和义务,使高等学校真正成为面向社会自主办学的法人实体。"相对此前,已经由强调扩大办学自主权提升到建立独立法人实体,即由单纯依赖行政部门的简政放权转变为依法规范高等学校的权利与义务,可以说是大学自治思想的重要提升。① 1996 年 3 月,中共中央印发《中国共产党普通高等学校基层组织工作条例》,规定高等学校实行党委领导下的校长负责制。1999 年《高等教育法》,最终以法律形式确定了中国公办普通高等学校实行中国共产党高等学校基层委员会领导下的校长负责制。《高等教育法》对党政权力作出如下界分:一是中国共产党高

　　① 彭虹斌:《大学自治与我国高校内部体制改革》,《清华大学教育研究》,2005 年第 4 期,第 16－21 页。

等学校基层委员会按照《中国共产党章程》和有关规定,统一领导学校的工作,支持校长独立地行使职权,其领导职责主要是执行中国共产党的路线、方针、政策,坚持社会主义办学方向,领导学校的思想政治工作和德育工作,讨论决定学校内部组织机构设置和内部组织机构负责人的人选,讨论决定学校的改革、发展和基本管理制度等重大事项,保证以培养人才为中心的各项任务的完成。二是高等学校的校长全面负责本学校的教学、科学研究和其他行政管理工作,行使以下职权:拟订发展规划,包括制定具体规章制度和制订年度工作计划并组织实施;组织教学活动、科学研究和思想品德教育;拟订内部组织机构的设置方案,推荐副校长人选;任免内部组织机构的负责人,聘任与解聘教师以及内部其他工作人员;对学生进行学籍管理并实施奖励或者处分;拟订和执行年度经费预算方案;保护和管理校产,维护学校的合法权益;行使章程规定的其他职权。①

进入 21 世纪,我国正式加入世界贸易组织,标志着我国全面融入世界发展的总体格局之中,高等教育也已接近大众化发展程度。在这样的历史背景下,人们开始从理论和实践两个方面对大学管理进行深入细致的探究和摸索。在理论和精神层面上,诸如大学是什么、大学的基本精神和价值是什么等一些有关大学的基本问题,进一步引起了政府、官员和学者们的极大关注,并形成以下共识:大学是学术性组织,具有知识品性,独立自主、自治,学术自由和人文主义等是大学长盛不衰的精神传统。要建设具有中国特色的世界一流大学,需要进行管理体制和制度的改革,构建与之相适应的现代大学制度,重新厘定大学与政府的关系,借鉴和创新其他国家大学自治的模式。许多大学围绕"大学之道"等课题进行了理论研究和实践探索,如北京大学、东北大学进行的人事制度的改革等。这些探索尽管实际操作时遇到了很多问题,甚至难以推

① 张俊宗:《现代大学制度》,中国社会科学出版社,2004 年,第 244 页。

行,但却促使国人将大学的走向与国之发展、民之福祉联系起来,将中国大学的"问题"和中国大学的"理念与制度"结合起来,这就触及了大学自治的深层内涵。

3. 大学自治的反思与展望

考察中国大学自治的百年历史,可知中国的大学自治虽曾有过艰辛而良好的早期萌芽与奠基,却始终未能得到充分发育与发展。这固然与中国近现代的国际、国内环境和中国现代化的特殊路径有关,但教育自身的内部原因更值得关注。

首先,中国有着尊奉实用理性的悠久传统,而近代以来的"中体西用"观及其变种,更以强兵富国、救亡图存为务,在输入西方现代科技时,始终更多关注其工具价值和实用技术,漠视甚至蔑视理论知识以及纯学理的研讨。新中国成立之后,实践论逐渐成为普世性主导认识论,导致片面强调实践对认识的决定意义以及感性认识对理性认识的基础作用,使得实用主义经验论在新的社会和哲学土壤中泛滥起来。毛泽东从自己独特的政治信念、社会理想、求知道路和知识背景出发,轻视从事基础科学尤其是人文社会科学的研究者。最终,否定以传承与创新知识为己任的、知识分子聚集的大学,全面动摇了大学自治的理念。

其次,欧洲大学具有以行会模式自律管理、自主发展的传统及经验,较早形成了大学自治的制度基础。近代科学诞生以后,特别是受政治和意识形态影响相对较小的数学、医学、天文学等自然科学形成学科体系,进入大学课堂,成为重要的教学内容,奠定了大学自治的知识基础。而中国的现代高等教育,最初是在现代科学的荒漠上由政府承建的官方工程,民办学校规模狭小,势单力薄,教会学校体外运行,游离于教育主流之外。加之始终未能孕育形成职业化的大学校长群体,多数校长政治、政党色彩浓厚,难以抵挡外力对大学自治的干预。

再次,新中国的科研体制是学习苏联建立起来的,即在大学系统之外另建庞大而独立的科研院所系统,从而在相当程度上导致高等学校发展科学的职能萎缩,培养人才与发展科学、教学与科研职能相分离。即使部分大学中还保留着科研活动,也主要是基础研究。所谓基础研究,是指应用性薄弱且在某些人的头脑中成为水平低下代名词的研究。那些对应用研究更感兴趣的领导者,往往轻视基础研究,使得大学教师的研究能力与科学精神衰退,人文涵养与整体素质退化,削弱了大学自治的个体基础。

最后,公共领域、上层建筑领域的变革普遍滞后于生产领域、经济基础领域,教育部门相对于营利机构具有天然的惰性与保守性。权责对等是基本的管理原则,揽权卸责却是永恒的管理事实,不同的被管理者面对这种事实反应悬殊。具有独立法人地位的、更多依赖经济指标来衡量组织利益的被管理者,往往敢于据理力争;而那些公共色彩浓厚的、组织绩效评价带有模糊性的被管理者,则往往倾向于容忍、息事。因此,面对政府的干预或侵权,大学的抵抗通常来得温和,在大学看来,自己受到侵害的仅仅是自由与否而非利益损伤,即便触及利益也是长远的、隐性的、公共的利益,而非即时的、外显的、个体的利益。因此,为了继续与政府保持合作、获得经费,大学宁愿退让、妥协。①

"历史学家保证我们探索时间维度,并且把相继的阶段看成是一个阶段通往另一个阶段,历史的研究也就是要提供种种比较,帮助理解当前:用过去的大学概念来阐明今天大学的概念;早先几个世纪大学的衰弱和复兴也许可以帮助我们了解今天大学的衰弱和明天大学复兴的可能性。"②因此,回顾历史,展望未来,并不必然得出中国大学自治未来将走向悲观的论调,而是可以为中国大学的

---

①　李剑萍:《百年来中国的大学自治与社会干预》,《河北师范大学学报(教科版)》,2005 年第 1 期,第 5 - 11 页。

②　伯顿·R·克拉克:《高等教育新论——多学科的研究》,浙江教育出版社,2001 年,第 9 页。

未来描绘更加美好的自治蓝图。为此,中国大学自治应当把握好以下几个关系。

其一,大学与政府的关系。"高教管理体制改革的最终目的之一是要实现高校依法自主办学,增强学校的办学活力,逐步形成国家统筹规划、宏观管理,学校面向社会依法自主办学的新机制。这个问题的实质是正确处理政府与学校的关系。"①在党政不分、以党代政的政治框架中,党对大学干预过多,必然导致政府包揽大学事务,大学附属于政府。新中国成立以来中央对此虽屡有觉察,也曾想进行一定程度的微调与修正,但受社会大框架、大环境的制约而终难改变。特别是在中国传统的官本位社会中,尊重知识、尊重人才的最便捷方式就是给予高学历、高职称者以官职,而走上官位的学者又不可避免地压抑自己的学术个性,在官僚学者化、行政专业化的同时,也出现了学者官僚化、学术政治化的趋势。在处理大学与政府的关系中,为了保障我国大学自治的健康发展,应当从以下 3 个方面继续深化改革:一是扩大办学自主权,使大学真正成为相对独立、权责分明、具有一定自治权的法人实体;二是凸显大学学术本位价值观,按照学术逻辑来建构大学内部组织机构和运行机制,使学术活动得以真正自由地开展,使大学成为以探寻真理为目标的知识权威场所和监督社会机构行为的重要力量;三是要正确处理学术权力、行政权力和党的权力之间的关系,树立教师为主导、学生为主体的办学思想,强化各级各类行政组织的服务功能,营造大学发展的良性环境。② 在大学与政府的关系中,特别要警惕的是,"政府参与高等教育的意识不断增强,参与的事例日益增多"。③ 政府更加易于通过拨款来加强对大学的干预和控制。应该说,政府对高等教育的管理既是必

① 纪宝成:《加快高等教育管理体制改革的步伐》,《中国高等教育》,1999 年第 3 期,第 6~9 页。
② 唐振平:《当代中国大学自治管理体制研究》,中南大学 2006 年博士学位论文,第 87 页。
③ 克拉克·科尔:《大学的功用》,江西教育出版社,1993,第 93 页。

然的也是必要的,完全的放权必将导致完全的卸责,也必将导致大幅缩减公共教育经费,大学转嫁教育成本,妨害高等教育入学机会和教育过程的平等性。因此,未来政府对于大学的管理,问题不在于管与不管和管多管少,关键在于如何管和管什么,而怎样处理大学与政府的核心问题在于政府要尊重大学的独立法人实体地位。这既寄望于大学的努力争取,更寄望于政府的深刻自省与自我节制。

其二,大学与市场的关系。大学自治的核心是学术自由,学术自由无论何时都是大学得以发展与繁荣的价值基石。值得注意的是,改革开放以后,大学的社会干预又出现了新的要素和动向。特别是在 20 世纪 80 年代前期、90 年代初、90 年代末的 3 个经济快速增长阶段,高等教育与市场经济的关系一时成为热门话题。不少人呼吁高等教育必须紧密联系和迅速适应市场经济,甚至将联系降格为迎合,将适应误解为对应,一度出现高等教育产业化、市场化的论调。这既反映了经济高潮突然到来时人们的浮躁情绪,也源于人们对此前过分强调高等教育政治功能的心理逆反,意味着大学自治的外部干预由原来的政治一翼走向政治与经济双翼。在这种思潮影响下,学术自由所赖以存在的个体研究兴趣、研究价值观萎缩,富有个性的研究活动、研究成果迅速衰弱。值得庆幸的是,中国大学界对此已有所觉醒:过度强调大学的经济功能正像一味标榜其政治功能一样,将贻害无穷。市场的趋利性可能严重妨碍教育平等,损害大学自身的相对独立性,侵害大学所秉持的人文精神,使大学失去其对社会进步的价值导向作用。因此,大学既要适应市场需要,同时作为培养人的场所又需保持独立品格。大学的培养目标、教育教学过程都有自己的规律和特点,经济规律、市场法则也不完全适用于教育。大学加强与企业界、经济界的联系,并不是迎合与屈从于市场,双方应是合作伙伴关系而非隶属关系。"高等院校应该考虑职业界及科学、技术和经济部门的发展趋势。为满足工作的需要,高等教育系统和职业界应共同制定与评估理论同职业培训相结合的教学过程、衔接性课程"，显然，"所有这一切均应在负责的自治和学术自由的条件下进行"。①

其三，大学与社会的关系。当前我国大学发展已进入高等教育大众化、普及化的阶段，其标志是一批多元巨型大学正在崛起为高等教育体系的中坚力量。多元巨型大学的出现巩固了大学在社会组织框架中的地位，培育了更为庞大的知识分子群体，示范知识价值，引导社会观念，引领时代风尚，提升和输出大学自治理念，搭建起大学自治与社会民主互动的桥梁。同时，一批新型非传统大学突起为高等教育体系的变革主力，它们更加敏捷地把握时代脉动，更加密切地联系社会实际，更加主动地引进社会力量，有意无意地催生与实践着大学自治的新模式。例如，"由社会力量创办的民办高校的迅猛发展打破了原来国办高校一统天下的格局，形成了国办普通高校、国办独立设置的成人高校与民办高校的三足鼎立的局面。这既使得中国高等教育的大众化可能以国校与民校的同时扩充来完成，也造就了国办高校的平等竞争主体和相互监督主体，促进了多元化的高等教育办学体制的发展，从长远来看，更拓展了公共知识分子的生存空间和施展舞台，提供了未来大学自治的多样选择和多种模式。"②在这种社会背景下，那种完全由教授甚至教授中的少数精英分子垄断学术权力与行政权力的模式将不复存在，大学及其管理将更加走向开放，社会上各种利益群体将更多地介入大学的领导中心，大学也需要教授、政府、社会公众共同掌握未来发展的命运之舟。"未来的大学自治与传统的大学自治的重要区别，或者说能够适应未来社会的大学自治，能够使大学在未来社会保持可持续发展的大学自治，在于界

---

① 联合国教科文组织：《全球教育发展的研究热点——90 年代来自联合国教科文组织的报告》，教育科学出版社，1999 年，第 420 页。

② 孟中媛：《百年来中国大学的三次转型发展的历史回顾》，《黑龙江高教研究》，2008 年第 5 期，第 11－13 页。

定与统筹大学的社会责任与自身利益、外部影响与内部规则、政府职责与学校权利、党委领导与校长负责、学校职权与院系职权、学术权力与行政权力以及董事会、教职工代表大会、学术委员会、学校职能部门等方方面面的关系。"①

① 李剑萍:《百年来中国的大学自治与社会干预》,《河北师范大学学报(教科版)》,2005 年第 1 期,第 5 – 11 页。

第二章　大学自治与大学权力

一、大学组织的权力特性

权力是人类社会中极其普遍的现象。自从有了人类社会以来,可以说时时有权力,处处有权力。古往今来,它既无所不在,却又难以捉摸。权力既像《天方夜谭》中能够满足人类无穷欲望的阿拉丁神灯,让人无限向往,沉醉着迷,又像一条无形的锁链,让人深受其害,备受折磨。然而,权力的概念自古以来就没有准确的定义,人们对它作出的诠释始终没有获得过共识,以至于政治哲学家卢克斯对权力作了如下追问:"权力是一种属性还是一种关系? 是潜在的可能还是实际的表现? 是一种能力还是能力的运用? 它被什么人或什么东西占有或运用? 是被行动者(个体行动者或集体行动者)、结构还是系统? 其运用是对谁或针对什么? 是能动者(个体的或集体的)、结构抑或系统? 从定义上讲,它是有意地,还是可以部分有意乃至完全无意地加以运用? 它一定(完全或部分)有效吗? 它会产生哪些类型的结果? 是否会改变利益、选择、偏好、策略或行为?"①尽管权力的释义充满了诡谲和风险,但却是本书绝对绕不过去的一个"坎儿"。要以大学的权力架构为中心研究大学自治,权力毫无疑问是研究展开的逻辑支点,没有这个支点,

---

① 马尔科姆·沃特斯:《现代社会学理论》,华夏出版社,2000年,第231页。

整个理论架构将无所着落。因此,要探讨大学组织的权力特征,最为紧要的基础工作是对权力概念作系统的研究和梳理。

1. 权力概念的学科视眼

权力或许是社会科学理论体系中人们最为熟识的一个概念,无论对于思想家、政治精英还是一般民众,似乎都不言而喻。因此,人们在使用这一概念时,自然不会体验到其中的深层意蕴及潜藏在文字背后的挑战。事实上,无论是在西方还是东方的人类思想史上,权力研究都具有深厚的历史渊源。在西方,柏拉图、亚里士多德在其思想体系中虽然没有对权力概念进行过明确界定,但他们往往将权力的分析渗透到其政治、经济、社会思想的表述之中。如柏拉图由"哲学王"构想而引发出的关于知识权力的观点,认为"除非哲学家成为我们这些国家的国王,或者我们目前称之为国王和统治者的那些人物,能严肃认真地追求智慧,使政治权力与聪明才智合而为一……否则的话……我们前面描述的那种法律体制,都只能是'海客谈瀛',永远只能是空中楼阁而已。"①亚里士多德也曾借助主人和奴隶的依附关系来论证权力关系的存在。在中国古汉语中,"权"原指权衡,即衡量是非、轻重,以因事制宜。后由权衡引申为"掌权",即制约他人的能力,最终指向权位、势力。战国时期的韩非子曾围绕权力问题构建了以"法、术、势"为核心的庞大的权力理论体系,这一权力理论体系对历代统治者和思想家产生过重要影响。

伴随着地理大发现、文艺复兴和人类迈向工业文明的进程,社会逐渐趋向复杂化,人们对权力的认识也愈加深化,先后出现了马基雅维利的《君主论》和霍布斯的《利维坦》等对权力问题进行透彻分析的著作,进而将权力的研究推向新的历史阶段。至 20 世纪下半叶,无论在西方世界还是非西方的发展中国家,学术界都非常重

①　柏拉图:《理想国》,商务印书馆,1995 年,第 214 – 215 页。

视权力的研究,权力的性质、运作方式、运作逻辑以及合法性等研究成果不断推陈出新。权力之所以在 20 世纪晚期受到学界的格外关注,以致成为当代社会科学最具核心意义的关键概念之一,在于"社会和文化的进一步发展和复杂化,一方面固然为个人自由的发展提供了新的、广阔的可能性,另一方面却同时为个人自由的实现创造了新的限制性条件。这样一来,使权力采取越来越曲折和越来越象征化的形式渗透到社会生活的各个方面"。尽管当代学术界关于权力概念的研究众说纷纭,有着"控制说"、"能力说"、"力量说"、"利益说"、"决策说"、"结构说"、"影响说"、"关系说"等众多流派。众多流派中的权力概念可以用以下 3 个"学科之眼"来统领和观照。[1]

一是政治学视眼,它的核心词汇是"控制",背后的含义是力量(暴力)、能力等。政治学视眼下统领的权力观是最古老的权力概念形态,建立在对社会现象最朴素的认识上。它主张权力是一种支配力量,而支配的主体拥有这一力量去强迫被支配的客体服从。它强调的权力是一方居于主导地位,而另一方受指使。英国哲学家伯特兰·罗素把权力解释为若干预期结果的产生,[2]他把权力归结为某些人对他人产生预期和预见效果的能力。根据这一定义,假定两个人有同样的愿望,如果甲完全得到预期的结果,而乙只得到预期结果的一部分,则甲的权力大于乙的权力。马克斯·韦伯的阐释也依照同样的思维理路,他认为权力就是一种 A 迫使 B 实施 B 不愿去做但又必须去做的行动的能力,"是把一个人的意志强加在其他人的行为之上的能力"。[3] 他认为,我们所理解的权力就是一个或若干人在社会活动中即使遇到参与该活动的其他人的抵抗,仍然有机会实现自己的意愿。我国著名学者卢少华也持相同

---

① 王彦斌:《权力的逻辑——大学组织运行的社会学管窥》,华中师范大学教育学院 2008 年博士论文,第 44 页。

② 伯特兰·罗素:《权力论——新社会分析》,商务印书馆,1998 年,第 23 页。

③ 马克斯·韦伯:《经济与社会》上册,商务印书馆,1997 年,第 323 页。

的观点:"权力将表明有一定社会地位的人的能力和潜力,即在某种社会制度内对于其他人存亡所系的问题规定条件、作出决定,即采取行动的能力或潜力。"①政治学视眼下的各种权力说的核心思想都是强调权力关系中的强制性,即权力的指向是单向度的,一方的主观愿望拥有绝对的强制力,而另一方绝对被动,其命运完全听命于权力的发出者。在政治学视眼下,由于把权力等同于强制、支配,权力这个词就难免会带一点恶意的气息,也难免意味着服从权力的人们要做某些不愿意做的事情。政治学视野下的权力概念忽视了权力既可能是"硬控制",也可能是"软控制",因而随着社会的发展,这种权力思想也常常遭到后人的质疑和诟病。

　　二是经济学视眼,它的核心词汇是"利益",背后的含义是资源、财富等。随着时代的发展,暴力与控制逻辑下的权力观逐渐显得褊狭,难以概括经济社会繁荣富强的事实,财富、利益的力量也逐渐被纳入权力理论的视野。特别是"经济学帝国主义"向各个学科的渗透,使观测各种社会现象的学术之眼,都带上了"利益"的眼镜,挖掘各种社会行动背后的"利益"动机,成为研究时尚。在这个方面,无产阶级经典理论家马克思无疑是最突出的一位。马克思不仅将权力视为不同阶级和群体基于物质资源占有和垄断,围绕利益所有权的斗争,而且把这种建立在"经济基础"上的"斗争"看做社会发展的根本动力,并断言"人类社会发展的历史就是阶级斗争的历史",从而将"利益"、"经济"权力之争提到了一个空前绝后的高度。

　　美国学者亨廷顿也是持上述观点的主要人物。1993 年他在美国《外交》杂志发表了一篇题为《文明的冲突》的文章,论证了文明冲突的根源在于"利益"之争,争斗的结果取决于不同文明的"权力"的大小,即文明的权力"是一个人或群体改变另一个人或群体行为的能力。行为可以通过指导、强制或者告诫加以改变,这需要行使权力者具有经济、军事、制度、人口、政治、技术、社会或者其他

---

　　① 卢少华、徐万眠:《权力社会学》,黑龙江人民出版社,1989 年,第 17 页。

方面的资源。因而,一个国家或群体的权力通常通过衡量它所能够支配的资源同其试图影响的其他国家或群体所支配的资源的对比来估价"。① 因此,经济学视角下的权力论强调权力必须以占有可供支配的资源为前提,权力的目的指向的是"利益"。这样,权力的内涵常常分两部分来理解,即"权"和"力"。而"权"的实质则是占据了资源,并且可以被自己运用,没有资源的"权",则不是真正的"权"。据此,唯有掌握了"权",才能拥有"力"。"权"是"力"的前提,"力"的展开和呈现建立在"权"的基础之上。

三是社会学视眼,社会学视角下的权力概念的核心词汇变成了"影响",这种影响强调权力主体之间作用的相互性。如果我们暂且不谈 A 与 B 的权力即他们的能力问题,而是研究在甲与乙双方关系中发展着的权力问题,我们就会发现一种协商的因素,完全改变了原来权力的意义。双方间的一切关系都要求相互间的交换与适应。当然甲对乙的要求所作出的一切积极的反应都可以被认为是乙对于甲施展权力的结果。但是,把它视为一种协商的结果,则更简单,更具效果。权力关系的双方的较量,不在于势力的大小,而在于不同势力相互作用的大小。②

社会学视角下的权力是指某一主体凭借和利用某种资源能够对客体实行控制致使客体改变行为服从自己,以实现主体意志、目标或利益的一种社会力量和特殊的影响力。《布莱克维尔政治学百科全书》就给出了这样的定义:"权力在最低限度上讲是指一个行为者或机构影响其他行为者或机构的态度和行为的能力。"③罗伯特·达尔在《当代政治分析》一书中也是通过"相互影响"的关系来研究权力,他甚至还区分出显性的影响和隐性的影响、积极的影响和消极的影响。"权力并不是个人所拥有的什么,而是人与人之

① 塞缪尔·亨廷顿:《文明的冲突与世界秩序的重建》,新华出版社,2002 年,第 78 页。
② 克罗齐埃:《被封锁的社会》,商务印书馆,1999 年,第 27 - 28 页。
③ 戴维·米勒:《布莱克维尔政治学百科全书》,中国政法大学出版社,2002 年,第 64 页。

间的一种关系。作为权力的定义可表述为'甲对乙拥有权力是指甲能使乙做乙本来不一定去做的事'。换言之,权力是使行为发生变化的能力。"①因此,人类社会的关系和交互作用可以用相互依赖来表达,人与人之间的社会关系可以用相互依赖来概括。社会交换理论的倡导者彼德·布劳依此给权力作出如下定义:"个人或群体将其意志强加于其他人的能力,尽管有反抗,这些个人或群体也可以通过威慑这样做,威慑的形式是:撤销有规律地被提供的报酬或惩罚,因为事实上前者和后者都构成了一种消极的制裁。"②

参照上述学科视眼的权力界定,本书认为权力就是社会主体依据一定资源,并在特定的场域中,通过强制、支配、影响、权威、劝说、诱导等有目的地对客体实施影响力,以达到实现利益的结果。也就是说,权力是一种力量,通过这种力量,权力主体可以影响对象物,使对象物的表现符合权力主体的意愿或利益。具体而言,权力具有下述 4 个特性。

第一,权力是以占有可供支配的资源为前提的影响关系。这种影响必须是有目的的,如果把无意间产生的影响都视为权力的行使,会导致将整个社会系统简化为权力系统。一旦对权力概念作过于泛化的理解,也就失去了权力概念的特定意义。

第二,权力的影响关系背后起作用的因素是力量。这种力量既可以指蕴涵的能力品质,还可以指具备该品质的个人或群体所释放出的、造成某种特定局面的能量。作为合法的权力主体必须借助力量因素才能行使权力,所以力量因素既包含尚未表现出来的潜在权力,也包括实际表现出的明示权力。

第三,权力行使的主体与作用的客体可以是个人、群体或社会

---

① 丹尼斯·K·姆贝:《组织中的传播和权力:话语、意识形态和统治》,中国社会科学出版社,2000 年,第 64 页。

② 彼德·布劳:《社会生活中的交换与权力》,华夏出版社,1988 年,第 137 页。

组织,基本要素是利益。利益既是权力的基础也是权力的目标指向,行使权力的最终目的就是追求某种利益的实现。

第四,权力受一定的场域限制,即权力的作用范围是有限的。这种范围通常体现为某个机构、地区、国家或国家间组织。从宏观方面看,权力离开了特定的场域,其控制力就会下降,甚至丧失。但从行使者方面讲,权力没有场域的边界时,它会被无限扩张、放大。所以,权力可能的两个极端构成了权力的场域。

2. 权力与组织的关联考察

组织现象是人类社会中一项极富魅力的研究课题,"组织既是一种容器,又是容器中的内容;既是结构,又是过程;既是对人类的制约力量,同时又是人类行为的结果。组织为集体行动实践提供了持久的条件与力量。组织的存在,无论是在思想上,还是行动上,都具有深邃的意涵。"①可以理解为:"当人们为了协调一个集团的活动以达到既定目标而确定出明确的程序时,便产生了组织。"②社会组织一般都具有 3 个特征:第一,社会组织是一个系统;第二,社会组织这个系统具有共同价值、目标和准则;第三,社会组织是一种整体性和结构性组织活动或状态。现代社会是一个高度组织化的社会,组织是社会的基本结构。在人类社会中,社会组织是人类活动协调、合作的形式,其目的在于克服人类单个个体体能和智能的缺陷,达成某些群体的共同目标。每一个人都不能离开组织而生存,组织是随着人类社会的发展而逐步壮大的。因此,组织化程度的高低与运行效率是社会复杂性与进步性的标志,可以说社会发展的历史就是社会组织不断复杂化、功能日益扩张的历史。虽然自人类告别野蛮、走向文明之时起,便有组织出现,但当代的

---

① 埃哈尔·费埃德伯格:《权力与规则——组织行动的动力》,上海人民出版社,2005 年,第 3 页。

② 莫里斯·迪韦尔热:《政治社会学——政治学要素》,华夏出版社,1987 年,第 159 页。

组织研究所关注的主要是工业文明勃兴后与工业化相伴相生的高度复杂化的现代组织,这也揭示出现代性实际上指的是"一种社会生活或组织模式"。①

　　组织的存在是以其所具有的某种特定的功能为基础的。"因为社会生活是不能游移于组织与机构之外而存在的。理解这种集体生活的运转逻辑以及它引起的合作形式"便成为组织研究的目标。②"组织被认为是社会的写照,通过组建社会的基本系统从而复制了它的结构。实际上,组织并不是相互隔绝的一座座孤岛,而位于整个社会之中并参与它的运转。"③组织参与社会运转的目的是实现组织的功能。组织的功能是多方面的,其中专业化功能的重要性是不言而喻的。按照功能主义的观点,社会组织是追求同一目标的成员相互协力以实现共同目标的社会群体。当追求明确、经常性目标的个体发现单靠个人的力量不能达到目标而需要进行经常性的、有规律的合作时,社会组织就产生了。理性主义则认为,社会组织是人们为了减少经常性合作的不确定性或风险性而进行的主动选择。人们组织起来的目的是为了更有效地达到目标,所以组织是一种富有效率的社会经济体。上述两种观点都从侧面说明了组织的一个关键特征:组织都是追求某种专业化功能效率最优的机构。也就是说,组织之所以成为该组织,就是因为它都具有特定的专业化或社会分工的功能,是为了实现一定的社会生产、流通、文化、研究或教育目标。

　　从前述权力的学科视眼及其权力的 4 个特性可知,权力与组织两者相互依赖,密不可分,呈双向互动关系。"从一个组织的运作来看,可以将组织简单地分成两个部分:一部分是组织结构,另一部分是组织过程。组织结构即根据目标、规模、环境、技术等确

---

① 安东尼·吉登斯:《现代性的后果》,译林出版社,2000 年,第 1 页。
② 克罗戴特·拉法耶:《组织社会学》,社会科学文献出版社,2000 年,第 1 页。
③ 同②,第 27 页。

定的组织人员、地位、职责、任务等划分,表现为一种静态的组织存在。组织过程即组织运行的过程,有时也称为组织运行,不管是静态的组织结构还是动态的组织运行,都是与权力密不可分的。"①

(1) 组织与权力的相互关系表现为权力对组织的依赖性

其一,组织是权力产生的前提,组织构成了权力运作的空间和场所。"权力是以组织为前提的。人们要达到共同的目的,必须依靠权力关系的运用,反过来说,也只有在追求直接决定他们的交涉的这些共同目的的过程中,他们当中的一方才能对另一方行使权力。"②显然,单个的人不需要权力,也不存在权力,产生不了权力,权力只有在人类由自然状态进入社会状态时才有产生的可能与必要。组织的社会性是权力的放大器与演出舞台,失去组织的权力,就成了虚置的权力,权力的实施与影响将无所凭借。换言之,权力通过组织获得合法性,组织成为权力产生的逻辑起点。此外,组织结构对组织内的权力架构产生重大的影响。一般说来,我们可以根据组织的社会结构将其分为正式结构和非正式结构。"组织的正式结构是指导组织成员活动的一套明确陈述的规定、纪律和程序。正式结构包括规章、法规、内部细则、命令和达到目标的时间表。在正式结构内部,每一成员对别人的权力、成员之间交流和协作的期望,都有严格而清晰的说明。"③非正式结构是由群体成员的互动所形成的人际关系,它也会对组织内部的权力结构产生重大的影响。

其二,组织自身组织化的过程就是权力作用的过程。组织并不是组织成员及相应资源的简单集中与机械组合,它是组织成员为了实现同一目标而协同努力的社会行动集体。也就是说,社会组织不仅是静态的,更是动态的。从某种程度上说,完成组织任

① 王彦斌:《权力的逻辑——大学组织运行的社会学管窥》,华中师范大学 2008 年博士论文,第 53 页。
② 克罗齐埃:《被封锁的社会》,商务印书馆,1999 年,第 29 页。
③ 戴维·波普诺:《社会学》,中国人民大学出版社,1998 年,第 191 页。

务,实现组织目标,就是组织动态发展中的一个暂时状态。将组织要素组合成一个有机整体并使其实现组织目标的主导型力量通常被称为组织权力,亦即为控制组织运行的权力,其包括如何把不同的参与者组合成为一个有机体和使这个有机体高效运转两大内容。其中,将独立的社会个体组合成一个共同活动的有机体的过程被称为组织化,组织化的方法和手段形成组织化机制。很显然,组织化机制将导致组织的高效运转,更容易发挥组织功能、实现组织目标。要实现组织化的机制,权力的作用也就体现出来。因为,任何组织都产生权力关系,组织关系依靠权力关系使之定型化。当然,权力的作用具有两面性。组织社会学认为,在一个组织内部存在各种各样的权力关系,凡能够促进其内生功能以最优状态释放的,就称为正向权力;反之,就是负向权力。正向权力集中关注组织的内生功能,全力以赴促进内生功能的释放,是引导组织围绕组织目标、调动一切力量来实现组织目标的权力,是组织得以良性运行的主导因素。负向权力着眼于组织的外生功能和衍生功能,主要追求的是组织内生功能以外的东西,往往会导致组织非良性运行。

（2）组织与权力的相互关系表现为组织中的权力是不可或缺的

其一,权力是组织运转的支撑力量。组织必须获得资源,获取资源是组织发挥功能,进而实现组织目标所必需的生产要素。组织资源获取的过程并不代表组织效率已经实现。这个目标有赖于组织自身的制度化程序,也就是资源分配的实施机制。它一般体现为组织的制度化过程。组织获得资源的目的是为了有效地使用它,并使之发挥效益。这构成了组织个体与其活动情境之间的外部关系的一个主要方面。若要掌握对资源的控制并发挥最优效率,就必须建立一套整合组织的机制,通过这套机制,可以在恰当的时候将资源恰如其分地分配到目标实施的实际过程中。权力的使用就常常充当这种整合机制,整合组织是协作的目的,它使组织内部的单位和个人的行为尽可能符合组织的要求。缺少协作决策的组织很难保证其高效率运转,而组织协作决策的方式通常有3种:首先是强制,即对不协调的行为进行处罚。在组织内部,成员与组织之间的关系是一种合作关系,双方都有各自的利益和目标,但是组织目标高于个人目标,如果个人不能按照组织的方式去做,就会受到处罚,处罚措施主要包括批评、警告、处分直至开除出组织等。其次是诱导,即对有价值的行为给予奖励。每个成员进入组织之后不可能完全理解组织的规则,奖励某些行为的目的是希望更多的组织成员能够按照这种行动方式行事,它是任何组织都普遍采用的正强化手段。最后是治疗,即采用科学的方法,在寻找个人行为失范原因的基础上,消除其错误动机,促使其行为符合组织的要求。当然,组织成员由于社会化程度的差异,其在组织内的表现各不相同,当两种强化方式都不能改变某成员的行为时,就说明其行为失范的原因不在组织方面,而很可能在个人人格方面。所以为了组织的整体利益,必须对该成员进行单独的咨询和治疗,以便使其角色行为能够满足大多数成员的期待。无论是强制、诱导还是治疗,权力是不可缺少的,权力是组织协作决策的保障力量。

其二,权力是组织秩序的有力保障。组织中行使权力,必须具备3个前提条件:"首先,必须存在相互依存的关系,组织成员的行为必须彼此相互关联,相互影响,从而使各个成员的需求必须通过与其他成员的相互作用方能实现。其次,必须存在性质不同或彼此互不相容的目标,从而产生不同旨趣的竞争。最后,资源的匮乏迫使怀有不同目标的组织成员为实现自己的目标而彼此展开竞争。"[1]实际上,深入组织内部,可以发现组织主体间的利益冲突、权力斗争、权力崇拜、权力迎合、权力追逐的现象遍布整个组织过程,甚至成为组织内部的常态。秩序是先于其他一切

---

[1]　丹尼斯·K·姆贝:《组织中的传播和权力:话语、意识形态和统治》,中国社会科学出版社,2000年,第72页。

价值的价值,对于组织而言,组织内部建立良性秩序既是组织成员的期盼,也是组织功能实现的基础。权力对秩序的重要性是不言自明的,权力是秩序建构的不可或缺的要素,没有权力,也就没有秩序可言。因为,失序的重要原因是权力的争斗,秩序本身就是权力冲突的平衡,秩序关系也就是权力关系;权力可以作为冲突的裁决力量,依靠其强制力定分止争,实现利益均衡。在一定意义上,可以说恢复组织秩序,也就是打破原有的权力结构,重建组织的权力体系。

3. 作为自治组织的大学权力

要阐明作为自治组织的大学权力仍需回溯到大学诞生之初。本书前一章节中曾详细描述了中世纪大学拥有的居住权、司法管辖权、罢课权和迁校权、颁发教学许可证权、免税和免除兵役权等具体权力,这些描述侧重于权力本身,倘若立足组织的视角,大学自治权力可以归纳为以下特性。

其一,确认自身组织存在合法性的权力。大学组织自我发展的逻辑基础在于组织自身的合法性,大学如果缺失了确认自身存在合法性的权力,大学自治就是空中楼阁。对大学团体而言,作为一个学者行会,其与自治城市中其他行会一样,需要得到法律的认可。因此,大学组织成立必须向教会、国王或城市当局等权威机构寻求认可,认可的标志是获得特许状。获得特许状就表明大学组织存在的合法性得到了确认,大学拥有了确认自身组织合法性的权力。

其二,确认组织功能合法性的权力。组织存在的原因在于组织内生功能。只有掌握确认组织功能合法性权力,才能掌握组织发展的方向。中世纪大学的独特之处在于它实质是一种行会和一种学者社团组织,其有着严谨的组织、法人的性质、自己的章程和共同的印记。凝聚"学者行会"的媒介是知识。正是由于对"知识"无目的、无功利的执著追求,才使"学者行会"组织的中世纪大学的高度自治属性得以传承。中世纪大学甚至可以设立特别法庭，独立于普通司法权外而享有高度的自治，更不用说纯粹意义上的学术内部事务。以大学学位授予权为例，中世纪大学组织功能的合法性通过学位授予形式得以充分显现。隆重的学位授予典礼和仪式，给人带来的不仅仅是收获知识之后的喜悦与充实，更是对知识与理智的景仰与崇敬。这种仪式实际上赋予了新加入成员一种文化与意识形态的权威感，并正式确立了他在本学科领域中的话语权与裁判权。

其三，拥有确认组织成员资格的权力。中世纪行会是同一行业从业者的组织，它不仅保护入会成员的利益，确定本行业的工作原则及等级结构，还有一个重要的职能，即确定成员的入会标准和从业资格。① 在中世纪大学，获得学位既是对申请者学术经历和学术能力的标识和认可，更是申请者获得学者行会的成员资格进而开张授业的必备条件。学位的申请和获得不仅有外在的隆重仪式，更有着严格的标准和程序。从录用标准上看，中世纪对大学教师候选者有较高的学术和专业要求。从录用的程序上看，中世纪对候选者能否成为大学教师实行的是真正意义上的专家评判，高度体现学术事务学者自治的理念。尽管中世纪大学被教会所控制，历史上某一段时期大学的学位由教会掌控，但是否能够获得学位进而成为组织成员依然来源于学者行会的判断，大学实质上仍享有确认组织成员资格的权力。

其四，自主处理组织外部关系的权力。任何一所大学的发展都受到内部和外部、主体与客体的双向影响，大学其实是双向影响力量冲突与融合的产物。大学组织处理与外部关系的过程，实际上就是与其他组织权力博弈的过程。就中世纪大学而言，它一方面与教会、王权进行博弈，抵制它们对大学的过度干预，保障大学

---

① 刘宝存:《中世纪的大学理念及其对后世的影响》，《复旦教育论坛》，2004 年第 4 期，第 41－46页。

组织的自治权;另一方面,又依附于国王或教会中的一方,从那里获取组织上合法性的依据和经济上的经费支持。

综上所述,中世纪大学自治权的特性表明,社会中各种现实力量都对大学有制约和造就作用。大学在外部及内部秩序的建构中,虽然冲突不断,但是各种权力的争斗促成了新大学的诞生和知识的传播与发展。在外在影响因素对大学的形塑中,大学也不断建构着内部秩序,并以规章制度的方式使斗争的成果固定下来,获得了一定程度的自治,学者们也获得了在一定范围内自由追求学术的权力,最终形成自身的制度性力量。中世纪大学组织权力秩序的建构,也得力于大学组织主动参与社会进程及一系列策略方法的运用。它时而依靠世俗势力与教会势力斗争,时而利用教会势力与世俗势力斗争;它利用国王的特许状反对教会控制,又利用教皇的保护反对国王、城市和其他世俗势力。大学就在两权之争的缝隙中摆脱了教权和王权的控制而独立,挟其知识优势和社会声望,在分权制衡中保持着张力和活力,并在欧洲成为与教会和世俗政权并驾齐驱的三大势力之一,从而得以不断发展。

大学经过近千年的发展步入现代社会,由于大学规模增大,功能拓展,在延续中世纪"知识组织"属性的基础上,其科层属性得到强化。"知识性是大学组织特有的遗传基因,它携承着大学的本质特征,是大学组织产生、发展和变化的内在依据;科层性是因大学组织适应环境变化发生的基因变异,是大学发展由内生功能衍生的属性,它协调着大学与外部环境的关系,维系着大学内部的统一。"①因此,作为现代组织的大学权力特性也相应的发生了变化。

首先,权力来源知识化。高等教育的谚语是"知识就是权力",一切权力方式也就是一种知识方式,知识也即一种权力方式。福柯更进一步认为,权力与知识就是一种共生体,真理与知识并没有

---

① 王彦斌:《权力的逻辑——大学组织运行的社会学管窥》,华中师范大学 2008 年博士论文,第 78 页。

被强加在权力运作之中,而是与之紧密结合在一起。大学作为高等教育系统中的主体,不是一般的传递、分析、批判现存知识并探索新的学问领域的机构,而是传播、生产高深知识的组织,自然更具有这种知识与权力关系的应有之义。大学的组织内部,谁掌握了高深知识,谁取得了学科体系、专业组织的控制权,谁就拥有更大的权力。"知识材料,尤其是高深的知识材料,处于任何高等教育系统的目的和实质的核心。"①同时,对公众服务的职能也是来源于对这种高深知识的占有、控制、支配,从而拥有了强有力的社会权力。高等教育组织系统内的个人借助于学术组织和学校组织加强了权力,大学组织也借助知识组织的力量得以与校外各种权力冲击相抗衡,学术自治权、学术自由、学校自治等权力从根本上说并不是保护个人的自由,而是保护作为学者集合体的学术组织的自由,学术组织、大学组织因此才获得了这种权力。

其次,权力结构多样化。大学组织的权力结构深受各国国情的影响,大学自治模式的不同,预示了大学组织权力结构的多样化情形。"大学的组织权力特征也深深地和所在国家权力特征高度吻合,并与国情紧密结合。这些未必出自于大学组织内生功能的自然发展,更多的是民族国家组织功能的再分配和控制使然。任何学术,无论自然科学,还是社会科学,也都是一定形式、条件之下的学术活动,有无学术自由、能否学术自主、程度多大也就大不相同。不同国家和高等学府等级结构各不相同。"②

再次,权力主体多元化。权力主体即掌握和行使权力的个人、集体、组织。大学组织不存在一个单一的权力主体或绝对权威的权力主体,主体呈现多元化的特点。这种多元化主要表现在学科的多样化,学科与院校都以各自的方式决定大学组织,所以大学组

---

① 伯顿·R·克拉克:《高等教育系统:学术组织的跨国研究》,杭州大学出版社,1994年,第12页。

② 王彦斌:《权力的逻辑——大学组织运行的社会学管窥》,华中师范大学2008年博士论文,第79页。

织表现为松散的学科联合体,被称为有组织的无政府状态。"高等教育并非一项统一的只有一个目标的事业,而是一个形形色色的学科和专业的集合体,每一个学科和专业都追求它自己的目标、目的和利益。每一个学科都强调自己工作或在学术系统中的重要地位,而各学科领域都存在着自己的权威,并且在不同时期、不同的学术组织中,学科地位会发生变化,扎根于学科的这种权力主体也是动态不定的,这造成了学术机构和系统高度分裂的专业化,校园里或系统中没有一门学科能获得统治其他学科的地位。权力主体中很难说有一个绝对权力主体能顺利推行自己的意志,立法权力、政府权力往往受到学术权力的抵制而妥协,学术权力、教师权力也受到行政权力的干预而不能为所欲为,而行政权力也对学术权力心存芥蒂。"权力主体多样化的突出表现就是权力之间相互渗透,尤其是学术权威已经渗透到院校官僚权力、行会权力、董事权力、政府权力、中介组织权力之中。

最后,权力配置分散化。权力配置的分散化是相对于权力的垄断而言的。大学组织权力配置分散,是基于现代社会充斥着不可调和的价值观念,民主社会有组织的生活本身就是权力斗争的过程。如果这些不可调和的价值观念和利益冲突都是组织目标实现所必要的,他们的冲突没有一个力量可以占据绝对控制权,那么斗争的结果必然是分权,因为权力的分散化是各种价值观和利益主体都能接受的唯一结果。权力分散寻求的是权力的制约与平衡,以便组织目标得到实现,组织系统得到发展。就大学组织而言,教师、学生、行政人员、利益集团、政党、学校、政府等利益相关者,都希望自己的利益在大学里得到满足。就大学自身而论,服务社会、统一管理、效率公平、社会良心等价值观是社会对大学组织的要求,而学术自由、学术自治等是大学系统自身发展的内在需要。因此,利益相关者权力冲突的结果不能是某一方的胜负,而应是权力的平衡,或者说是某种无奈的妥协。这种平衡与妥协必须以各方都能接受的形式来分享组织内部的权力,其所主张的价值观念都能在整个系统中有所体现，或者在体系的某个部分得到体现，或者两者兼而有之。

二、大学自治的权力架构

现代大学的权力特性为研究大学中的权力架构奠定了一定的基础。学界普遍认为，大学内部权力架构分为行政权力和学术权力两种主要类型。那么，学术权力和行政权力两者有何区别？两者在大学自治中所起作用如何？所起作用的不同对大学自治将产生怎样的影响？这一系列的问题都是大学自治研究者广为关注的话题。要想对上述问题作进一步深入的探讨，首先应从大学权力的类型开始。

1. 大学权力的类型界说

权力的分类是一个颇为棘手的问题。由于权力自身的复杂性和多变性，从不同的角度，依不同的标准，权力也就可以划分为不同的类型。加里·沃塞曼在《社会权力的基础》一书中将权力分为以下5种类型：奖励权力、强制权力、合法权利、参与权力及专家权力。① 国内学者曾对权力作了如下的分类：依据权力的性质和结构的不同，分为政治权力、经济权力和社会权力；依据权力主体所代表的范围不同，分为个人权力、集体权力和国家权力；依据权力客体的服从状况和权力实现程度的不同，分为潜在的权力、明示的权力和现实的权力；依据权力作用的方式和手段的不同，分为强制性权力、报偿性权力和信仰性权力；依据权力主体、客体义务关系的不同，分为合法权力和不合法权力；依据权力存在的空间不同，分为普遍性权力、地域性权力和特定性权力；依据权力主体所采用的控制手段个同，分为物理权力和心理权力。权力分类的复杂性意

①　加里·沃塞曼：《美国政治基础》，中国社会科学出版社，1994年，第6页。

味着大学内部权力类型的多样性,但上述权力的分类为大学内部权力的分类提供了有益的参考。

伯顿·R·克拉克是较早对高等教育系统的权力开展研究的学者,他认为大学内部存在 10 种权力,即个人统治(教授统治)、集团统治(教授统治)、行会权力、专业权力、魅力权威、董事会权力(院校权力)、官僚权力(院校权力)、官僚权力(政府权力)、政治权力、高教系统的学术寡头权力。① 后来他进一步将把这 10 种权力概括为 4 个方面的权力:① 扎根于学科的权力,包括个人统治(教授统治)、集团统治(学院统治、教授统治)、行会权力和专业权力;② 院校权力,包括董事会权力、官僚权力(院校);③ 系统权力,包括官僚权力(政府权力)、政治权力;④ 感召力,主要是指魅力权威。

受伯顿·R·克拉克研究的启发,国内外学者也对大学内部的权力类型进行了系统研究。综合国内学者的研究成果,本书认为大学内部权力主要分为以下几种类型。

(1) 行政权力

在现代大学中,由于规模庞大,事务繁多,结构复杂,因而多仿照政府的科层管理模式,也就是采取行政科层制。行政科层制的特点是把整个组织或机构分成若干个垂直约束强、横向联系弱的科层,各科层所拥有的管理行政性事务的权力,就是行政权力。现代大学一般采取 3 层管理模式,最高层为校级,中层为院或系级,最下层为教研室或组。但在这 3 个科层之间,有时还存在亚科层,如我国高校中普遍存在的教务处、科技处和人事处等。这些单位往往被划入校级管理机构行列,其实它们只是校级和院(系)级之间的亚科层,其权力来自校长的授予或委托并管理着院(系)的有关活动。

① 伯顿·R·克拉克:《高等教育系统:学术组织的跨国研究》,杭州大学出版社,1994 年,第 124 页。

（2）学术权力

学术权力的概念至今仍有颇多争议。主流观点认为，学术权力是学术人员所拥有的权力，它是基于教授或其他教师（含学术研究人员）的知识、技能和学术权威之上的一种力量及影响力。从现有材料看，国内大多数学者认同上述观点，并进一步认为，学术权力主要来源于知识或者说知识是学术权力的载体，知识的创造需要相对自由的、不受外界干扰的环境，学术权力是学术自由的制度性保障，学术权力的重心在大学的基层等。本书认为学术权力是学术组织或学术人员运用专门知识对学术活动中的学术事务进行判断和评价并作出决定的资格或能力，学术权力的主体是学术组织或学术人员，客体是学术活动中需要作出评判的学术事务。

（3）学生权力

持学生权力观点的学者认为，学生权力在大学中往往表现为权利。法律法规中规定的学生权利，也是学生拥有的合法权利，学生拥有的权力也是学生享有的权利。因此，学生权力一方面是指学生在接受高等教育时应有的正当权利；另一方面则是指学生在大学事务中发挥的作用。在我国学术界，往往把学生权力作为大学权力结构中的一个不可或缺的部分加以看待。重视学生权力是学生主体性在管理中的必然反映，是大学实行民主管理、科学管理的必然要求，是大学实行收费制度后的管理创新。在我国，学生权力作为一支独立的力量，尚不足以与学术权力、行政权力平起平坐，形成三足鼎立之势。但随着高等教育管理的逐步民主化，学生权力将会越来越受到重视。① 王彦斌博士也持相同的观点，他认为现代大学制度下，学生拥有充分的权力是其生存法则和发展需要的内在逻辑。没有权力的保障，学生的利益必然会受到大学其他利益主体的侵害，甚至导致学生被客体化、边缘化，进而成为教师和行政管理人员等谋求私利的手段。因此，拥有必要的权力是保

① 季诚钧：《高校学生权力初探》，《高等工程教育研究》，2003年第4期，第50－52页。

证学生主体地位和根本利益的基本要求。①

（4）政党权力

政党权力是大学中一种独特的权力形式,其权力来源于完善的政党组织体制,并且常常得到法律的确认和保障,尤其在一党执政的国家中更是如此。我国《高等教育法》第 39 条规定:"国家举办的高等学校实行中国共产党高等学校基层委员会领导下的校长负责制。中国共产党高等学校基层委员会按照《中国共产党章程》和有关规定,统一领导学校工作,支持校长独立负责地行使职权。"依照法律的规定,我国大学中党委是领导核心,校长在党委领导下开展管理工作,我国大学的政党权力要强于行政权力。这既是我国的实情,也是与我国的政治体制相适应的。其实,在西方发达国家的大学中,也都设有各种政党基层委员会,只是由于各国的政治体制或国情不同,这些政党在大学中的职能和发挥的作用不同而已。美国和西欧一些国家大学内的政党组织,一般并不介入学校的具体事务,但这并不能绝对地说是好或不好,也不等于这些政党组织对学校事务漠不关心。在学校基层,政党的政治主张和观点,有时也会影响或左右各种校内其他组织的人事选举结果。当然,这些国家政党组织体系上比较松散,其作用主要体现在国家和地方政府的选举期间,其主要职责是鼓动和组织选民投票。因此,这些国家的大学中,政党权力相对于行政权力和学术权力而言,是十分微弱的,其作用也非常微小。②

（5）市场权力

在现代社会中,随着自由、民主、平等以及效率等价值不断加强,市场在社会各个领域中所产生的影响愈来愈大,任何大学都不能无视市场的存在。换言之,在现代社会中任何一个大学要想脱离市场

---

① 王彦斌:《权力的逻辑——大学组织运行的社会学管窥》,华中师范大学教育学院 2008 年博士论文,第 114 页。

② 林荣日:《论高校内部权力》,《现代大学教育》,2005 年 2 期,第 69－73 页。

的影响都是不可能的。大学中的市场权力主要存在于以下几种需求交换关系之中:第一,学生发展需求与学校培养目标需求的关系;第二,教师发展需求与学校用人需求的关系;第三,毕业生就业需求与用人单位需求的关系。市场权力对大学的发展具有双重性,市场权力在满足主体需求发生积极效用的同时,也给大学的发展带来了消极影响,消极影响主要体现为大学的功利化、庸俗化和浮躁化。①

上述大学的权力类型尽管不是终极意义上的,但足以表明大学权力类型的多样性。在大学多样性的权力界分中,行政权力与学术权力是大学权力的基本分类,这已成为学界的共识。"高等学校内部的权力关系,分为不同的类型和层次,表现为一个复杂的权力系统。从大的方面看,高等学校内部的权力主要由两部分组成,即学术权力和行政权力。从高等教育发展的历史中我们可以看到,学术权力和行政权力伴随近代高等学校的产生而产生、伴随高等学校的发展而发展。尽管不同时期、不同国家的高等学校的学术权力和行政权力关系有不同的关系模式及其特性,但是,学术权力和行政权力的关系问题在高等学校一直存在。而且,如何解决学术权力和行政权力的关系问题,反映着高等学校的时代特征,决定着高等学校存在与运行的状态和形象。"②事实上,大学作为研究和传播高深学问的场所,其组织系统均是以学科专业为基础的。一方面,学科和院校要把不同学科的专家学者联系在一起;另一方面又将专家与非专家教授、学生与行政管理人员结合在一起。因此,学术性的学科和行政性的组织系统并存,学术权力与行政权力同在,是大学之所以成为大学的特征,也是大学区别于其他组织的标志。

2. 行政权力与学术权力辨析

学术权力与行政权力作为大学共存的两种基本权力类型,有

---

① 苏君阳:《论大学治理权力结构的基本类型》,《江苏高教》,2007年4期,第1—3页。
② 张德祥:《高等学校的学术权力与行政权力》,南京师范大学出版社,2002年,第1页。

其共同特性。一是工具性。权力作为一种达到目的的手段,体现出一定的价值取向,通过权力的行使,实现其主张的价值。因此,不论是行政权力还是学术权力,它们的持有者都会尽力地去行使权力,以追求其价值的实现。二是主客体关系划分的相对性。在一定范围内的权力主体在另外一个较大(或较小)的范围内可能就变成了权力客体,反之亦然。例如学术委员会中的某位教授是学术权力的主体,但相对于整个学校而言,他有时又成为行政权力的客体。本书更加关注的是行政权力与学术权力的不同之处,以求在区分两者的基础上,规范两者的运行机制。

有学者从两者的概念、主体、客体、功能作用、运行方式、追求的目标、实现的方式、特性等角度对两者进行了比较分析,如表 2-1 所示。

表 2-1　学术权力与行政权力的比较①

	学术权力 （academic power）	行政权力 （administrative power）
概 念	指大学的各类学术组织和学术人员,按照一定的法定或授权,凭借学科专业背景、知识水平、学术能力管理学术事务,组织学术活动,协调学术关系,评判学术水平的能力	指大学的各级行政组织和行政管理人员依靠特定的强制性手段,为有效地执行学校政治决策,保证大学教育教学、科学研究目标实现的能力
主 体	大学的各类学术组织（如学术委员会、学位委员会、教学指导委员会、学科建设指导委员会、职称评定委员会等）和学术人员（具有不同学科专业背景的专家、教授、学科带头人等）组成的学术组织系统	大学各级行政组织和行政人员构成的行政管理系统

① 蔡文伯、高芳:《高校学术权力与行政权力的回溯与反思》,《国家教育行政学院学报》,2009年第 4 期,第 52 – 55 页。

续表

	学术权力 （academic power）	行政权力 （administrative power）
客体	管理学术事务、组织学术活动、协调学术关系、评判学术水平	行政事务，通过行使行政权力维持大学的正常运行和发展
功能作用	主要处理大学教学活动、科学研究、学科建设、课程设置、教材建设、师资培养、学位授予以及招生就业等方面涉及的学术事务	主要是实现大学的人才培养、科学研究和社会服务等功能制定行政规范，维持高校业务正常运转
运行方式	按照法定或授权依靠学术组织的积极活动和学术人员的专业背景、学术威望、知识水平、学术道德和职业道德实现的，其标准缺乏刚性，一旦通过一定的程序和方式确定下来便具有权威性	按照科层化组织起来的等级制系统，主要依靠法律、法规、政策、指示等自上而下贯彻执行，具有一定的强制性
追求的目标	客观、公正、合理，具有民主性、科学性、真理性和非功利性	大学的办学效益和效率，具有较强的时效性
实现的目的	保证学术标准得以贯彻、学术人员得以发展、学术人员的学术权益得到保证以及促进学科进步和学术繁荣	保证国家的教育方针贯彻执行和高等学校的整个目标得以实现
特性	扎根于学科和专业；学术权力的松散性；学术权力的自主性	突出整体性；具有明显的层次性；强调按章办事和等级服从

通过上述比较，行政权力与学术权力的区别一目了然。行政权力与学术权力的不同对于大学权力研究是一项极为重要的内容，本书试图站在前人研究的基础上，从权力的产生、权力的实质、权力的地位、权力的作用时空范围、权力的行使原则、权力的外部监督机制等 6 个层面对行政权力与学术权力进行了辨析，以求进一步展示两者的不同。

第一，从权力的产生来看，行政权力主要来自于组织的委派或任命,而学术权力主要取决于专家学者的推崇。如一个大学校长的产生,虽然也经过民意测验,但最主要的还是上级组织的任命。而学术权力却不同,一所大学的某学术或学科委员会主任,虽然最终要由学校党委和行政的认可,但一般来说,只要某学术或专业委员的成员推选,大多数专家学者认同就算基本通过了。故学术权力的形成中,起决定作用的不是组织或政府,而是专家学者及其个人的学术威望和影响力。

第二,从权力的实质看,行政权力的核心是"权"(官),权大力大,学术权力的核心是"力"(学术地位),力大权大。大学的行政权力富有层次性和隶属性,实质上是一种统治力、领导力。学术权力却与此相反,它既无统治力,也无层次性,更无隶属关系。学术权力的"权力"是相对于行政权力的一种称谓,其实它并无实权,因为它既不管钱,也不管物,更不管人,它完全是自发的,是一群人自觉而又发自内心地追随与接受支配。

第三,从权力的地位看,行政权力起外在决定作用,学术权力起内在支配作用。大学是培养高级人才、研究高深学问的场所,工作内容有很强的学术性。高等学校一般都设置众多的专业、学科,广大教师分别在各自所从事的专业、学科内为发展本专业、学科而努力。同时,学术权力分散在不同的学科领域,权力结构重心在大学底部。学术事务管理适宜采用分权管理和民主管理,这样的管理方式有利于决策的合理化,具有较大的灵活性和及时性,比较受基层组织和教师的欢迎。大学的许多决策问题都涉及学术和学术发展问题,任何一个高明的领导也不可能对所有问题都精通,况且大学教师从事的教学和科研有其自身的客观规律。因此,大学的"行政"要作出正确决策,必须建立科学、民主的机制,广泛征求和听取广大教师的意见,否则,得不到广大教师尤其是学术权威的支持,这种决策就可能难以贯彻下去。

第四,从权力作用的时空范围看,大学行政权力作用的时空范围局限性较大,只能在特定的范围、特定的时间、特定的对象条件下起作用。如某大学的校长仅仅只能在某大学的围墙里和在某个时段内行使职权才有效,超出了大学的围墙或超过了某个规定时段,其职权就不起作用。而学术权力则不然,它不受时间、空间影响。如牛顿、爱因斯坦、居里夫人等学术权威,他们的影响既无国界,又无时间约束,就像永不落山的太阳,照耀着整个人类社会的历史。[①]

第五,从权力的行使原则看,行政权力在处理大学事务时强调按照事先制定的法则或制度行事,"按章办事"是行政权力通行的原则。"按章办事"避免了随意性和个人感情因素的影响,有利于保证公平与效率,使大学内部的运行有条不紊。但若将"按章办事"作为处理大学一切事务,特别是处理学术事务的准则,则可能导致简单化、僵硬化,从而影响学术的发展。同时,行政权力强调不同职位行使不同权力,等级性是行政权力的一个重要特征,必要的等级、下级服从上级是维护组织秩序和效率不可缺少的因素。但是,等级与服从只适用于处理行政事务,在处理学术事务时则不能简单照办。因为学术的争论与发展不崇尚任何权力,包括学术权力,而只追求真理的标准。

第六,从权力的外部监督机制来看,行政权力应当受到司法审查,而学术权力一般不接受司法审查。例如:在大学管理中,某报考博士研究生的考生,其考试成绩排名第一、科研成果数量第一,因其未被学校"择优录取"而诉至法院。如果这个"择优录取"过程是行使行政权力的结果,其正当性应当接受司法审查。但如果这个"择优录取"过程即对考生学术水平的鉴定过程始终是学术权力在起作用,行政权力只不过是起了保证和维护学术权力的作用,则另当别论。如导师小组对该考生未获"择优"的原因解释为:该考生虽然考分第一,但面试结果表明其业务基础和运用知识解决问题的能力不强;其成果数量虽多,但和其他考生相比质量较差。在

---

① 夏再兴:《什么是学术权力?——读〈学术权力:七国高等教育管理体制比较〉》,《咸宁师专学报》,2001年第1期,第1-3页。

这种情况下，司法审查就不应介入争议。

3. 权力架构的三种模式

这里所要讨论的大学自治的权力架构模式，是指由于大学中行政权力与学术权力在大学权力架构中的比重的不同而形成的不同类型。行政权力与学术权力在大学的不同历史阶段所起的作用也是不同的。在大学萌芽与诞生的中世纪，行政权力在大学权力中基本处于缺失状态。中世纪大学作为自治性学术组织主要分为两种形式：一是以意大利的博洛尼亚大学为代表的"学生的大学"。此类大学中，教师由学生雇用，学生选举产生校长；二是以法国的巴黎大学为典型的"先生的大学"。此类大学中，教师管理学校并组成"教授会"，教师挑选学生，学生毕业时由教师行会授予一定的学位。无论是"学生的大学"还是"先生的大学"，"由于大学远离社会，而掌握和控制大学的又主要是学者行会，所以大学的管理者就是学者，学者权力也由学者掌握。当时学校的规模与事务都非常有限，学术权力和行政权力很难截然区分。"①

行政权力与学术权力的分化始于德国洪堡时代的大学。在柏林大学筹建期间洪堡就撰文强调国家不应过于干预大学的学术权力。"国家不应把大学看成是高等古典语文学校或高等专科学校。总的说来，国家决不应指望大学同政府的眼前利益直接地联系起来；但应相信大学若能完成它们的真正使命，则不仅能为政府的眼前利益服务，还会使大学在学术上不断地提高，从而不断地开创更广阔的事业基地，并且使人力、物力得以发挥更大的功用，其成效是远非政府的近前布置所能意料的。"②与中世纪相比，洪堡时代的大学由于办学规模日益扩大及与外界接触机会明显增多，大学内部已出现行政权力从学术权力分离的萌芽，但由于大学的内部事

---

①　张珏：《试论大学的学术权力》，《黑龙江高教研究》，2001 年第 3 期，第 5－8 页。
②　约翰·S·布鲁贝克：《高等教育哲学》，浙江人民出版社，1988 年，第 31 页。

务管理权力主要集中在教授手中,学术权力占绝对主导地位,行政权力的作用与之相比显得过于薄弱。

进入现代社会,科学技术发展日新月异,大学与社会的关系亦发生了深刻的变化,大学逐步走出象牙塔,融入社会经济、科技、文化、政治以及民众的日常生活,大学从游离于社会的边缘逐步发展成为促进社会发展与进步的核心。大学不仅要遵循自身内在的发展逻辑,而且要符合高等教育的外部关系规律,以决定自身发展的结构和规模;大学需要充足的办学经费,以支撑学校事业的发展;大学需要和社会方方面面联系,以进行人、财、事、物、信息的交流和能量的交换。所有这一切,决定了大学必须时时关注社会,时时与社会发生各种各样的交往,大学不仅要有学术的视野,还要有政治、经济、文化的视野。因此,仅仅依靠学术权力难以应付这种复杂的情况,必须有专职人员处理大学与外部的联系,与学术权力一起共同应对社会,协同把握大学的发展方向。因此,现代大学中行政权力与学术权力都有其存在的合理性和必要性,两者不可偏废。过分强调行政权力会影响从事学术活动者的积极性和创造性,而过分松散的学术权力则将有损于大学效率的提高和整体目标的实现。因此,"一方权力形式的局限性恰恰是另一方权力分工的合理性,反过来同样成立,两者呈互补的关系,试想任何一方权力仅有合理性而无局限性,另一方权力就无出现的必要,亦无存在的土壤。"①总之,现代大学的生存与发展需要学术权力与行政权力同舟共济。

环视当今世界高等教育界,各国大学自治的模式不尽相同。模式众多,各显特色。依大学中的行政权力与学术权力主导作用的不同,可分为3种模式:

其一,以美国为代表的学术权力与行政权力两权分离、互有渗透、各司其职的模式。美国大学内部的权力体系主要由3方面构

---

① 眭依凡:《论大学行政权力与学术权力的协调》,《现代大学教育》,2001年第4期,第7－11页。

成,即董事会、校长、评议会。大学内部的权力系统形成了以校长为首的行政权力系统和以评议会(教授评议会)为代表的学术权力系统。大学权力结构中,权力界限是清楚的,董事会主要对学校重大事项进行决策,而将学术事务的决策和日常管理权力交给评议会(教授评议会)和校长。评议会由教授或以教授为主的学术人员组成,几乎包揽了学术事务的决策权,反映了学术权力在学校管理中的作用。校长在行政管理中的权力很大,校长任评议会主席,主持召开评议会,评议会决策的事情由校长负责执行。美国大学内部有发达的科层组织,行政权力较强,但是以教授评议会为代表的学术权力仍有效地控制着大学的学术事务。综上所述,"美国大学中,一方面存在明显的官僚等级,是一个等级结构,但同时学术力量在学校决策与管理中起着重要作用,是等级结构与学者行会组织交织在一起、行政权力与学术权力均衡分配的二元权力结构。这种二元权力结构也可以称之为分权制或分权管理(shared governance),即教授与行政领导共同管理学校。"①

其二,以德国、日本为代表的学术权力与行政权力两权渗透、适当分离、学术权力起主导作用的模式。德国大学的最高决策机构是大评议会,其职责是选举校长和评议学校规章制度。大学的主要决策机构是评议会。校长作为行政最高负责人具有相当大的权力,这种权力主要体现在学校的一般管理上,校长是大评议会和评议会的主持人,校长要执行评议会的决议,但是也有权否决评议会的决议。从评议会的组成看,教授占有相当比例,评议会审议决策的事项包括学术事务以及重大的行政事项,学术权力在学校管理中的作用之大,不仅体现在校一级,也体现在学部及讲座一级,正因为如此,德国大学才被称为"正教授大学"。"20世纪60年代以来,虽然进行一些改革,力图使大学其他人员参与决策和管理,但是,教授在大学中的地位和作用未有重大改变,由此可见,德国

---

① 张德祥:《高等学校的学术权力与行政权力》,南京师范大学出版社,2002年,第112页。

大学的学术权力是很强的。"①

日本国立和公立大学的最高权力机构是评议会,法律规定评议会是审议咨询机构,但实际上是大学的决策机构。评议会由校长、学部长、教授等人组成,校长担任评议会议长。评议会有权决定本校一切重大事项,包括选举校长、任用各类人员、制定校规、编制预算、确定招生计划、设置课程等。日本大学通常每月召开一次评议会,审议有关重大事项。根据有关法律,校长是大学的最高行政负责人,校长掌管校务,统辖所属人员,执行评议会的决议,并拥有校务及日常行政、财政等方面事务的裁决权。此外,大学中还设立各种专门委员会,作为校长的咨询机构。日本大学中通常设有学部。一般大学在学部一级也设教授评议会,也有的在校一级设教授评议会。学部一级的教授会由学部长和各学科的 1～2 名教授组成,教授会的主要权限是:选举学部长,讨论决定教学和科研方针,处理教员人事事务、学部预算、课程设置、招生工作等与教学和科研有关的事项。学部长从本学部的教授中选举产生,主管所属学部的学术、行政等方面事务,同时还要作为学校的评议会成员参加学校重大问题的审议,参加大学设立的各种委员会等,直接参加学校的管理。综上所述,日本大学与德国大学内部权力架构有诸多的相似之处:日本国立、公立大学在大学一级设立评议会,其在法律上规定是审议咨询机构,但实际上是大学的决策机构。从决策的内容看包括学校中学术和行政的重大事项,这一点类似德国。评议会的组成包括学部长、附属机构的长官及教授代表,这一点也类似德国。②

其三,以法国为代表的学术权力与行政权力两权渗透、适当分离、行政权力起主导作用的模式。法国大学的最高权力机构是校务委员会,校务委员会由 30～60 人组成,以本校职工为主体,其中教学、科研人员占 40%～50%,职工代表占 10%～15%,学生代表

①　张德祥:《高等学校的学术权力与行政权力》,南京师范大学出版社,2002 年,第 122 页。
②　同①,第 128 页。

占 20% ~25%，同时吸收部分校外人士参加（社会工商、金融、政界等各界知名人士），约占 20% ~30%。① 校务委员会的主席是校长，校长是由校务委员会、科学委员会、大学学习和生活委员会 3 个机构成员选举产生的。校长应是本学校的正式教授和理事会成员，如果不是正式教授，其任命须得到国民教育部长的批准。

法国大学实行校长负责制，在大学理事会中教授成员不占多数，教授群体对校长的制约能力十分有限，但却对大学的学术权力组织具有很大的影响。法国大学学术管理的专门机构是咨询委员会，它由科学委员会、大学学习和生活委员会等委员会组成。科学委员会的职责是：就学校科研方向、政策、科研成果、经费分配原则等问题向校务委员会提出建议，负责协调学校教学和科研的关系，特别是协调研究生阶段的教学与科研之间的关系。它由 20~40 名委员组成，其中教学、科研人员占 60% ~80%，研究生代表占 7.5% ~12.5%，校外机构或其他学校教学科研人员占 10% ~20%。

校务委员会虽拥有决策审议权，但在大学教学和科研政策上要听取科学委员会的建议。由于教师、学生在大学管理上的发言权得到承认，在一定程度上增强了大学内部管理的民主性和科学性，有利于大学的自我约束和完善办学自主权。同时，各管理机构分工明确，行政机构和学术机构各司其职，校长、校务委员会、评议会、各学术委员会等在统一指导下，履行各自的责任。

三、我国大学权力的理性建构

西方大学自诞生以来，一直高举自治的大旗，历经近千年的发展，其内部行政权力与学术权力基本上能协调运行。我国大学制度尽管源于西方，但由于缺乏自治的传统，组织结构是国家行政体系在高等教育系统的延伸，权力结构表现为行政权力挤压学术权力，违

---

① 杨汉清、韩骅：《比较高等教育概论》，人民教育出版社，1997 年，第 294 页。

背了大学发展的内在规律。因此,借鉴西方大学自治模式中的权力架构理论与实践,理性建构我国大学权力架构显得尤其重要。

1. 大学权力的现实困境

从我国大学产生的背景看,我国大学并非像西方大学那样主要是由学者自发组建或社会团体创立的。我国大学主要是由政府设立的,这使得我国大学建立之初就打上了"政府主导型"的烙印。虽然西方大学自治的理念、制度对我国大学成长产生过重要影响,但审视我国大学发展的百年历程,可谓是命运多舛。民国初期,在学者争取学术自由、构建现代综合型大学的努力下,我国逐渐构建了现代意义的大学。由于我国大学产生之初受到政府的严格控制,政府官员直接管理大学,学术人员参与大学管理鲜有余地。虽然蔡元培在北京大学主导的一系列改革,使学术力量有机会参与学校管理,推动了我国大学自治的进程,但由于各种原因,这些改革并没有持续下去。民国时期,由于政府独裁和战时体制,政府对大学实行更加严格的控制,学术力量参与大学的决策管理更是徒有其名。新中国建立之后,经过一系列意识形态的改造,我国大学负担起更多的政治任务,学术上的独立研究也被长期的政治运动所取代。我国大学在整个 20 世纪,除了最后 20 年,大学校园几乎难以"放下一张平静的书桌"。从中华民族的救亡图存,到国家的经济文化建设,大学扮演了过多的角色,反而失去了自身的特性,成为政治的附庸。大学自治、学术自由、价值中立等大学发展的基本原则难有立足之地。

缺乏自治传统的我国大学在其成长过程中,除了政府对大学的严格掌控之外,还深受传统文化中"学而优则仕"思想潜移默化的影响,导致大学的组织结构是国家行政体系在高等教育系统的延伸,大学失去了作为学术性组织的本来面目。在我国,"大学的整体概念和形象在许多场合被视为事业单位,在管理上主要沿袭行政管理体制。校长领导院(处)长,院(处)长领导系主任,系主任领导教研室主任,教研室主任指挥教师;套用政府机关行政级别,实行长官负责制,一级管一级,隶属关系清晰,建构了一个金字塔式的组织结构。"①这种金字塔式的组织结构,伴随着各种"运动"的开展,行政化倾向越来越严重。大学的行政化倾向造成大学内部权力结构的行政权力泛化,行政权力挤压学术权力,并给大学的发展带来了很大弊端。我国大学的权力困境表现在以下3个方面。

(1) 官本位意识严重

所谓官本位是指以官职作为本身职业的参照物,作为追求的中心,一切职业的级别都往政府职级上套,以行政级别框定其他职业。由官本位产生的行为理念、制度观点、体系精神等意识形态领域的实质内涵就是官本位意识。官本位意识在我国有久远的历史渊源,自秦代实行封建集权制以来,权力分层就一直在社会中占据核心地位,做官和与做官相关的价值观念在社会中充当基本的价值基准,深刻地影响着人们的思想和行为。正像我国著名学者王亚南先生所言:"中国文化中的每一个因素,好像是专门为了专制官僚统治特制的一样,在几千年的专制时代中,仿佛都与官僚政治达到水乳交融的程度。"②大学是开展教学和学术活动的场所,应该以办学质量的高低作为衡量学校管理成效的标准。但在官本位意识的影响下,大学教师以当官作为其生活的轴心,唯官是尊、唯官是从,追求官位,出现了许多令人疑惑不解的现象。比如某博士生导师担任学院院长,由于学院在大学中相当于正处级,因此就有了正处级博导之称谓;某博士生导师任教研室主任,因为教研室在大学中相当于正科级,因此也就有了正科级博导之称谓。由于官本位意识的影响,很多大学比照党政级别来制定福利政策。比如在分房时,讲师相当于正科、副教授相当于副处、教授相当于正处等。这种福利制度进一步加剧了官本位意识,造成了学术人员心性迷

---

① 董云川:《论大学学术权力的泛化》,《高等教育研究》,2000 年第 2 期,第 60－64 页。
② 王亚南:《中国官僚政治研究》,中国社会科学出版社,1981 年,第 43 页。

乱。"部分教师在大学官僚化的过程看到了行政职务的利益，对行政岗位趋之若鹜。"①在官本位意识下，大学校园里越来越多的人关心"权术"而不关心"学术"，追求"位子"而不追求"事业"，大学教师对行政权力的追逐与崇拜成为大学生活的常态。

此外，官本位意识还导致大学机构臃肿、官满为患。大学内部本应是按需设岗，但由于官本位意识作祟，按需设岗变成因人设岗。工龄满了、党龄够了、文凭足了、资格到了、官位提拔上去了，就要为其设置相应的职位。社会上戏称的"厅级干部一走廊、处级干部一礼堂、科级干部一操场"成了我国大学的独特现象。除此之外，不安排实职岗位的干部，还要安排非领导职务，于是出现了众多的正副厅级巡视员、正副处级调研员、正副主任科员等非领导岗位的干部。许多院校正在进行的校、院、系三级管理改革，这个出发点是好的，但实施时却出现了一些问题。原来的系变为学院，系主任成为学院院长，属正处级干部。原来的教研室经过组合成为系，系主任没有级别不行，于是就成为副处级干部。有级别的干部越来越多，带来的却是办事效率越来越低。

（2）行政权力和学术权力界线不清

我国大学管理中仍习惯于用行政管理的逻辑和方式来管理大学，按照行政组织和行政机构的组织结构来设计大学的内部组织，按行政组织的方式对校、院、系进行权力分配，并赋予其相应的行政级别，确立管理中的隶属和服从关系。这样，大学中的学术组织（诸如学术委员会、学位委员会、教师职务评审委员会、教学指导委员会等）或者泛化为行政组织，行使着大学内部的某种行政职能，或者降格为"虚位"组织，由行政权力在组织内部中起主导作用。有学者就此指出：我国大学内部权力过于向行政机构偏移，势必会削弱学术权力的彰显，学术人员特别是教授在决策中的权威作用

---

① 王英杰：《大学行政权力与学术权力的冲突解析》，《北京大学教育评论》，2007 期第 1 期，第 55－65 页。

常被忽视,权力过于向上集中,形成倒金字塔式权力结构,抑制了基层创造性的自我发挥,"底部沉重"的特性被异化,终致学术权力逆向行使,层层式微。①

例如,我国大学的校级学术委员会的成员构成存在着明显的缺陷,其成员多由学校、院系以及职能部门的负责人组成,学术组织的学校和院系领导虽然也是相关学科的专家,但他们在学术事务决策思维上多少带有行政色彩,容易造成行政权力的掌控者以教授角色介入各种学术组织,继而以行政身份左右学术事务的现象。另一方面,由于大学内部教代会制度等民主机制不够健全完善,学者及学术组织缺少影响决策的制度化渠道,在学校重大问题的决策中,学者及学术组织参与决策的途径和方式有限,学者及学术组织的权力得不到充分体现,不能构成对行政权力的有效制约,影响了他们的积极性和创造性。

(3) 行政人员和学术人员关系紧张

行政人员与学术人员都是大学发展不可或缺的人力资源,他们各司其职、分工合作、密切配合是大学发展的必然要求。遗憾的是,"在大学学术文化和行政文化冲突的整体氛围中,教师倾向于把行政人员看做短视、受市场驱动、官僚、专权和专横的人,而行政人员则会把教师视做不谙实际、自我宽容、自我服务、对标准和程序漫不经心的人。"②学术人员认为行政人员大都作为政策的制定者,往往过多考虑自身群体的利益,使学术人员应有的权益得不到尊重和体现。例如,大学教师要承受诸如评定职称时的外语和计算机考试,论文要在核心刊物上发表,上课要接受学生的评价、专家的评判,要承受竞争上岗、挂牌上课等压力。而行政人员则相对轻松,从事的工作很难量化指标,其职务所谓能上能下的规定实

---

① 柯文进:《现代大学权力运行机制研究》,《中国高等教育》,2006 年第 22 期,第 27 - 28 页。
② 王英杰:《大学行政权力与学术权力的冲突解析》,《北京大学教育评论》,2007 期第 1 期,第 55 - 65 页。

际上只要不犯错误就只上不下。因此,学术人员和行政人员之间的紧张关系成为我国大学发展的现实困境。

行政人员和学术人员关系紧张与我国长期奉行的知识分子政策,特别是与新中国成立以后一段时间内知识分子政策的偏差与失误有很重要的关系。从我国历史上看,知识分子的地位一直比较低。新中国成立以后,由于特殊的政治背景,知识分子也总是成为政治运动中被批判改造的对象,知识分子地位低的状况未得到根本改变。知识分子的地位低下,加剧了"大学长年习惯于用行政权力管理学校,总是把行政权力看得至高无上,可以指挥一切,行政权力持有者也把自身看做是指挥者、管理者,把其他人看做是被管理者。因而,无视学校中的学术力量、学术权力,把高等学校等同于普通的行政机关或事业单位。即使是承认学术权力的存在,也不重视发挥其作用。偶尔通过某种形式听取学术人员意见,貌似重视学术权力,其实只是装点门面,要么是想做点样子给别人看,其内心本意并不真正重视学术权力。"①

2. 大学权力的建构原则

毫无疑问,随着我国高等教育管理体制改革的不断深入和大学办学自主权的逐步扩大,大学内部管理体制的改革再次成为人们关注的热点。大学管理体制的改革,本质上体现为权力在大学管理的各阶层和大学内部各个不同利益群体间的分配,以及它们相互间的协作关系。这种权力分配的模式和协作关系即构成权力结构。因此,未来我国大学管理体制改革的实质,就是关于大学内部权力结构的重新配置。据此,为了适应我国高等教育领域的改革,满足大学自治的未来要求,理性建构我国大学权力架构,应当分清行政权力与学术权力的不同职责范围,厘清行政权力与学术权力的行使界限;加强学术权力建设,建立学术权力的学术主导机

① 张德祥:《高等学校的学术权力与行政权力》,南京师范大学出版社,2002年,第191页。

制;发挥大学校长在协调行政权力与学术权力中的枢纽作用,保障行政权力与学术的和谐运行。具体包括以下3个方面。

(1)分清两种权力的职责范围,厘清行政权力与学术权力的行使界限

分清两种权力的职责范围首先是要区分大学中的学术事务和行政事务。大学中的学术事务和行政事务时常交织在一起,很难截然分开。一般说来,大学中的学术事务主要分为3条主线:一是以学生的学业培养为主线。它主要体现在学校、教师对学生进行培养的过程中,包括专业设置、培养计划、课程设置、教材选编、教材建设、教学计划、教学大纲以及课内外教学和学业评价等事项。二是以教师的教学科研工作为主线,加上教师的职称评定工作。教学工作除与学生的学业培养有重合之处外,还包括教案撰写、教学效果评价等;科研工作主要包括教师从事的学术论文写作、著作编写以及科研项目立项到结题的整个过程;教师的职称评定工作包括从初级到高级的整个职称评定系列,主要是依照学术标准审核、评价教师教学和科研水平是否达到相应职称的要求。三是以大学的学术发展为主线。具体是指与大学的发展关系密切的学术事项。如大学内重大教学改革方案、科研政策的制订,学术领军人才的引进,重大科技攻关项目的实施,重要科研奖项的评审等。除上述3条主线之外,其余事务主要属于行政事务范畴。

区别行政事务与学术事务的目的,是为了厘清行政权力与学术权力的各自行使界限。在大学中,行政权力与学术权力都有其存在的合理性和必要性,两者不可相互替代。"一方权力形式的局限性恰恰是另一方权力形式的合理性,反过来同样成立,两者呈互补的关系,试想任何一方权力仅有合理性而无局限性,另一方权力就无出现的必要,亦无存在的土壤。"[1]更需要强调的是,行政权力

---

① 眭依凡:《论大学行政权力与学术权力的协调》,《现代大学教育》,2001年第4期,第7-11页。

和学术权力有着各自不同的职责范围。行政权力不应承担由学术权力承担的事情和扮演学术权力的角色,同理,学术权力亦不应承担由行政权力承担的责任和扮演行政权力的角色。

(2)加强学术权力建设,建立学术权力的学术主导机制

由于学术权力在大学的教学、科研等学术事务中起着举足轻重的作用,随着大学学术性日益增强和学科建设要求的日益提高,加强学术权力建设,建立学术权力的学术主导机制就显得越来越重要。对此,可从以下3个方面加以改进。

首先,对于大学中行政权力和学术权力的关系要确立如下理念:低层次行政权力要与学术权力协调一致,并对学术权力起到维护和保障的作用;高层次行政权力要为学术权力提供制度和环境保证。为此,要转变官本位意识,提高学术人员在大学中的地位,要让行政人员明白,"在学校里面,行政人员是派生出来的,不是直接的需求。学生来学校上课,不是为了得到行政的服务,而是要得到教授的指导,你们的饭碗是教授给的,是学生给的。所以,你们的唯一的工作就是服务教授、服务学生,他们是你们的衣食父母。如果不为教授和学生服务,你们在这里就没有意义。"[1]

其次,优化学术委员会组成。学术委员会是审议学术事务的重要机构,是学术权力对学术事务参与管理的重要组织形式。学术委员会应对学校专业设置与建设、学科建设、教学改革方案、科研发展规划以及教学、科学研究成果评定等有关学术事项进行审议,为保证审议的质量,要改变学术委员会中行政领导、行政部门负责人过多的"学术机构行政化"的现象。具体而言:一是学术委员会应有明确的章程规范其人员组成,学术委员会应主要由学术人员组成,特别是教授应占相当比例,所占比例不应低于60%;二是学术委员会除指定人选外,应在教授中采取民主的方式选拔,使那些具有较高学术威望、责任心强、公道正派的专家学者参加到学

---

① 张维迎:《大学的逻辑》,北京大学出版社,2004年,第154页。

术委员会中;三是学术委员会应实行任期制,按时换届,不断补充新鲜血液,保证学术委员会的生机与活力。

最后,学术权力重心下移。大学不同于其他社会组织的最大之处在于它是由学科和部门组成的矩阵结构。在这个结构中,教师既从属于某一学科,又从属于某一院系。教师从属于某一学科,表现为教师对学科和专业的忠诚,追求学科和专业的发展,追求在本学科领域占有一席之地;教师从属于某一院系,要完成院系内一定的教学和科研任务,和同事一起共同完成学校给院系下达的任务,以实现学校的整体目标。因此,大学的工作重心主要体现在院系一级的结构上,专业学科首先汇集在这里,教师也主要在院系里完成教学和科研任务。从大学组织的根本来源上说,最具有"学者共同体"特征与属性的是院系实体机构。院系实体机构"是大学组织内生功能得以释放的主要环节,理应是一个大学组织运转的权力核心———一切权力为此而存在,一切权力为此运转,一切权力指向于此,一切权力也由此发出"。① 在院系中教师直接面对学术权力和行政权力这两种权力,学术权力和行政权力也在这里首先表现出来,可以说院系处于矩阵权力结构的交叉点上。虽然院系是一级行政单位,但它与职能部门这样纯行政单位不同,院系更是一个学术单位。职能部门只存在一种权力结构,而院系则有两种权力结构,这里既有行政又有学术。因此,从学校内部来看,职能部门主要体现为"行政导向",而院系一级主要体现为"学术导向",② 这就要求学术权力的重心应下移至院系。

(3)发挥大学校长在协调行政权力与学术权力中的枢纽作用,保障行政权力与学术的和谐运行

阿什比曾指出,一个大学能否健康发展就在于该校由哪些人

---

① 王彦斌:《权力的逻辑——大学组织运行的社会学管窥》,华中师范大学 2008 年博士论文,第 103 页。

② 张德祥:《高等学校的学术权力与行政权力》,南京师范大学出版社,2002 年,第 188 页。

主持,新型的大学校长更近乎于一个机智的仲裁者和一个调节者。他的头等大事就是使大家相安无事,就是如何使若干个不和谐的派别相互协调,并致力于进步。这提示我们,大学各级行政权力掌管者应该具有一种学术权力意识和协调艺术。惟其如此,才能从操作层面上突出学术权力在提高大学的学术地位、提升大学的文化品位和营造大学的学术氛围等方面不可或缺的地位,从而保障大学功能的发挥和教育目标的实现。从世界范围来看,世界一流大学的发展历程都是由众多闪亮的校长名字串联而成的。这些校长之所以为世人所瞩目,是因为作为一名领导者,他们治校有方;作为一名教育家,他们能够将自己先进的教育思想付诸实践。世界高等教育历史上几次重大的转折几乎都与大学校长极富个性的教育和治校思想有关,那些坚持大学理想的校长的教育观则对整个高等教育的发展起着不容忽视的导引作用。我国的《高等教育法》规定:"高等学校的校长全面负责本学校的教学、科学研究和其他行政管理工作。"大学校长作为法人代表,他的办学理念、教育思想对一所大学的发展具有极其重要的作用,大学校长不仅应是学者,更应该是一位教育、管理方面的行家,不仅应是学校行政权力的掌权人,也应该是学校学术权力机构组织的基本成员。他必须熟悉这两种权力系统的需要和运作方式,找到大学里学者目标与学校目标、学术标准与社会标准共同存在并和谐发展的途径。因而,校长在平衡和协调高校内部行政权力与学术权力的关系中发挥着关键作用。"作为学术组织的最高行政长官,大学校长进行内部管理一个十分重要的任务,就是处理好以自己为代表的行政权力与学术权力,尤其是教授团体拥有的权力的关系。运用好这两种权力,使它们均能根据学校的使命和目标各得其所、各显其长、各尽其能、各司其职,以达到协调。"①

---

① 眭依凡:《教授"治校":大学校长民主管理学校的理念与意义》,《比较教育研究》,2002年第2期,第1-6页。

大学校长应发挥在协调行政权力与学术权力中的枢纽作用，原因还在于实践中明确区分高等教育系统中行政事务和学术事务并非易事。正如姚启和教授所指出的那样："学术管理和行政管理往往交织在一起，很难划分。"①因而大学在实施行政管理和学术管理的过程中，如何有效地处理好行政权力和学术权力之间的关系，就成为大学内部管理的重要课题。而求得这种权力结合的最佳方式就是发挥大学校长在协调行政权力与学术权力中的枢纽作用，这种管理模式在法国、日本、德国等国大学管理中都得到了很好的体现。这样一来，既有利于解决以往大学中长期存在的自上而下的行政权力这条线太粗、影响教师从事学术工作积极性和主动性的问题，又有利于解决学术权力松散、不便统一协调指挥的难题，从而做到使行政权力与学术权力有效地融为一体。

3. 大学类型与权力架构

由于各国体制、政府与大学之间关系及大学传统的不同，因而世界各国大学内部权力架构也不尽相同。前面的研究成果揭示，国外大学内部权力结构可归纳为 3 种模式：以美国为代表的学术权力与行政权力两权分离、互相渗透、各司其职的模式；以德国、日本为代表的学术权力与行政权力两权渗透、适当分离、学术权力起主导作用的模式；以法国为代表的学术权力与行政权力两权渗透、适当分离、行政权力起主导作用的模式。这表明建构我国大学行政权力与学术权力关系时，没有一种世界通行的权力模式可供照搬。事实上，任何一种权力模式都有其合理性与局限性。

张德祥在其《高等学校的学术权力与行政权力》一书曾较为详细地分析了行政权力或学术权力为中心的大学决策模式各自的优缺点。以行政权力为中心的模式是近代以来社会组织的一种基本决策管理模式。这种模式的优点在于：它有正式的结构、权威、分工以及

---

① 姚启和：《高等教育管理学》，华中理工大学出版社，2000 年，第 24 页。

标准的作业程序,并借助理性的选择产生最佳效率,对于实现组织目标,它作业的决定最具效果。这种模式的缺点也显而易见:首先,这种模式可能忽视学术权力的存在,决策按正式行政权力系统进行;其次,这种模式忽略非正式权威的影响力;再次,这种模式会使大学机构完全行政组织化,背离大学的"学术导向";最后,这种模式忽视学术权力的存在,将会造成学术权力和行政权力之间的紧张状态。以学术权力为中心的模式主要强调学术界应自己管理自己的事务,如由教授及教师开会决定学校的政策。这种模式的优点在于:学术界自己管理自己的事务;专业能力的权威受到重视;决策过程采取共同负担、参与或其他均权方式;教授与行政人员之间彼此坦诚、互信;教授有发自内心的满足感,以获得内在满足;强调人文教育;等等。同样,这种模式的缺点也不可避免,主要表现为:决策的质量可能会因广泛的参与而受到影响;参与造成潜在的学术观点(或价值)冲突表面化,以致阻碍决策的进行;参与的幅度未能与预期相符;参与者发现自己缺乏有效参与的技巧与价值,或难以作出决策;个人可能发现参与不能满足个人及人际关系的需要;等等。①

　　大学中的行政权力与学术权力的不同价值指向能进一步说明这个问题。大学内部有 4 种基本的价值取向,即平等、效率、自由、约束。这 4 种价值取向实际上也是学术权力和行政权力的基本取向,是学术权力和行政权力基本特性的反映。学术权力的基本取向是平等和自由,而行政权力的基本取向则是效率和约束。平等反映了学者团体的民主性,学者参与大学事务是大学的传统,他们排斥等级,要求平等地参与高等学校事务。近代欧洲有一种体现平等要求的大学组织结构,其中的成员有平等参与决策的权力,而每个人有权按自己的方式处理问题,只在最低限度上受学校的支配。自由是指学术自由。学术自由的思想渊源最早可追溯到古希腊柏拉图设立的"学园",在"学园"中,学者以柏拉图式的对话和讨

---

① 张德祥:《高等学校的学术权力与行政权力》,南京师范大学出版社,2002 年,第 76 - 77 页。

论进行学术的自由研究和讨论。现代大学中学术自由表现为学者可自由进行科学研究,学者只服从真理的标准,而不受任何外界的压力。大学管理中的效率问题引人关注,原因在于进入 20 世纪以后,大学数量增加、规模增大、事务增多、机构复杂,特别是随着现代管理理论的出现,大学管理的效率问题越来越成为高等教育理论工作者和实际工作者研究的课题,学者们找到了优化行政权力配置从而提高大学管理效率的办法。大学作为一个组织必须制定一定的行为准则约束组织成员的行为。缺乏行为准则的约束,组织秩序就无法保证,组织活动将无力展开,组织的目标也无从实现。

平等、效率、自由、约束,每一种取向在大学内部都要体现,这种体现实际上是学术权力和行政权力特性的体现,但是,每一种取向又都有一定的限度。就是说,只有当 4 种取向都体现在一个适当的度的时候,这 4 种取向就达到了平衡与协调,实际上也就是学术权力与行政权力达到了平衡与协调。我国大学目前主要分为研究型、教学研究型和教学型 3 种类型。3 种不同的大学类型,其内部的平等、效率、自由、约束的取向有所不同,其行政权力与学术的建构也应有所区别。具体表现在以下 3 个方面。

（1）研究型大学学术权力与行政权力关系模式的构建

研究型大学是现代高等教育结构体系的重要组成部分,尽管其在各国大学中所占比例只有 5% 左右,但它是国家创新体系的中坚力量。它以知识创新与学术进步为价值取向,探索自然科学、社会科学规律,解决国家经济和社会发展中的重大科技问题,不仅能源源不断地提供知识和技术的创新成果,而且能培养出大批的学术大师、政治领袖、文化名流、经济精英。鉴于知识创新既要充分发挥科学家个体的智慧和才能,又需要科学家群体的跨学科协同研究,因而研究型大学的组织特征表现为组织分权。按照美国著名的组织理论研究专家达夫特的解释,"当决策权保留在上层时,就是组织集权。当决策权处于组织较低层次时,就是组织分权。"也就是说,组织分权就是管理重心下移至学科基层。

在处理学术权力与行政权力关系时,研究型大学宜采取以学术权力为主的模式。"研究型大学一般建校历史较长,学术管理有一定基础,行政管理比较规范,办学层次较高。以学术权力为主导模式,可以更好地规范行政权力。要加大教师、专家参与行政决策的力度,逐步实行教授治校,即运用教授会、评议会、理事会等形式,使教授在院(系)及大学管理中具有更大的权力,发挥更大的作用。要增强教学、科研人员参与管理的意识,扼制行政权力的泛化,提高大学的学术地位、文化品位。"①作为以知识创新和学术发展为基本价值取向的研究型大学的组织特征,要将管理重心下移,把管理权下放至学科或直面问题的项目研究组,给学科带头人或科研项目的首席科学家以充分的权力,把责、权、利赋予知识创新活动的最基本的细胞——学科或项目研究组。由于这种模式管理重心下移、管理权限下放,一方面使得学科组织功能强化、教授地位凸显、学术权力影响力增大,另一方面使得行政权力弱化,服务功能增强。学校的长远发展主要通过教授会进行决策和咨询,行政机关的主要职责就是对学校战略目标予以细化和落实,并做好服务工作。

（2）教学研究型大学学术权力与行政权力关系模式的构建

教学研究型大学是介于研究型大学与教学型大学的中间层次或过渡层次,按国际上的一般经验,其数量占一个国家大学的10%～15%。其特点是强调教学与科研并重、研究生教育与本科生教育并举,强调科学研究在学校发展的地位,通过各种政策来增强学科意识、引导学科建设、带动学校层次的提升。在科学研究中要承担技术开发研究和科技成果应用研究的任务,关注社会对科技发展的需求、科技成果的社会应用以及高新技术的产业化,为地方科技、经济和社会发展服务。学科发展水平参差不齐,尽管不少教学研究型大学也有强势学科和特色学科,个别科研成果也受到

---

① 黄炳辉:《行政权力在大学制度中的角色定位及优化策略》,《江苏高教》,2008年第2期,第41－43页。

世界的关注,甚至优于研究型大学的同类学科,但其毕竟学科覆盖面不广,对学科发展的整体影响力有限,这就使得学科建设成为教学研究型大学的重要战略任务。

针对这些特点,在教学研究型大学构建内部权力关系模式时,宜采取一种相对均衡的权力运行模式。一方面需要用行政的力量和手段来调整学科的结构,推动学科发展;另一方面也需要运用学术权力来整合学科资源,提升学科水平。作为学术活动主体的系、所、教研室,是学院领导下的教学科研单位,拥有实质性的学术权力,而且越往基层,学术权力越大。为此,应在基层努力营造良好的学术氛围,充分发挥基层学术组织自我控制、自我管理的作用,最大限度地减少行政权力的影响,尽可能地发挥学者、教授的作用,使他们能够成为学术事务的主导者和决策者。

(3)教学型大学学术权力与行政权力关系模式的构建

教学型大学是高等教育大众化和普及化的直接承担者,其数量占一个国家大学总量的70% ~80%。它不仅包括一部分具有硕士学位、学士学位授予权的本科院校,还包括各类从事专科教育、高等职业技术教育、成人教育、远程教育的高等教育机构。教学型大学形式多样,种类繁多。这些学校承担着知识传播和技能培训的任务,为不同行业培养高素质的专门人才。

教学型大学的特点是:学校主导型,管理垂直化,注重培养应用型、实用型人才,学科发展水平低,科研基础能力比较弱。在教学型大学构建内部权力关系模式时,要以行政权力为主,强调行政权力对学校教学资源的配置和整合。其组织目标是围绕专业建设和课程建设,探索知识传播的有效方式和途径,培养更多的适应社会需要的人才。①

---

① 黄步军:《试论我国高校内部和谐权力关系模式的构建》,《国家教育行政学院学报》,2008年第2期,第67~69页。

第三章　大学自治与行政权力

一、大学自治的运行基石

近年来,在学术界围绕着大学内部学术权力与行政权力关系展开的论争中,带有倾向性的观点通常将批评的矛头指向行政权力。持上述观点的学者认为,强调与重视大学行政权力,意味着大学内的"学术逻辑"将被"行政逻辑"所替代,标志着大学"学术王国"的衰落。其实,"高等学校中的行政权力虽然是随着高等教育的发展而逐渐发展起来的,但是,它并非完全是外在力量强化的结果。从世界范围内高等教育的整个发展过程来看,行政权力的萌生、发展是历史发展的自然产物,这表明行政权力在高等教育的组织和管理工作中有着存在的客观性和必然性的一面。"①现代大学不是一般的学者团体,而是一个组织化了的社会单位,是一个正式的社会组织。因此,要阐明大学自治中行政权力存在的客观性和必然性这一复杂的问题,有必要从社会组织的科层化入手,而大学组织内部的科层制正是大学自治的运行基石。

1. 社会组织的科层化趋势

所谓社会组织,是指"执行某种社会职能,完成特定的工作目

---

① 张德祥:《高等学校的行政权力与学术权力》,南京师范大学出版社,2002 年,第 39 页。

标,构成一个相对独立的机关、企业、团体。"①依据社会组织的定义,我国学者陆学艺认为,社会组织一般具有如下基本特征:首先,社会组织具有明确而具体的目标。这是社会组织最重要的特征,也是社会组织存在的依据。其次,社会组织的内部具有周密的劳动分工和权力分配。它使组织内部分工有序,责权分明,各成员、各部门得以协调一致地行动,以实现组织目标。再次,在具体的社会组织中存在一个或数个权力中心。位于这些中心的领导者使用被赋予的权力安排人事组成、控制组织活动、评价组织绩效,必要时可以重建组织结构,以此来保证组织职能的发挥。最后,组织成员是不断更替的,从而维持组织的正常运转和职能的发挥。② 社会组织的特征表明,社会组织为了实现自己的目标,其内部的组织形态不是一成不变的,而是有一个连续不断的发展过程。近代以来,社会组织形态演化的重要趋势是日趋理性化,其外在表现形式是日趋科层化,甚至可以说,科层制已成为现代社会组织的主导形式。社会组织在科层制的主导下,其效率得到大幅度提高,并且随着社会的发展,科层制已经成为当今社会组织的主导形态,无论是企业还是政府,它的组织管理模式都或多或少渗透着科层制的影子。

　　科层制理论的创立者是德国著名学者马克斯·韦伯,其创建的科层制理论与泰罗的科学管理理论、法约尔的行政管理理论并称古典组织理论的三大流派。如果说泰罗的科学管理理论的着眼点是管理方法的科学化、法约尔的行政管理理论的核心在于管理原理和原则的理性化,那么,韦伯的科层制理论的重心则是组织制度的科学化和体系化。探寻科层制的历史,人们无法找到某种标志性变量作为其存在的判定标准,故也就难以认定科层制产生于何时何地。追寻人类历史,至少在几千年前文明古国埃及和中国

---

① 上海社会科学院社会学所:《社会学简明辞典》,甘肃人民出版社,1981年,第245页。
② 陆学艺:《社会学》,知识出版社,1991年,第110页。

的科层制已具雏形。这种雏形起初是人们为适应社会化合作需要而摸索和总结出的管理模式,借用哈耶克的概念来理解就是一种"试错"与"调适"的过程,是一种"扩展秩序"或者说是"自生自发秩序"。从科层制的形成过程可以发现,科层制首先被用于军队编制和组织,这就诞生了军队科层制,随着相互征伐和军事控制,科层制能有效动员社会、整合资源、强化管理、集中权力,因而在所有需要社会化组织的地方被广泛采用,组织形式也不断完备。根据马克斯·韦伯的研究,"第一个彻底执行世袭制——官僚体制的行政管理"的是古代埃及。① 新王国时代的埃及出于对尼罗河水利管理和公有经济的调节而诞生了原始的科层管理形式。除埃及之外,在中国,自秦始皇统一以后,中国大一统的中央集权体制也已具备了科层制的所有特征,特别是隋朝实行科举制度以来,中国科层制度已经达到封建社会顶峰。同样,在晚期的罗马第一帝国,拜占庭主义国家明显地发展了科层制度,甚至罗马的天主教会和王公专制下的欧洲国家在形式上也发展了科层制度。可以说,科层制随着人类社会化程度的提高和现代大型组织的泛起而广为传播。不过,以上所指的科层制都是封建世袭制下的非理性科层制或称原始科层制,现代科层制即马克斯·韦伯所关注的纯粹理性的科层制则是到了 17 世纪资产阶级革命以后才逐渐出现的。

17 世纪是理性主义弘扬的时代。以莱布尼茨、斯宾诺莎、笛卡儿为首的一大批理性主义思想家高扬理性主义大旗,把理性当做认识世界一切规律的普遍真理。被推崇为理性制度的现代科层制就是在这一背景下,为实现从封建采邑制向资本主义过渡而设立的,是英国"光荣革命"和法国"大革命"等资产阶级革命的直接结果,是西方民主政治在国家管理制度方面的具体体现。正像法国著名政治思想家托克维尔在其所著的《旧制度与大革命》一书中所指出:"这场革命的效果就是摧毁了若干世纪以来统治欧洲大部分

---

① 马克斯·韦伯:《经济与社会》下册,商务印书馆,1998 年,第 294 – 295 页。

人民的、通常被称为封建制的那些政治制度,代之以更一致、更简单、以人人地位平等为基础的社会政治秩序。"正是资产阶级革命的成功,为西方国家建立现代意义上的理性科层制奠定了基础。从此,西方国家采用了"资产阶级民主政治(政治统治)＋理性科层制度(政治管理)"的政治模式并不断进行完善,从而为资本主义的社会发展起到保障作用。

按照马克斯·韦伯的观点,现代理性科层制建立在严格的法治社会的基础之上,为此,他将法治社会进一步提升为合理的国家统治理论。他指出任何统治或权威都必须有某种形式的合法性作基础,历史上能被社会接受的合法统治可以被划分为 3 种纯粹的类型:合法型统治、传统型统治和魅力型统治。合法型统治是建立在相信统治者的章程所规定的制度和指令权利的合法性之上,是合法授命进行统治的,这种统治服从有合法章程的、事务的、非个人的制度和由它所确定的上司;传统型统治是建立在一般的相信历来适用的传统的神圣性和由传统授命实施权威的统治者的合法性之上;魅力型统治是建立在非凡的献身于一个人以及由他所默示和创立的制度的神圣性、英雄气概或者楷模样板之上。马克斯·韦伯认为传统型统治和魅力型统治都属于非理性的统治,不宜作为理性科层制的基础,而合法型统治属于理性的统治,因为它建立在以下法制观念基础之上:"通过协议的或强加的任何法都可能以理性为取向,即目的合乎理性或价值合乎理性为取向(或者两者兼而有之),并制定成章程。"①因此,唯有理性的合法型统治才能作为理性科层制的基础,而理性科层制也是合法型统治的最纯粹类型,也就是说建立在现代群众民主与人和物意义上的"法律平等"是现代理性科层制的立足之本和首要条件。理性科层体制排斥官员的报酬以实物俸禄形式,而主张采用货币支付方式,这必然要求社会财富达到一定的货币经济发达程度,这一点马克斯·韦

---

① 马克斯·韦伯:《经济与社会》下册,商务印书馆,1998 年,第241 页。

伯似乎特别重视。他在《经济与社会》中用大量篇幅论证货币经济对理性科层体制的重要程度,并反复引证古代中国官员俸禄的实物形式及其在数量上的不确定性,这也是韦伯认定中国的科层制是非理性的科层制的主要原因之一。因此,理性的科层体制只有当上述基本条件都满足时才能充分体现。换言之,建立在以上基本条件上的科层制就是理性的科层制,这种理性意义上的科层制是属于目的合乎理性的管理行为,体现出科学精神、法制精神与理性精神,抛弃经验管理过程中的人的因素,避免了任意专断和感情用事,带来了理性和效率。

与3种统治类型相对应,马克斯·韦伯将统治权力相应地划分为传统权力、魅力权力和法制权力。传统权力是从过去继承而来的,是建立在对古老传统的神圣性以及行使权力的职位的合法性信念上。魅力权力则来自于个体超凡的个性品质,建立在人们对其神圣性、英雄主义或模范品格的忠诚之上。在现代社会,这两种权力已经失去了其存在的基础,被一种新的权力所取代,这种新的权力就是"法制权力"。科层组织是以理性为基础的、以法制权力为特征的组织,这种组织的目标、技术条件、工作流程和组织结构等各个方面的细节都是可以界定的,并可以组织成永久的设计。根据马克斯·韦伯的观点,发展完善的官僚机制同其他组织机制比较起来,犹如生产的机械化和非机械化的差别,精确、高速、清晰、连续、谨慎、统一性在严格的官僚制管理中达到最高程度。个体官员在这种机制的管理下是不能任意妄为的,在大多数情况下,他只是被固定在整个运行机器中特定地方的一颗不可缺少的螺丝钉。

2. 理性科层制的结构特征

按照马克斯·韦伯的总结,理性科层制有6大特征,正是这6大特征体现出科层制的价值理性。

（1）根据法律或行政规则，组织内部的各单位和个人都有固定不变、明确规定的工作范围

理性科层制层级制结构中的每一个职位都是构成一个完整的组织形态的不可缺少因素，组织内部各职能之间密切相关并交叉相连形成所谓的"蛛网结构"，这种结构功能就是著名的"蛛网理论"。该理论认为：按科层制的要求每个层级的位置都是整个系统职能中的一个"节点"，从功能上看，"节点"是有明确职责而且该功能对整个系统来说不是可有可无的，它属下包含一个子系统，不仅仅是职能上的承上启下，而且该节点的"子系统"有明确的职能界限和独立的行政范围，所有的职能"子系统"之间不能两两相交，整个科层制度就是通过这些"子系统"的环环相扣有机组织的，从上到下形成一个单向的职能流动链，层层负责，各司其职，有协同又有制约，有权力也有责任，形成"蛛网结构"。

马克斯·韦伯对科层制的这种组织结构予以极高评价，他认为："科层体制的组织广泛传播的决定性原因，向来是由于它的纯技术的优势超过任何其他形式。"事实上，由于子系统的独立性和封闭性，使得每一个子系统都有独特功能且是大系统组成中一个不可缺少的职能，使每个子系统职能清楚因而杜绝互相推诿，由于子系统两两不相交，各部之间职责明确，无重叠设置、相互"扯皮"的职能部门。"科层体制化提供着最大的可能性，在行政管理中按照纯粹业务的观点，实行分工的原则，对各种具体工作进行分工。"

（2）存在一个等级制的权力体系，上级监督下级工作

在科层制结构中有明确的分工制度，为完成工作目标，每一职位都有相应的法定权力，每一职位都必须规定明确的职责范围。马克斯·韦伯指出，作为现代官员运作方式的表现形式，科层制存在着固定的、通过法律或行政法规普遍安排的有序的权限。具体包括以下3个方面的因素：其一，对为了官僚体制统治机构的目的所需要的、经常性的工作，进行固定的分工，作为职务的义务；其二，对为了履行这些义务所需要的命令权力，同样进行固定的分

割,并且通过规则赋予它们(有形的、宗教的或其他的)强制手段,划清固定的界限;其三,为经常性地持续地履行这样的分配义务和行使相应的权利,通过招聘具有一种普遍规定的资格的人员,有计划地事先作好安排。他认为正是这 3 个因素在公法的统治里构成一种官僚体制"行政机关"的存在。①

在科层制的等级制权力体系中,法的重要性是不言而喻的。现代理性科层制应承着多元化的复杂社会诉求,为适应高度分工的专业化要求和适应日益提高的专门技能,对科层制的层级和具体职位、职能进行明确分工是必然结果,而且这一切都必须以"法"作为根本依据。"通过协议的或强加的任何法都可能以理性为取向,即目的合乎理性或价值合乎理性为取向或者两者兼而有之。"②因此,只有"法"赋予的一切才能被认为是正当的和符合理性的。这里特别应当指出的是职务权力的法制化,即任何团体成员服从统治者,"并非服从他个人,而是服从非个人的制度,因此仅仅在由制度赋予他的、有合理界限的事务管辖范围之内,有义务服从他"。③ 科层制通过这样理性的手段合理地为官员的职务范围划出边界,实际上这也是"法"为科层制度本身订立的边界和限制。

(3) 通过书面文件来实行严格的现代化管理

理性科层制要求各项工作都要记录在案,这一条后来被作为现代"行政管理档案制度"的基本原则。马克斯·韦伯认为,"现代职务的执行是建立在文件(案卷)之上(档案保存着原始文件和草案)和建立在一个各种各样的常设官员和文书班子的基础之上的"。因为档案制度和官员们的持续运作结合在一起,所以显得特别重要,一切有案可查,既可以引为"判例",也可以分清究责,这是阻止非程序行为的有效步骤,更是制约越权行为的根本保证。正

---

① 马克斯·韦伯:《经济与社会》下册,商务印书馆,1998 年,第 242 页。
② 同①,第 243 页。
③ 同①,第 281 页。

如马克斯·韦伯所说："官僚体制集权主义的、采用档案制度的行政管理,精确、稳定、有纪律、严肃、紧张和可靠,也就是说,对于统治者和有关的人员来说,言而有信,劳动效益强度大和范围广,形式上可以应用于一切任务,纯粹从技术上看可以达到最高的完善程度,在所有这些意义上是实施统治形式上最合理的形式。"

应当指出,马克斯·韦伯强调的档案制度绝不仅是文件记录和资料保存,它还意味着存在着一个"程序法",即旨在规范官员的行政程序的法律规范系统,其目标是使官员操作的每一步均记录在案且操作步骤必须程序合法。因为,真正合理的程序能够引导或迫使主体作出正确或趋于正确的选择,属于价值和目的合理性范畴。

（4）职员经过专业培训,工作中能够做到不掺杂个人感情因素,严格执行规章制度

马克斯·韦伯认为,正常情况下,只有证明接受专业培训且成绩合格者,才有资格参加一个团体的行政管理,才能被任命为官员。这是因为科层制的议事"规则"可能是技术性的规则,为了在应用规则过程中尽可能达到合理,就必须有专业培训。① 现代科层制的发展已经使得"官员"变成一种"职业",借用马克斯·韦伯的称谓即是"一种专门化的职务工作"。官员职务的执行是依据"一般的或者至少固定的、或多或少详尽说明的、可以学会的规则进行的",而这些规则的知识就是一种特殊的学问,根据不同情况至少包括法学、行政管理理论、商务科学以及满足各种不同专业需要的专业理论知识。因此,这种"职业"首先表现在"要求有明确规定的、在很长时间内往往要投入整个劳动力的培训过程和进行一般规定的专业考试作为聘任的先决条件";其次则是"专门化的专业知识愈来愈成为职位获得者的权力地位的基础"。② 而且随着行政管理的任务在质量上的日益提高,专业知识日益变得不可或缺,这

---

① 马克斯·韦伯:《经济与社会》下册,商务印书馆,1998 年,第 244 页。
② 同①,第 281 页。

也促进了理性科层体制本身结构的进一步发展,使得科层制本身的理性价值系统更加符合社会发展的结构形式。

马克斯·韦伯还强调,理性科层制职位不属于私人所有,理性科层制度职务上的"非人格化"特性是一种"美德"。"它成功地从解决职位上的事务中,排除爱、憎和一切纯粹个人的、从根本上说一切非理性的、不可预计的感觉因素。"①所谓"非人格化"是指忠实于职务的义务,不因人而异和看人办事。这样,个人感情与职务工作完全分开,使职务工作不带有个人感情的因素,从而实现制度面前人人平等。理性科层制职务的"非人格化"是通过发展"职务权力"来实现的,即通过建立一种井然有序的纪律程序,赋予履行职务以必要的权力。当履行职务时,"职务权力"能够保证不渗入任何个人感情的因素,排除一切干扰,包括来自"上司"的专断支配,以照章办事的方式处理所有事务。而当执行职务之外的其他任何事务时,"职务权力"就失去了效力。

(5) 职员的工作时间是有限定的,但工作要求他们尽力尽责

理性科层制强调职员的工作是制度化的,这种制度化也包括工作时间上的制度化,有严格的作息时间和固定的休假制度,以保证官员的工作强度并充分尊重个人的权利。同时,科层制度也通过严格的规章制度和升迁功绩考核制度保证并最大限度激励个人的工作热情,激励官员全心全意地投入所担负的工作以完成制度赋予的职责,保障上级与下级之间的相互监督关系,这就是马克斯·韦伯所说的"审级原则"。马克斯·韦伯对此的解释是,在科层制中"有一个机构的上下级安排固定有序的体系,上级监督下级,一种同时给被统治者提供明确规定的由一个下级机关向它的上级机关呼吁的可能性。这种类型充分发展时,这种职务等级是按照集权体制安排的"。②

---

① 马克斯·韦伯:《经济与社会》下册,商务印书馆,1998 年,第298 页。
② 同①,第279 页。

（6）职员的位置由上级官员任命，工作中可得到晋升，退休后有可靠保障

理性科层制官员的选拔通过公开竞争的考试方式进行。马克斯·韦伯特别强调理性科层制的官员必须是根据专业业务资格任命的，即契约任命是现代科层体制的本质。马克斯·韦伯认为选举产生的官员只不过是形式的而不是实质意义上的官员，属于统治的范畴或称之为政务官；相对而言，科层体制的官员应称之为事务官。事务官的权力基础是在最合理的情况下，通过考试获得的、通过证书确认的专业业务资格，其目的是为了能普遍地从业务上最有资格的人当中招募人才。

科层制强调考试选拔官员，是为了排斥那种以寻宗问祖作为登堂入阁的资本的世袭官吏制度，以及建立在纯粹个人服从关系上的职位。这两种官员选拔制度几乎贯穿于整个人类文明历史而存在，其结果是被选拔的官吏"非常普遍地缺乏业务的职位义务思想，这种思想留下的残余，随着把职务作为受俸职位或者一种占有的财产外，均完全消失殆尽。权力的行使首先是官员个人的统治权利，在神圣的传统所确定的局限之外，他也像统治者一样，一件事一件事地做决断，也就是说，完全根据个人的随意专断和恩惠"。① 这种非理性的官员选拔制度是造成官员随心所欲和吏治腐败，进而使全社会"失范"的重要因素。理性科层制通过考试来选拔官员，把职务权力建立在专业业务理论和对规章制度的忠诚之上，是与现代社会相一致的，属于目的合理性的范畴。而且，为了充分保证科层制官员的"非人格"特征，科层制官员工作、待遇有制度化的终身保障机制，这就使科层制的操作"理性化"和"制度化"有了更可靠的保证。②

---

① 马克斯·韦伯:《经济与社会》下册,商务印书馆,1998年,第264页。
② 李德全:《科层制及其官僚化过程研究》,浙江大学博士学位论文2005年,第16－22页。

3. 大学组织与科层管理

当科层制作为高效率的组织形式被广泛应用于各类社会组织之中时,"组织的科层化已经变得如此普遍以至于我们很难想象科层制的替代形式"。① 随着大学组织的发展,大学组织日益趋向科层制,大学组织已具备科层制的性质,并按科层制的原则运行。现代大学科层化的必然性主要体现在以下几点。

(1)作为正式的社会组织,现代大学实行科层管理有其必要性

一般而言,正式的社会组织具有明确的目标,专门化的分工,统一的、制度化的等级体系,法定的权威等特征。那么,现代大学是否具备这些特征呢? 首先,大学有明确的总体目标。伯顿·R·克拉克在《高等教育系统》中指出,由于高等教育的任务"既是知识密集型又是知识广博型的",因而大学的目标具有自然的模糊性。此处的模糊性是指大学目标的笼统、宽泛。也就是说,大学目标"所作的概述未能对现实作出全面、合理的说明",且不能作为"指导现实的可能选择",没有具体的可操作性。伯顿·R·克拉克指出了大学目标的自然的模糊性,但并没有因此否认大学有一个明确的总体目标,恰恰相反,他认为,正是这种明确的综合性目标才有助于内部人和局外人了解大学的责任和一般性质。而且,大学的任务和工作是扎根于知识领域展开的,从纵向看,大学内部一般分为校、院、系 3 个层级,大学的校长、院长(处长)、系主任(科长)等均享有正式的权力。此外,大学还有各种各样的规章制度,如教学管理制度、人事制度、财务管理制度等。由此可见,现代大学是一个正式的社会组织。

(2)大学组织规模的巨型化为大学实施科层管理提供了合理性

第一次世界大战以后,由于世界科技革命时代的到来和大众民主意识的提高,高等教育得到了前所未有的大发展,大学教育由

---

① 彼得·布劳、马歇尔·梅耶:《现代社会中的科层制》,学林出版社,2001 年,第 10 页。

精英教育迈向大众化教育,大学规模逐步膨胀,纷纷发展成为巨型组织。例如,一战后的美国,由于人们入学热情的高涨、社会各界对大学的依赖以及政府和各种基金会对大学的资助,出现了一些规模庞大、内部管理复杂的高等教育机构,如巨型大学(multiversity)、超级大学(megaversity)、整体大学(holixvesity)等,这些大学的规模少则几万人,多则十几万人。大学规模的日益庞大,导致了大学内部管理事务错综复杂,正如克拉克·科尔所指出的,行政管理在维持大学整体化方面的作用日益突出,因为"行政任务的发展永远是行政管理官僚制度化的适宜土壤"。①

(3)行政事务从学术事务中分离出来,为大学实行科层管理提供了可行性

中世纪大学规模小、内部活动相对简单,大学内部的管理工作由教师负责。随着现代大学的世俗化以及科学知识进入大学课堂,维持大学运行的日常事务日益繁多。一方面,大学教师因全力应对日益繁重的教学、科研任务,渐渐远离了非学术性事务;另一方面,日常事务的大量增加客观上要求实行专门化管理。"正如高深学问的发展需要专门化一样,在学院和大学的日常事务方面也需要职能的专门化。行政事务工作和学术工作必须区别开来,因为每一方面都有它自己的一套专门的知识体系。"②由于行政事务性工作具有高标准化、高程序化、劳动分工细、按规定办事、集中决策、易于定量等特点,因而其目标是工作效率。而科层制作为一种组织原则,它恰好迎合了行政事务性工作的效率追求。因此,行政事务从学术事务中分离出来,实行行政管理职能的专门化,决定了现代大学的科层管理不仅是可行的而且是长期的。

---

① 斯蒂尔曼:《公共行政学》上册,中国社会科学出版社,1988 年,第 10 页。
② 约翰·S·布鲁贝克:《高等教育哲学》,浙江教育出版社,2001 年,第 33 - 34 页。

（4）现代大学正在进行的人事管理制度改革，使大学实施科层管理更具紧迫性

彼得·布劳和马歇尔·梅耶通过对科层制的研究发现，货币经济、大众教育、民族国家内部大规模行政、大规模资本主义的发展以及理性纪律等是科层化兴起的历史条件。然而，这些条件却无法解释为什么有些组织高度科层化，而另一些组织则没有。通过进一步研究，他们认为其原因主要在于组织科层化与否以及程度如何，此外还取决于组织人事的变动、相对简单模式的失败及对组织权力的诉求等因素。在信息时代，人才流动的加剧，使得大学传统的用人制度成为阻碍大学发展、影响效率提高的重要障碍。为了建立符合大学办学规律、充满生机与活力的用人制度，各国大学纷纷进行改革，如打破大学教师的终身制，实行合同聘任制，放宽对优秀青年学者晋升资质的限制等。因此，不管是校际人才的横向流动，使得传统的教师终身制逐渐被改造或废除，取而代之以聘任制、合同制、分级流动制，还是大学内部纵向流动壁垒的消除，无疑都加速了大学成员的流动。"流水不腐，户枢不蠹"，人才流动，折射出来的也是这个道理。大学正在进行的新型人事制度改革在为大学的发展注入活力的同时，也导致大学人事的频繁变动，为确保人员流动不致影响教学科研任务，大学迫切需要越来越多地依靠科层管理。①

然而，尽管科层管理在政府部门、企业组织中被认为是一种行之有效的管理制度，但在大学组织中推行时却变得十分困难，甚至受到教师的集体抵制而造成冲突。这种现象源于大学组织不仅具有科层性，而且具有知识性，科层性与知识性是具有不同特质的两种属性。由于大学组织具有知识性属性，因此，注重制度理性和追求效率的科层制度对于一般社会组织的适用性并不能完全应用于大学组织，与一般的科层组织相比，大学具有明显的异质性特征。

---

① 姚加惠：《现代大学的科层管理及其改造》，《高等教育研究》，2005 年第 6 期，第 12－16 页。

具体而言,大学组织的非科层制特征主要表现为以下几个方面。

（1）大学组织及其成员的目标之间存在着一致性与离散性的矛盾统一

与一般社会组织依照自身功能进行目标预设、个体的目标必须服从组织目标的情况不同,大学组织主要由教师、学生和行政人员3个部分组成。作为隶属于大学的成员,他们与大学的组织目标应当具有一致性。但由于教师同时还是独立自主的专业人员,而教师对于专业的忠诚通常大于对大学组织的忠诚,在大学的组织目标与教师自身的专业目标发生冲突时,教师往往倾向于捍卫自己的专业目标,甚至为了捍卫自己的专业目标而选择脱离大学组织。

（2）大学教师作为大学组织的重心,其个性化服务与学术自由原则与科层制管理存在矛盾

大学组织在本质上是一个重心下沉的组织,其组织重心并不在于科层化特征最为明显的行政管理人员,而在于教师。大学作为正式的组织,需要以科层制的方式实现管理的最优化和组织效率的最大化,而作为教育和培养各具差异的人的机构又被要求提供特殊的、个性化的服务,两者之间存在矛盾是必然的。同时,由于大学教师坚守高深知识探究的学术自由原则,学术自由原则不接受来自科层组织的控制和约束,这种控制和约束机制的不确定性又恰恰是科层制难以容忍的。专制的决定姑且不论,即使是民主的决策,在教师个人的学术研究领域和方向的选择、方法和观点的确定等方面,也无法发挥合适的作用。

（3）大学教学工作的非理性特点与科层制度的理性化理念之间存在冲突

理性化是科层组织的最高要旨,科层制度要求组织成员摆脱个人感情因素而严格依照组织程序和上级要求履行职责。但是,大学教师在培养人才的工作过程中,必然要涉及教师与学生之间知、情、意、行等方面的交流与共生,师生间的互动不会也不可能杜

绝个人感情取向。如果去除个人感情因素,那么,教学活动中的教师和学生就不再是具有主体性和灵活性的个体,而变成了传授和接受知识的机器。

（4）知识探索的不确定性与科层组织内在要求的确定性不相吻合

常规组织是作为实现已知或确定目的的合理手段建立起来的,而大学则不同,由于发现知识是一项探索未知世界和不确定事物的工作,要通过常规组织机构对其加以系统化是非常困难的。作为大学主要任务的知识探索和创新过程具有明显的不确定性,大学师生探究高深学问,不能以明确工艺流程的方式清晰体现,不仅其目标是模糊的,其过程中也存在着很大的不确定性,无法按照一般社会组织的科层化管理原则进行具体化和计量化的流程管理,同时也不可能对教师的工作业绩进行完全客观的评价。

（5）大学的二元权力结构以及权威的多元化存在与一般社会组织的一元集权式管理之间存在差异

一般科层组织的权力分布呈金字塔状,位居金字塔顶端的科层领导拥有独一无二的领导权和决策权。科层制强调管理要有一套系统的规章制度来约束各种行为,从而使组织活动能够按照决策层的要求统一进行。设立规章制度的初衷不仅是要提高组织的工作效率,而且要保证和维护组织决策层的权力与威信,以实现组织对下属的有效统治。与一般组织不同,大学组织中存在着二元权力结构,即学术权力和行政权力,学术权力是根植于高深知识和学科的权力,而行政权力是建基于科层制组织之上的。二元化权力结构是大学在权力配置上与企业、政府机关等非学术组织的重要区别。不仅如此,因为大学组织的二元权力之间并不存在泾渭分明的界限,这样就必然容易引起权力主体之间的矛盾和冲突。①

----

① 高见:《大学的科层化危机及其改造》,《高教探索》,2004年第5期,第33-36页。

二、行政权力的理论解析

大学组织的科层化为大学组织行政权力的存在提供了组织理论基础。大学"组织内部细致的分工,相应的要求严格分权,并对成员的行动进行严格的指导和控制,以此来确保持定目标的实现。这种权力通常是与职位相联系的,是制度化了的权力,即通常讲的行政权力。"①仅仅因为大学组织的科层化似乎还不能对大学中行政权力的存在作出完全信服的解释,大学存在的内外部环境也为大学中行政权力的存在提供了合理的解释。

1. 行政权力的生成基础

（1）国家对大学的控制是行政权力存在的政治基础

任何一个国家或政府创办大学机构,其根本目的都是要求大学组织服务于国家政治集团的根本利益,而不是在政府能力掌控之外留下一块可以自由辩论、自由探讨知识的世外桃源。因此,任何背景下的大学组织都必须在国家政治的规范下发展,不能偏离国家政治轨道,尤其在意识形态冲突背景下的国家对于所属各级学校组织的政治要求格外严格。除国家意识形态之外,国家主权、国家利益等也是要求所属组织包括大学组织在内必须有统一价值观念的理论前提。加拿大著名学者约翰·范德格拉夫等人认为,"高等教育作为国家头等重要的事业,其活动原则必须符合国家需要和广泛接受的社会标准。"他进而详细阐述:"政治化不仅指政党、政治家和政府官员参与高等教育决策的合法化,而且也是指大学内（学生、初级教学人员、非学术人员）外（工会、雇主协会）以前从未卷入的群体参与决策的合法化。这种参与无论是非正式的还是通过正式民主决策过程制度化的,都可能与高等教育中的尖锐

---

① 张德祥:《高等学校的行政权力与学术权力》,南京师范大学出版社,2002 年,第41 页。

的意识形态冲突和政党冲突相联系。对高等教育结构和使命的任何重大评价，特别是在政治和集团压力条件下的评价，都注定是悬而未决的，至少对大学是如此。"①

从大学的发展历史来看，大学组织对社会的影响力量是巨大的，20世纪60年代后期西方国家普遍存在的大学生政治运动，在社会各界引起巨大反响。美国大学教授与学生对越战的抗议，直接导致美国撤兵，影响美国总统的选举乃至政治集团利益的转换。而聪明的政治家及一些具有野心的政治集团，往往利用大学组织里学生的激情和学者、教授的偏执，为自己的政治目的服务。所以，大学组织常成为社会政治力量斗争的武器和工具，并扮演一种强大政治势力的角色。为防范大学演变为不可测的政治敌对势力，国家或政党在大学组织内加强行政权力体系，对大学实施严格控制成为必然。

在现代社会系统中，大学组织的存在必须有政府的支持。政府兴办大学的目的是要求大学为政府设置的奋斗目标服务，包括培养人才、科学研究、社会服务。而每一职能的履行都必须有政府监控才不至于偏离社会需求的方向，包括政治方向、学术方向、技术方向等。正因为如此，大学的纯粹意义上的客观性即中立态度是不可能真正存在的。在20世纪60年代世界范围的学生运动中，持存在主义观念的学生和教授以及马克思主义学者认为，大学不应该完全客观地看待世界，不应该处于中立的立场。无论是资本主义的大学还是社会主义的大学，其纯粹意义上的客观性都是不可能的，甚至有时真正的客观反而是不客观的具体体现。例如，德国纳粹统治时期，"由于德国大学严格信守所谓的客观性原则，逃避客观事实，因此对纳粹的夺权没有丝毫的抵制。"②其结果是客观

---

① 约翰·范德格拉夫，等：《学术权力——七国高等教育管理体制比较》，浙江教育出版社，2001年，第12页。

② 约翰·S·布鲁贝克：《高校教育哲学》，浙江教育出版社，1988年，第23页。

的态度反而被极端政治化所利用。而更多的时候则是大学不可避免地或者有意地介入到社会政治的漩涡中,成为不可忽视的政治力量。这是毋庸赘述的事实。正因如此,政府为了加强对大学的有力控制,使之不会成为政府利益的反对者,必然加强对大学的行政管理,具体表现为赋予大学组织机构强有力的行政职能。大学内部强大的行政权力是政府掌控大学的主要手段,是政府权力的延伸。以至于美国学者 L·亚那科内(L. Iannaccone)在《教育政策系统:教育管理者研究指南》中提出,大学组织应被看成政治实体,在这个组织中人们运用政治策略来争取个人或组织的最大利益。学校微观政治研究的逻辑起点是把学校当做社会政治系统来看待,学校组织围绕利益关系形成一定的权利和权力结构,不仅是自上而下的等级权力,也包含自下而上的以及横向的权利扩散。① 布鲁贝克也表达了同样的观点:"高等教育越卷入社会的事务中,就越有必要用政治观点来看待它。就像战争意义太重大,不能完全交给将军们决定一样,高等教育也相当重要,不能完全留给教授们决定。"②

(2) 大学办学经费对政府依赖是行政权力存在的经济基础

任何一个政府办大学都具有一个突出的特征,就是以国家投入为主,我国公办大学的经费来源主要是依靠政府。香港科技大学吴家玮教授结合国外的办学经验告诫我国高等教育工作者,大学办学经费依靠社会可以提供一部分,其他方面的收入虽然是很重要的补充,但只能作为补充。"经费的主要来源必定是政府。美国私立大学,比如哈佛,有 370 多年的历史,它是累积下来才得以维系和发展的。除美国外,全世界私立大学能够维持的,办得好的,几乎数不出来。现在只能靠政府。""来自社会方面的资金能够当做补助,增加经费使用的灵活性,但是不能视为支柱。""在我国

---

① 高洪源:《欧美学校微观政治研究的进展》,《比较教育研究》,2003 年第 6 期,第 1 – 6 页。
② 约翰·S·布鲁贝克:《高校教育哲学》,浙江教育出版社,1988 年,第 32 页。

的现行体制下,大学可以从政府获得政策和土地,来补助经费的不足。这是好的经验,不容放弃。"①目前而言,我国大学完全是政府投资,作为政府的附庸,依附政府而存在,国家给多少钱就办多少事情,大学发展的规模、获得支持的强度完全依据政府行为决定,离开政府的经济支持大学将无法生存,更谈不上发展。值得警惕的是,在大学发展中政府往往自觉地充当管家的角色,有时会脱离高等教育的发展规律,自以为是地决定大学的发展命运。我国典型的案例是20世纪50年代的院校调整,以及国家教育主管部门长期以来对大学的强力控制。国家通过经费投入控制大学,并要求大学给予回报,不仅表现为政府在人才、知识、科学以及其他诸方面控制大学,更重要的是大学不能成为国家、政府的反叛者,行政权力的设置无疑是解决此类问题最好的防控办法。所以大学里除教授、学者、讲师等教学人员之外,还有由大量行政人员组成的严密而庞大的行政管理系统,以确保政府意志的贯彻。即便是民办、私立高等教育机构等依靠社会资金而非国家财政投入创办的大学,其行政化程度虽然会大大弱于国家公办大学,但国家和政府对其行政的掌控也是非常有效的。

（3）高等教育的快速发展,大学组织规模不断扩大是行政权力存在的组织基础

高等教育的快速发展,基于如下几个前提:一是社会总人口的高速增长。二战后的60多年间,全球人口高速增长,必然有更多的社会人口要求接受高等教育。二是经济的高速发展。社会经济实力与高等教育总体规模之间存在一种正相关。经济越发达,接受高等教育的总人口越多,毛入学率越高,由此出现了著名的高等教育发展三阶段理论,所谓三阶段即精英化阶段、大众化阶段、普及化阶段。当今研究表明,当整个社会人均GDP超过1 000美元

---

①　吴家玮:《大学发展战略:资源的获取与管理》,《中外大学校长论坛文集》,高等教育出版社,2002年,第412、417页。

之后,高等教育将由精英化教育阶段进入大众化教育阶段,也就是高等教育毛入学率超过 15%,随着社会经济实力的再度发展,高等教育将进入普及化阶段。三是后现代社会的建立。随着科学技术水平的大幅度提高、社会分工的更加精细,现代社会进入了后工业化时期。后工业化时期的信息社会和高科技时代要求更多的人掌握更高水平的科学技术知识,而且一个人的知识含量越高,对社会的贡献就越大,从社会获得的福利待遇及其他资源也必然就越多,社会生活水平、社会地位也就相应提高。因此,更多的人要求接受更好的高等教育,大学规模必然扩张,数量必然增加。就我国而言,尽管在连续 5 年扩招之后我国高等教育得到了惊人发展,但是与世界发达国家相比,与高速发展的经济需求相比,仍然有很大差距,还有很大发展空间。

高等教育快速发展对我国大学的影响是显而易见的,具体带来以下特点:一是大学生总体数量高速增长;二是大学总体数量急剧增加;三是大学组织规模扩大,出现了超过数万人规模的综合性巨型大学。中国大学规模在 20 世纪末期开始的扩招之后获得了惊人的发展。在校生人数由 1998 年的 650 万人增长到 2005 年的 2 000 万人。高等教育毛入学率由 7% 增长为 2004 年的 17%。有专家预测,未来 10 年左右,我国的高等教育在校生总规模还将增加 1 000 万人左右,按每所高校平均学生规模 1 万人计算,今后每年全国将增加 100 万名在校生,这就需要在当年新建 100 所左右的高校。[1] 与此同时,我国高校经过大幅度的合并调整,大学规模迅速扩大,一般综合性大学在校生规模达到 3 万人以上。不断扩大的高等教育总量,要求社会对高等教育的管理必须有强有力的行政监控系统,进而加强国家的行政管理力度,国家有关部门将通过制定法律、设立专门机构等积极措施和手段加强对高等教育的宏

[1] 胡瑞文:《高等教育应坚持适度超前和可持续发展》,《中国高等教育》,2004 年第 7 期,第 13-14 页。

观指导,进而实行有效的管理。"从大学内部的微观角度讲,超过万人规模的大学组织不断增加,必然要求在内部继续通过各种有效措施增强统管力度,以提高教学质量,确保教学正常持续,促使大学健康有序发展。行政权力也将会因此继续得到加强,而不可能削弱。"①

2. 行政权力的两种界分

大学作为一种社会机构,其组织的身份与角色是多重的。大学在作为文化机构履行知识传递与创新职责的同时,也在履行着一种行政上的职责与功能。因此,在这个意义上大学又是一个行政组织或行政主体。与政府机关不同,大学作为一个行政组织或行政主体,其行政组织资格的取得是授权性的,而不是职权性的。换句话说,大学作为行政主体,其权力的获得不是通过组织法与行政法的规定而产生的,而是通过职权性的行政主体依据有关法律法规的授权而产生的。大学组织的行政权力存在着两种形式:外部性行政权力和内部性行政权力。外部性行政权力是大学代表政府机关履行某种政府行政职能时产生的一种权力。内部性行政权力是大学组织代表自身履行大校行政职能时产生的一种权力。内部性行政权力与外部性行政权力在影响的范围及其产生的基础等方面都存在着很大的差别。大学组织外部性行政权力的行使代表的不是自身组织的行政职能,而是国家组织的行政职能。大学组织外部性行政权力要远远大于内部性行政权力。

(1)外部性行政权力

外部性行政权力的来源主要受政治体制以及政治文化的影响。不同的政治体制或政治文化决定着大学的外部性行政权力具有不同的形态。具体来说,大学组织作为授权性的行政主体,其权

① 宋伟:《大学组织行政权力生成的哲学基础》,《清华大学教育研究》,2005 年第 4 期,第5－10页。

力的来源主要有以下几个方面：第一，符合法律的规定性。大学要想获得外部性行政权力，它首先必须是一个合法性组织，即大学的成立及其所从事与经营的活动必须要符合法律法规的有关规定。一个违法成立或从事违法经营活动的大学就不能取得外部性行政权力。第二，职权性行政主体的授予。职权性的行政主体主要是指国家的行政机关。相对于国家行政权力而言，大学组织所拥有的外部性行政权力的性质并不是管制性的，而是服务性的。管制性的行政权力与实施的奖惩活动有关，主要包括行政处罚权、行政处分权以及行政奖励权等。服务性的行政权力是授予性的，主要包括行政授予权、行政给付权、行政指导权等。与管制性的行政权力相比，服务性的行政权力的行使需要具有较高的专业知识与技能为基础。第三，服务职能的公共性。大学之所以会享有一定的外部性行政职权，是因为它的服务职能具有广泛的社会性质。大学是一个具有广泛社会服务职能的社会机构，也就是说大学的服务是面向所有社会公众的，而不是面向于某个阶层或利益集团的。如果大学脱离了社会服务的广泛性基础，那么它就不能够取得外部性行政权力。在我国，大学获得的典型的外部性行政权力是国家学位授予权，这在《中华人民共和国学位条例》第 8 条中已经作出了明确的规定。该条款规定，学士学位由国务院授权的高等学校授予；硕士、博士学位由国务院授权的高等学校和科研机构授予。大学外部性行政权力的获得具有很深的历史传统。我国古代与近代官办大学实际上就是一个非常重要的国家行政机构，进入现代社会以后传统的大学行政职能逐渐退化，并被其他的社会服务职能所取代。但是，它在一定的程度上仍然保留着一些传统的大学行政权力，当前大学行政级别的划分就充分说明了这一点。"随着工业化国家在过去几个世纪中的逐渐强大，它已成了居于统治地位的机构，在今天世界上的大部分地区，高等教育都已成为国家政府中的一个重要的组成部分，受到了立法、行政和司法 3 个部门性质的制约。"①实际上,当前在一些人士,尤其是那些非专业人士的思想意识观念中,仍然把大学当做行政机关,这无疑会为大学外部行政权力的获取奠定非常重要的观念基础。

值得强调的是,外部性行政权力的行使需要严格依据国家制定的法律、法规进行。进一步来说,外部性行政权力行使的程序在法律上是有严格规定的,如果违反了法律法规所规定的程序性要求,就容易出现行政行为的不当。一般来说,程序性要求的正当性主要是通过公开、公正、救济、陈述、申辩等方式的实施来体现与保证的。

（2）内部性行政权力

内部性行政权力是指大学组织对自身机构及其内部成员进行管理时所拥有的权力。它主要包括大学管理人事权、大学管理决策权、大学管理行政权等。内部性行政权力产生的原因主要体现在以下两个方面。

其一,外部原因。内部行政权力的存在首先是与更好地执行外部性行政权力的需要有关。外部性行政权力对大学组织产生的影响主要是通过对大学组织系统施加影响来实现的。大学组织与政府组织之间存在着命令与服从的关系。因此,相对于外部性行政权力而言,大学组织内部的行政权力主要是一种服从性的权力。大学组织要想维持对其组织内部个人行为产生的影响,就必须要在一定程度上,甚至是全部地获得对内部事务的支配权。反之,大学组织系统就很难把国家的意志与政府机关的意志更好地贯彻与执行下去,而且大学组织自身也容易陷入权力缺失后的失序或无序状态之中。大学组织内部性行政权力相对于政府而言是一种服从的权力,但相对于组织内部的成员而言则是一种管制性权力。国家制定的教育政策、方针以及法律法规的贯彻与执行都是通过

① 约翰·范德格拉夫,等:《学术权力——七国高等教育管理体制比较》,浙江教育出版社,2001年,第196页。

内部性行政权力对政府意志的服从以及对其内部成员的管制来实现的。

其二,内部行政权力的产生也同整合大学内部各项管理事务的需要有关。众所周知,学校是一个松散型的组织机构,对于大学而言更是如此。如何把这些松散性的组织力量调动起来使之为完成一定的目标而协同工作,是大学组织存在的重要使命。"大学组织是由需要各异的群体构成的,这些群体内部的理性追求或者说所持有的理性形式之间不仅存在着一定的区别,而且还会存在很大的矛盾与冲突。一个组织存在的必要条件是:在这个组织内部能够形成一种共同的理性形式,并用以扼制、融合或消除不同理性形式之间存在的对抗与冲突。内部性行政权力的建构是大学组织内部公共理性形式产生与形成的基础。同时,公共理性形式的存在与产生也进一步强化了内部性行政权力的威信与影响力,从而有效地巩固与强化内部性行政权力的产生与发展。"①

同时,大学内部性行政权力的大小与组织的规模以及组织的文化特质有着极为密切的关系。同样,大学组织的规模及文化特质亦会对大学组织内部性行政权力的起源产生非常重要的影响。大学组织规模愈大,其内部性行政权力建构的需求也就愈为强烈。大学组织的文化特质不仅会影响其内部性行政权力的产生,而且也会影响其内部性行政权力影响力的发挥。在大学组织内部存在着两种相互独立的文化:一种是行政文化,另一种是学术文化。当行政文化与学术文化产生冲突时,大学组织内部性的行政权力或者屈从于学术文化的要求来提升行政权力的内在影响力,或者钳制学术文化的影响从而体现出行政权力本身所应具有的内在性的政治需求。因此,"要想使得大学组织内部性的行政权力更好地能够发挥对大学组织发展的推动作用,就必须争取在大学组织内部的两种文化的对抗与冲突中建构一种能够被广泛接受的理性形式

---

① 苏君阳:《论大学治理权力的来源》,《人文杂志》,2007 年第 3 期,第 167－169 页。

或行政范式"。①

3. 行政权力的合理定位

综上所述,现代大学组织存在着强大的行政权力体系,其合理存在具有坚实的理论基础,在现实中有着内部行政权力与外部行政权力的合理界分,"这就需要我们在批评大学行政权力、呼吁改革的同时须保持理性思考,既要认识到大学组织性权力过度存在是大学诸多弊端的源头,又要客观评价这种权力体系。过分强调大学组织作为行政组织的特性,强调大学组织权力结构体系中行政权力的功能,忽视大学组织权力结构体系中学术权力的存在,忽略大学组织不仅是行政组织而且是学术组织,这些做法最终导致大学组织行政权力过分强大,形成了高校官僚权力阶层体系,反过来促进大学组织进一步过度政治化,因此使大学失去了作为教育与学术自治团体的特征"。② 为此,从以下几个视角对大学行政权力进行合理定位至关重要。

（1）强化行政配置权力,激活大学的制度活力

大众化教育带来了办学规模的不断扩大和管理模式的多样化,需要大学内部管理权力的重新分配与合理调配。从西方发达国家高等教育的发展经验看,现代大学制度的建设是一种制度变迁和创新的过程,合理的权力结构是现代大学制度生成的关键。今天的高等教育所处的外部环境及高等教育的地位、价值理念等都发生了深刻的变化。这种变化说明:要充分认识大众化时代高等教育行政权力的合理性,承认一定程度的行政权力对于高等教育持续、快速、健康发展的必要性,改变过去一味追求学术权力的片面观念。权力也是一种支配力、强制力和影响力,通过权力的行

---

① 苏君阳:《论大学治理权力的来源》,《人文杂志》,2007 年第 3 期,第 167－169 页。

② 宋伟:《大学组织行政权力生成的哲学基础》,《清华大学教育研究》,2005 年第 4 期,第5－10页。

使达到某种目的或实现某种利益。要充分利用行政权力优化配置包括人、财、物在内的教育资源,掌握用人之道,为学术权力提供活动空间。借助于制度安排的硬权力,获取更多难以替代的稀缺资源,设计大学组织结构及其初始制度安排,激活制度的潜在动能。

（2）提升行政规制能力,推进大学的依法治校能力

要建立科学、合理的行政权力运行机制,制度设计是关键。只有具备完善的制度,并通过制度对权力进行合理的分配,才能在各种权力关系中形成相互制衡的关系。虽然我国的《高等教育法》以法律的形式对高等教育的办学自主权作了明确的规定,但其得以实现还需假以时日。要依据大学的使命和宗旨正确处理好依法治校过程中不同利益团体的权力关系,其中包括:党委系统、行政系统、学术委员会等机构之间的制衡;学校、学院、学科之间的制衡;涉及教师和学生利益的各利益团体之间的关系处理,如学生会、工会、教职工代表大会等。在相关管理制度设计中,要把握以下几点:一是要明确学术权力,给予学术权力应有的地位和权威,建立发挥其效能的制度保障机制;二是要合理规范学术权力和行政权力各自发挥作用的领域和范围,不仅要将权力保持在合理行使的限度内,而且要使他们沿着规范性和程序性的轨道运行;三是要确立民主参与的原则,同时,在权力的分配上要使大学的主要群体在相关利益的决策机构中都拥有其代表,这样可以防止权力的滥用。要健全和完善学术权力的制约机制,在制度设计上设置对学术权力机构滥用权力的制衡,由行政权力制约,行政要尊重学术组织的意见,但有最终的决定权。

（3）加强行政协调能力,保护大学的学术生命力

大学作为知识创造与转移的主要活动载体,学术活力是高于一切的生命线。实际上,行政权力就是为了保证学术事务更符合受教育者和社会的需要,学术权力也是为了保证学术事务更加符合理性和认识的逻辑与规律,以便更好地满足这种外在的需要。没有行政权力的制约和帮助,学术事务在大众化时代就会远离社

会的发展方向,无法有序开展,最终丧失其存在的社会基础和有效运行的秩序。但如果片面强调行政权力,也会使学术事务违反其本身发展的内在客观规律,最终导致学术事务的低效。因此,尽管行政权力与学术权力要实现有机耦合与良性互动,但仍需维持并合理强化大学内部的行政能力,发挥行政权力的资源集聚与调配功能,为学术活动提供充裕的制度保障,不断强化大学的学术生机和生命力。社会赋予大学组织强有力的行政权力体系和结构,主要目的是维持大学的正常运转,确保大学内部各方利益的平衡,防止这种平衡被打破后出现混乱并进而波及社会;确保大学服务社会职能的顺利实现以及社会政治集团意志的贯彻与执行。大学组织行政权力的显著特征是以政治标准而不是以学术标准作为评价大学的核心指标,在管理权的运用上以高度集权代替民主决策,在管理的主体方面以官僚治校代替专家、教授治校,在操作的形式上实行自上而下的授权模式,通过完善的行政运行体系完成管理过程。行政权力必然排斥专家、教授管理学校的动机,排斥学术自由的主张,用行政手段对学术进行限制,加速学术力量的边缘化,而这种行政权力的制度化与过度膨胀仍有继续强化的趋势,如果不加限制地发展,将导致大学组织学术性的日益丧失,使大学沦落为政治的奴婢。

(4)提高行政服务能力,提升大学的执行力

大学行政部门的权力作为一种行政力量,只有得到广大师生员工的广泛认同和接纳,才能产生积极的效果。因而,大学内部行政部门要牢固树立"师生权利本位、行政服务本位"的观念,以实现师生根本的学术(学习)权力作为自身服务的最高标准。对大学内部行政组织而言,必须以师生拥护不拥护、师生赞成不赞成作为实践行政权力的最高准则,即建设服务型行政组织,明确并强化服务职能,包括加强教学和科研设施建设、提供学术保障服务、发布行政信息等,为师生参与大学活动提供保障和创造条件。大学的每一个行政人员,都要实现由"管理者"向"服务者"的角色转换,与时

俱进,持续地强化大学行政的执行功能、服务功能,弱化大学行政的权威性。要将新的公共管理的理念引入到行政权力运作过程中,摆正行政部门在大学中的位置,将"管理就是服务"作为大学专职行政人员管理理念的核心。行政服务重在掌舵而非划桨,要不断深化大学的办学理念,提升大学的执行力,保证教育方针和办学思想得以贯彻落实。"行政系统的建立和运行,大学行政职能的发挥都必须以学术的进步为出发点和归宿,以保障大学职能的发挥和大学理念的实现。因此,一切以学术进步为本,应是大学的行政理念。"[1]同时,"大学行政系统在行政管理活动中,要以造就大师、造就名教授为己任。制度文化的建设必须向学者倾斜,对行政系统工作绩效评价的一个重要的因素就要通过大学教师队伍建设的状况来考虑和判断。不可否认,仅仅只有学者、只有教师对大学组织的构成和运作来讲是不够的,支持大学组织系统的运行还需要行政管理人员和其他服务人员,他们是大学组织系统这一有机体中不可缺少的要素,但是,本末不能倒置,大学的最终目标不能淹没在大学组织的其他子系统的技术目标之中。"[2]

(5)增加基层的行政管理权力,增强基层机构和人员的竞争力

处于基层的学者在学习和生活中较强的自主性和对科层管理的抵制,使得大学必须尽可能多地为他们保留学术权力,允许他们追随自己的好奇心,按自己的方式开展工作。因此,扩大基层的自主权,是增强基层学者适应能力,激发其创造性的一个重要前提,也是大学管理层次权力分配的一个重要取向。高等教育发达的国家,大学基层均拥有较大的自主权。欧洲各国的国立大学往往是越靠近基层,权力越大;日本国立大学,基层拥有强有力的权力;甚至以行政集权为主的美国州立大学,基层权力也在逐步增加。惟其如此,才符合大学知识分布特点和组织特性的要求。况且,权力

---

① 宣勇:《论大学行政的理念》,《中国高教研究》2001 年第 9 期,第 21－22 页。
② 同①。

集中在学校一级会导致基层缺乏责任感,积极性和创造性的发挥受到抑制。所以,在扩大基层的管理权限时,应根据基层组织与学科、专业活动联系密切的特点,给予基层组织以相应的学术及相关事务的管理权,如学科和课程的调整设置权、资源分配权以及一定的人事权等,进而形成比较合理的职能管理层次。但应该明确的是,权力下放应遵循"以学术权力为主,行政权力为辅"的基本原则,进一步强化学术权力,加大行政权力的执行力;同时明确重心下移并不意味着学校放手不管,而是要建立和完善监督评价工作体系,促使各部门更好地发挥宏观评价、监督、调控职能,强化目标管理,实现大学的可持续发展。[①]

三、行政权力与依法行政

依法行政是指各级行政机关在行使国家行政权力和管理国家公共事务的过程中,必须严格遵守法律规定。依法行政是法治原则的体现和要求,是人类社会文明发展的趋势,是现代法治国家权力行使时普通奉行的基本准则。因此,无论是大学的内部性行政权力还是外部性行政权力,权力行使过程中都必须遵循依法行政的要求。

1. 依法行政的理论演进

依法行政是特定历史时期的产物,是随着资产阶级革命成功而逐步发展起来的。在封建君主专制体制下,封建君主拥有不受法律限制的至高无上的权力,可以任意侵害公民的人身、财产权利和自由,因而不可能产生依法行政的政治体制基础。

依法行政的理论基础是早期资产阶级思想家提出的分权论和

---

① 黄炳辉:《行政权力在大学制度中的角色定位及优化策略》,《江苏高教》,2008 年第 2 期,第 41 –43 页。

天赋人权、主权在民的理论学说。

1689 年英国思想家洛克在其《政府论》一书中提出分权学说，他主张国家权力应分为立法权和执法权，并分设立法机关和执行机关来执掌，执行机关只能依据立法机关制定的法律来行使权利，执行权必须受立法权制约。"如果同一批人同时拥有制定和执行法律的权利，这就会给人性的弱点以极大诱惑，使人们动辄要攫取权力，借以使他们自己免于服从他们所制定的法律，并且在制定和执行法律时，使法律适合于他们自己的私人利益，因而他们就与社会的其余成员有不相同的利益，违反了社会和政府的目的。"①

1748 年法国思想家孟德斯鸠出版了《论法的精神》，在洛克的分权学说的基础上，孟德斯鸠进一步提出国家权力应由立法、行政、司法 3 部分组成，并相应的分设 3 种机构掌管和相互制约。立法机关不得行使行政权和司法审判权，行政机关和司法审判机关不能自行立法，只能执行立法机关制定的法律但司法审判机关对议会法律和行政行为具有司法审判权，3 种权力相互制约，以防止国家权力集中于一个机关而出现专制，侵害公民权利。"当立法权和行政权集中在同一个人或同一个机关之手，自由便不复存在了。因为人们将要害怕这个国王或议会制定暴虐的法律并暴虐地执行这些法律。如果司法权不同立法权和行政权分立，自由也就不存在了。如果司法权同立法权合而为一，这样对公民的生命和自由施行专断的权力，因为法官就是立法者。如果司法权同行政权合而为一，法官便将握有压迫者的力量。"②

法国另一位重要的思想家卢梭于 1762 年发表了《社会契约论》，他认为国家来源于人民相互订立的契约，并在此基础上提出"人民主权说"。他认为："既然任何人对于自己的同类都没有任何天然的权威，既然强力并不能产生任何权利，于是便只剩下来约定

---

① 洛克：《政府论》下册，商务印书馆，1986 年，第 85 页。
② 孟德斯鸠：《论法的精神》上册，商务印书馆，1961 年，第 156 页。

才可以成为人间一切合法权威的基础。"①卢梭主张建立以社会契约为基础的民主制国家，主权属于生而平等的全体人民，如果统治者违法了民意，侵犯了人权，破坏了大家都应遵守的社会契约和践踏了公共意志，人民就有权推翻其统治。

上述这些学说，本质上都是反对封建专制，提倡人民民主，反对人治，提倡法治的，具有进步的历史意义，为西方资产阶级民主法治国家的建立提供了坚实的理论基础。

英国、法国思想家依法行政的理论还漂洋过海，在美国付诸实践。美国独立战争胜利后制定的第一部宪法规定，建立联邦制和总统制共和政体，实行三权分立，规定行政权力只能依据法律治理国家，并且只有依据法律才得要求服从。美国杰出的思想家、美国宪法的主要制定者杰弗逊认为，人具有生而平等、自由、追求幸福的天赋权利，这些权利不可能在无政府状态中得以实现。为了取得这权利，人类在他们之间建立政府，而政府之正当权力是从被统治者的同意中产生出来的。一个以人权为唯一正当的政治目标和其权力唯有来源于人民的政府，只能是民主共和国。民主共和国有3点理想化的标准：人民对政府的控制、政府体现并执行人民的意志、政府保障人权。据此标准，杰弗逊设计了在民主共和国的基本模式，即以普选制为基础的代议制政府，代议制必须是政府权力的分立体制，几个政权机构之间实行分权和相互制衡从而保障任何一个机构不超越合法限度。"一个选举的专制政体并不是我们所争取的政府；我们所争取的政府不仅以自由的原则为基础，而且其权力也要在地方行政长官的几个机构中这样划分并保持平衡，以至于没有一种权力能超出合其合法限度而不被其他权力有效地加以制止和限制。"②

依法行政的理论经过多年的实践演化，发展至今包括两层含

---

① 卢梭：《社会契约论》，商务印书馆，1986 年，第 14 页。
② 汉密尔顿，等：《联邦党人文集》，商务印书馆，1980 年，第 254 页。

义:行政行为的合法性和行政行为的合理性。行政行为的合法性是依法行政最基本的要求,即行政行为必须符合法律规定,不得与法律相抵触。具体包括行政主体合法、行政决定合法和行政程序合法,这已成为行政法治的公理。行政行为的合理性主要是指行政自由裁量的合理性,这是行政法治发展至现代社会的新要求,值得在此详细论述。

行政自由裁量权是指行政主体在行政管理活动中基于行政目的,就职权范围内的事项依据法律规范所规定的范围、限度、标准和原则,按照自己的理解,自由斟酌、自由选择而作出的公正而适当的具体行政行为之权力。根据行政法律、法规的规定,行政自由裁量权的表现形式主要有:对事实要件认定的自由裁量权;选择处罚的种类和幅度的自由裁量权;判定情节轻重的自由裁量权;选择行为时限的自由裁量权等。

有学者较为全面地论证了行政自由裁量权存在的必要性:一是行政管理本身的特点。行政管理涉及的问题不但面广量大,而且还处于动态变化之中,特殊情况不断涌现,而法律、法规是一般的、静态的规则,立法主体在制定法律法规时,难以清楚地预测未来可能发生的一切,因此,法律不能严格规定强求一致,只好规定一些原则、弹性条款、可供选择的措施和上下活动的幅度等,以便行政主体视具体情况而为之。这既可以使法律调整具有最大的包容性,又能给现实的行政管理注入活力,及时化解纠纷,满足瞬息万变的社会发展之需要,并在实践中积累经验,为以后法律的修正和完善创造条件。二是现代行政日趋专业化和技术化,立法主体缺乏制定详细的专业性法律的能力,只能规定需要完成的任务和达到的目的,由行政主体自主决定执行方式。三是提高行政效率的现实要求。现代社会行政管理之范围不断扩大,立法主体不可能制定出包括一切行政领域的法律。为使行政管理体制高效运转,避免行政主体在复杂多变的问题面前束手无策,失去良机,不得不扩大行政主体的决定权力,赋予其审时度势、权衡轻重的自由裁量权。四是克服成文法局限性之需要。在大陆法系国家,由于排斥判例法的适用,行政裁量只能以法律、法规为依据。由于生活在一定历史环境中的立法主体的知识和技能难免存在一定的局限性,使立法主体的预见能力不可能发挥得精确无误,不可能预见到某个法律问题之内可能发生的所有情形,这就使得法律规范不可能对行政活动的所有环节和所遇到的突发情况作出全面的规定。因此,行政主体在执法实践中也不可能做到案情事实与有关法律、法规的条款均能完全对应、丝丝入扣,在没有先例可遵循的情况下,只能赋予行政主体有在法律规定的范围内,依照法律的原则和精神进行自由裁量的权力,借以弥补成文法的缺憾。①

　　虽然行政自由裁量权有其存在的必要性,但是更应该注意到行政自由裁量权的存在对依法行政构成潜在的威胁。因为行政自由裁量权的"自由"属性,决定了这一权力存在滥用的可能性,也就是说,行政自由裁量权既要保留,又要监控。据此,为了防止行政自由裁量权的滥用,其行使亦必须遵循以下规则。

　　第一,行政自由裁量权要符合法律授权的目的。任何法律均是基于一定的需要,为了更好地管理公共事务、达到某种社会目的而制定的。行政自由裁量权的行使,应该遵循法律赋予该裁量权的目的之规则,不得为达到某种目的而故意偏离法律授权的目的,否则将践踏立法的初衷。即使行政主体是在法律许可的幅度内行使自由裁量权,但如果违反法定的目的,仍然构成违法。

　　第二,法律解释要与法律的原意保持一致。行政主体在行使自由裁量权时,对不确定的法律概念的解释要符合法律规范的基本精神和价值目标以及公认的基本原则,否则对不确定法律概念作任意扩大或缩小的解释,其内涵违背已有的规范性行政文件对此概念之解释,均属于解释的严重失当,均不具有法律效力。

_____

　　① 常桂祥:《行政自由裁量权的运作及其控制》,《云南行政学院学报》,2004年第4期,第105–108页。

第三，以客观事实为依据。自由裁量权的行使，要有确实、可靠的依据，此依据必须是与待处理事件有内在联系的并与裁量所认定的结论相一致的相关因素，与待处理事件本身无关的因素不能作为作出裁量决定的依据。行使自由裁量权时，应充分考虑客观事由对行政决定的公正性之影响，倘若作出决定时，把不相关因素纳入考虑或未把相关因素纳入考虑，都是法律所不允许的。

第四，遵循比例原则。比例原则的实质是禁止行政主体越量裁决。具体而言，行政主体在行使自由裁量权时应具有适当性、必要性、比例性。适当性即指面对多数可选择的处置时，仅择取可达到行政目的的方法而为之；必要性即指面对多数可选择的处置时，应选择最少不良作用者而为之；比例性即指面对多数可能之处置时，应于方法与目的的优劣之结果之间斟酌更有利者而为之。政府的宗旨就是维护公共利益、促进社会进步，因此，行政主体要以是否为公共利益所需要、是否有利于公共利益的实现作为行使自由裁量权的根本标准，以达到行政执法效益的最大化为最终目的。

2. 依法行政的症结所在

从依法行政的理论发展的论述中可以看出，大学自治中行政权力如何实现依法行政是更值得关注的问题。不过，大学行政权力的实践做到依法行政并非易事，特别是在大学自治传统根基相对薄弱的我国大学界。那么，哪些因素能影响到我国大学自治中行政权力的依法行政？换言之，我国大学行政权力依法行政的症结何在？

（1）从理论层面分析，行政权力自身的特征决定了依法行政的必要性与艰难性

一是行政权力具有强制性特征。权力作为一种支配力量，就是使他人的意志服从自己的意志，而且这种服从丝毫没有讨价还价的余地。也就是说，行政权力的强制、控制、支配和影响是不以客体的自愿为前提的，不符合民事行为所遵循的自愿、平等、等价

的原则。行政权力的强制性使其潜伏着一种危机,那就是如果掌权者手中的权力不受制约,便会自发地产生个人专断,给他人权益造成损害。因此,针对行政权力的强制性,必须有与之相抗衡的强制性的制约手段。通常以同样强制性的权和背后隐藏强制性法作为制约力量,即"以权制权"、"以法制权"。

二是行政权力具有单向性特征。所谓行政权力的单向性,就是指权力主体的作用与权力客体的反作用是不相等的。也就是说,拥有权力的一方和不拥有权力的一方之间的地位是不平等的。在通常的情况下,前者具有绝对的优势,后者处于劣势。权力主体跳不出"金无足赤、人无完人"的定律,拥有权力方的这种优势一旦出现偏差和失误就会给人类社会造成深重的灾难。为了减少和杜绝权力的这种负面效应,就一定要对权力主体手中的权力实施强有力的监督和制约,防止掌权者所操持的权力出现偏差和失误。

三是行政权力具有扩张性特征。唯有设置有效的规制防线,才能防止由权力扩张而侵犯公民权利。事实上,各种权力的行使都有其特定的职责范围和界限,那种绝对的到处都适用的权力是没有的。在一定的范围内,行政权力可以充分发挥自己的积极作用,而一旦超出了特定的范围和界限,对公民利益的侵害就不可避免。这是因为权力的扩张必然导致对公民权利的侵犯,行政权力的扩张性与行政权力的侵犯性紧密相关。行政权力只有置于有效的法律规制之下,那种由权力扩张而侵犯其他权力、侵犯公民权利的现象才会被遏制。

四是行政权力具有嬗变性的特征。行政权力的嬗变性,就是指行政权力在运行过程中背离原来设定的目标,变成一种新的甚至有害的力量。行政权力的运行过程也是社会价值和资源的分配过程,这一过程为一些人利用手中权力谋取私利提供了机会和条件,因而我们对权力潜伏着的嬗变性必须格外重视,社会上的腐败现象,便是权力嬗变性的外在表现。行政权力具有嬗变性的特征意味着必须加强有效规制,防止权力的无序变通。

（2）从传统层面讲，我国传统文化特别是传统行政文化制约着大学行政权力依法行政的实施

我国几千年的文明发展史中，传统行政文化不断繁衍生息，历经数千年岁月变迁，依然经久不衰，不仅影响着过往数千年的行政活动，而且依然对现代行政文化产生着潜移默化的影响。有学者总结我国传统行政文化的特征是"专制性与统一性、封闭性与实用性、保守性和严密性、排斥性和兼容性同时存在，重形式轻效率、重人治轻法治、重权威轻民主、重集权轻分权、重经验轻制度"①。不可否认，传统行政文化与封建专制的社会制度相适应，在数千年的封建专制统治中，有效维护了统治阶级的统治，推动了小农经济的发展，促进了文化的繁荣。进入现代社会，传统文化的封闭性、排异性、专制性和保守性与时代发展的要求格格不入，阻碍着现代行政文化的生成，大学的行政文化也深受其害。这里以现代大学的科层制为例加以说明。韦伯所主张的现代科层组织具有明确的组织分工、自上而下的等级体系、合理的人员任用、官员的非人格化、严格的规则和纪律、理性的行动准则等方面的特征。② 而中国传统社会科层制有其特殊性，这种特殊性表现在：中国的组织是以父权主义为中心的家族制宗法组织，具有家长制的特征。在很大程度上，公的财产与私的利益、公共事务与私人事务是不分开的，决定职员命运的不是法律而是人际关系、情感、机缘等非法律因素，职员服从的是上级，而不是法律；社会秩序不是靠法律来维持的。三纲、五常、宗法、家族以及绝对的极权主义才是维持社会秩序的真正衡量尺度；科层组织官员具有明显的非专业性特征。大学科层组织受其影响，表现出非理性和人治型的特征。大学"科层组织内部规则不完善，行政行为的规范化程度低，长官意志和偏好往往成为组织的潜规则，一旦领导更替，组织的规则亦相应改变，组织无

---

① 侯雷：《我国传统行政文化的扬弃与创新》，《行政与法》，2005 第 12 期，第 14 – 15 页。
② 丹尼尔·A·雷恩：《管理思想的演变》，中国社会科学出版社，1997 年，第 254 – 258 页。

固定规则,缺少一致性和稳定性。法规不完善,执行不力,行政权力控制着法律权力,人高于法"。为此,为了大学的长远发展,必须对现有的科层制现状加以改造,"加强法的执行力度,改变人格权威、行政权威高于法律权威的局面,变人治为法治。形成稳定的科层制程序体系和规则体系,改变人治的随意性,为学校自主发展提供稳定、持续的政策支持"。①

(3)从现实层面看,"官场逻辑"渗透进我国大学中,导致大学的官僚主义盛行

通常官僚主义往往用于分析政治统治体系,而与大学似乎没有联系。虽然自大学诞生之日起,便存在有别于学术系统的行政系统的存在,但人们并不把官僚主义病症与大学系统直接联系起来。然而,随着现代社会日趋复杂化和大学规模的扩张,大学内部的官僚化问题逐渐开始凸显,并成为现代大学的"病症"。官僚主义对大学行政权力的负面影响是巨大的,具体表现在以下方面。

第一,从内容上看,权力过于向行政管理偏移,大学管理的行政化色彩浓厚,行政权力干预或取代学术权力的现象普遍存在。行政权力对学术事务的介入过多,忽视学者对学术事务的管理,势必削弱学术权力的发挥;大学管理者习惯于按照行政管理的理念和逻辑来管理大学,按照行政组织和行政机构的组织结构来设置大学的内部组织,按照行政权力的运行模式来进行校、院、系的权力分配,并赋予其相应的行政级别。行政管理理念的本质是隶属和服从关系。行政权力与学术权力界限模糊的结果,往往导致行政权力与学术权力的相互越位、错位。所以,在很多大学,校长有意识或无意识地习惯于用行政权力代替学术权力,以行政的方式管理学术事务。这种违背学术规律、干扰学术发展的现象,往往会使学者丧失学术灵感,制约学者的创新,挫伤广大教师教学、科研的积极性,最终导致大学偏离学术性的理想。

---

① 张娜:《论科层制改革与学校的自主发展》,《教育发展研究》,2006年第8期,第65-68页。

　　第二,从结果上看,大学行政权力和学术权力缺少平衡。中国大学行政权力的强化,导致形成了一个典型的以行政权力为价值取向的大学内部管理系统。即使教授、副教授在某些方面享受待遇时,也总是要将学术职称与行政级别相关联。尽管大学里也有不同的利益集团,但起决定作用的仍然是行政力量。特别是规模较小或者建校历史短的大学,行政力量控制着大学的权力系统,行政楼不仅是学校的权力中心,而且也是人们心中向往着能"入主其中"的地方。大学内部成员想做校长或处长不是因为它是一种责任,而是因为它是一种权力、一种地位(厅级、处级)、一种待遇。一旦有了行政级别,也就有了控制课题等学术资源的权力,为自己评聘学术职称创造条件。

　　第三,从制度上看,学术权力的合法性在实践中难以体现。大学学术权力的弱化,直接导致大学的学术自由未能得到充分的实现。教师未能享有真正意义上的教学和科研的自由;学生更难拥有自己的学习自由,如选择专业和课程的权力。各种学术思想的交流、争辩与发表受到不同程度的限制。作为学术权力行使载体的教授委员会、学术委员会及其他各种学术机构的职能未能得到充分发挥。有的组织不健全,有的形同虚设,其职能与决策往往被行政权力所取代。学术权力的缺失,将直接导致教学质量滑坡和办学水平的下降。①

3. 依法行政的具体举措

　　大学中存在着两种截然不同的行政系统:一种是建立在高效、科层、民主、为教学和科研服务的行政,这是任何现代大学都不能缺少的;另一种是权限不清、机构臃肿、任人唯亲、以权谋私的行政,这是建设高水平大学所要摒弃的。由此,我们不能一概地反对大学的行政系统,而是要在规范大学行政权力依法行使的基础上,

---

① 柯文进:《现代大学权力运行机制研究》,《中国高等教育》,2006 年第 22 期,第 28－30 页。

建立起具有现代意义的、高效的行政系统,即行政权力的依法行使问题。对此,应从以下几个方面着手。

(1) 建立健全大学依法行政的法律体系,为大学依法行政提供强有力的法律支持与保障

我国宪法规定:"中华人民共和国的一切权利属于人民。依照法律规定,通过职工代表大会和其他形式,实行民主管理。"《劳动法》、《工会法》、《教育法》、《教师法》、《高等教育法》也对大学的依法行政作了一些具体规定。但是从我国大学依法治校的实践来看,现有法律和法规对我国大学民主管理的规定显得过于宽泛,可操作性不强,大学依法行政和民主管理缺少具体而有效的制度和法律保障,以至于大学依法治校实践进展甚微。为此,必须加快大学的规章制度建设,建立健全大学依法管理的各项规章制度。"大学在制定学校的章程及其配套规章制度时,应严格依据教育法律法规,科学严谨,不得与国家相关法律法规相抵触。同时,应注意规章制度体系的完善,注意规章制度制定程序的合法性和技术性要求,注意规章制度的可操作性。"①

(2) 优化大学的组织结构,创建扁平化的矩阵型大学行政组织结构

建立扁平化的矩阵型大学行政组织结构,应该遵循一定的原则,尽管以下这些原则不能放之四海而皆准,但却具有一定的参考价值。

第一,目标统一的原则。大学行政组织的每位成员都应明确组织唯一的目标,并对组织目标的实现有所贡献。

第二,权限分明原则。从最高领导到处长到最基层的行政人员,每个岗位的权限划分越清楚,组织决策的责任就越清楚,组织交流系统就越有效力。

---

① 高山、林绵优:《论依法治校在大学的实现途径》,《当代教育论坛》,2008年第1期,第48-49页。

第三,按预期结果授权。领导授权必须恰当,以保证他们有能力来实现预期的结果。

第四,职责绝对性原则。下级人员就其工作职责来说对上级负有绝对的责任,上级对下级的工作安排也负有绝对的责任。

第五,权责对等原则。工作的责任不能大于也不应小于所授予权限的范围。

第六,权力层次原则。保持规定的授权范围,要求大学行政组织成员在其职权范围内作出决定,而无须请示上级。

第七,职能明确原则。把各职能部门预期要达到的成果规定得越明确,对其应进行的工作、所授予的组织权限、职权关系、信息关系的规定越明确,行政人员就会为实现大学行政组织的目标作出越大的贡献。

扁平化矩阵型组织结构,在一定程度上能缓解以往直线职能制结构的弊端,满足大学行政组织发展的需要。当然,大学行政组织从建立扁平化的矩阵型结构到其发挥作用,不是一朝一夕的事情,需要大学行政人员从组织上、思想上到方式上去逐渐适应它。因此,在运用的过程中要不断对其进行调整与控制,通过不断摸索,它必将成为我国大学行政组织建设及发展的动力和源泉。

（3）推行大学民主管理,建立有效的行政权力监督机制

教职工代表大会是我国大学民主管理的主要形式,推行大学民主管理体制,最重要的是健全教职工代表大会制度。1985 年颁布的《高等学校教职工代表大会暂行条例》明确规定了教职工代表大会的总则、职权、教职工代表的产生方式、责任和权利以及组织制度。目前应当进一步落实职工代表大会运行机制,赋予职工代表大会应有的地位和权力,使职工代表大会真正成为全体员工参与学校管理、监督行政权力的有效渠道。当前,我国正在深化教育体制改革,这种改革是在行政权力主导下开展的,因此,推行民主管理,取得广大教职工对改革的理解和支持,保障行政权力不损害广大教职工的根本利益就显得更为必要。"校内管理体制改革是

一项复杂且敏感的工作,涉及全校教职工的切身利益,改革的成功与否,在很大程度上取决于全校教职工的支持和参与程度。因此,在改革中要通过多种渠道、采取多种形式反复宣传,提高教职工对改革的认识和心理承受能力。要使教职工认识到改革的目的在于转换机制、优化队伍、改善条件、提高待遇;要使他们懂得教职工是学校的主人,也是改革的主人,改革与他们的切身利益息息相关;要鼓励他们解放思想、积极参与、团结一致,为学校的改革献计献策。只有使教职工真正认识到改革的必要性和优越性,才能减少改革中的阻力和抵触情绪,才能使教职工以主人翁的姿态投身改革,以保证改革的顺利进行。"①

大学也可借鉴国外的经验推行民主管理,重构学校的行政管理模式。例如大学设立董事会,校内重大决策由董事会决定,校长领导普通管理层负责决策的执行,而董事会的成员充分体现民意,通过选举产生,实行任期制等。总之,只有建立民主的管理体制,才能保证大学行政权不被少数人滥用,才能保证大学沿着正确的方向发展。

此外,还要积极推动大学生参与大学管理。大学是培养人才的场所,大学生是其主要成员,是学校的最大相关利益者。教育民主化是20世纪60年代兴起的一种教育思潮,其含义主要包括:受教育机会均等、高等教育实行民主管理、建立民主的师生关系、培养学生民主参与意识等。实现学生的民主参与要求高等教育管理民主化,学生在学校管理具体过程中享有参与权。学生参与权问题是20世纪60年代中期世界各国大学生民主运动的主要诉求。之后,许多国家都认可了学生是学校管理的组成部分,并在学校的决策机构或评议机构中明确了大学生的代表席位。虽然,学生在大学决策机构中的人数只占少数,但这至少在形式上肯定了大学生的参与权,是尊重学生作为学校主体的具体体现。学生自治组

---

① 张德祥:《高等学校的行政权力与学术权力》,南京师范大学出版社,2002年,第171页。

织是西方发达国家高等学校学生参与学校管理的主要载体。比如,在美国大学中有"学生政府",可代表学生向学校反映学生要求;英国有学生联合体,负责维护学生权利、提供学生福利等。我国的大学中虽然都成立有学生会,但其自治权和参与权与国外相比还有相当大的差距。学生会更多的是完成学校交办的任务,向学生作好宣传解释工作,在代表学生利益方面,所起的作用只限于提出意见方面。我国大学还需要进一步放权,不仅要给予学生会建议的权利,同时还应给予学生会代表学生参与学校管理,特别是参与学生事务的监督权、决策权。①

教育部 2005 年修订的《普通高等学校学生管理规定》明确规定:"学校应当建立和完善学生参与民主管理的组织形式,支持和保障学生依法参与学校民主管理。"这就要求大学生要在学校的管理中占有一定的位置,充分发挥他们的权利,保护他们应有的利益。目前,我国部分大学开始实施的"学生参议制"、设立"学生校长助理"、开设"校长信箱"等举措,可以说这些都是在促进学生参与方面进行的成功尝试。但是,这些制度也仅赋予学生"建议"的权利,而没有赋予其"决策"的权利。特别是对于涉及学生利益的重大问题,保障学生有知晓、参与、决策和监督权利方面还有所欠缺。就我国大学而言,加强大学生参与大学的管理要从几个方面入手。

一是转变观念。就大学管理者的观念而言,传统大学管理者往往把学生作为自己的对立存在体,依据条文来规范学生的思想行为。在这种观念的影响下,学生处于高校管理的边缘,其能动性、积极性和创造性得不到很好的发挥,学生管理工作整体效能不高。因此,我国大学管理者也要充分意识到学生参与管理的积极意义,在观念上接受和提倡学生参与管理。就大学生来讲,许多大学生长期以来一直存在依赖思想,缺乏自立的观念和自我管理、自

---

① 杨咏梅:《大学生的权利及其实现》,《教育发展研究》,2005 年第 9 期,第 56 - 59 页。

我服务的意识。如果这种观念和意识不改变，就会缺乏参与学校管理的积极性。

二是健全学生参与制度。目前我国大学生参与管理在制度上还没能得到完全保障，建立规范的制度以保障学生参与管理成为必需。就我国现行的法律法规来看，虽然不少规定中都有大学生民主参与高校管理的内容，但这些规定都过于笼统和限于原则，可操作性不强，因此，法律有必要规定大学生参与高校民主管理的基本制度和程序，使大学生民主参与高校管理的内容能够真正融入大学生的日常生活中去。

三是加强学生参与的机构建设。校学生会和系（院）学生会是学生代表的组织机构，要使学生参与管理在大学中得到实施，就必须完善和巩固学生会组织。"学校应有意识地授予他们参与管理的权力，扩大其职能。对学生会组织，除了要给予必要的帮助和指导外，在财力上也应给予一定的资助。另外，我们还可以设置学生权益维护中心、学生事务仲裁委员会等机构，听取学生意见，受理学生投诉，举行听证会，使学生的权益得到有效保护。"[1]

（4）完善大学校长选任机制

从管理方式上看，大学校长治理学校往往采取两种手段：制度化手段和非制度化手段。所谓制度化手段就是利用强制性影响力（权力影响力），即依靠国家或董事会授予校长的权力来维持学校的运转。非制度化手段也可称为非权力影响力，实际上就是行政权力的人格化。从总体上看，我国大学校长的领导方式，前者的角色成分显然多于后者。因此，大学校长进一步发挥人格魅力既是提升其卓越影响力的重要途径，也是行政权力发挥的有效环节。在校长任用机制上，目前我国采用了单一的形式，即国家教育行政部门任命制。这种单一化的委任制不仅与市场机制不符，也与我

① 赵敏荣、魏立朝：《依法行政与民主管理——当代大学自治的逻辑支点》，《河北师范大学学报（教育科学版）》，2007年第2期，第90－93页。

国政治体制改革的方向相悖。在一个选举条件相对成熟的大学，大学校长的任命很难全面反映全体教职工和社会相关成员的呼声，这值得人们深思。教育市场的竞争并不完全看重校长的权力，而更青睐校长自身的能力。因此，现行的大学校长任用体制，需要考虑从权力观念向能力观念的转变，除了委任制之外，构建多元化、开放性的中国大学校长选任机制是中国大学参与国际竞争的客观需要。①

①　徐小洲、张剑:《我国大学行政权力分配中的问题与改革策略》,《高等教育研究》,2004 年第 3 期,第 35－39 页。

第四章 大学自治与学术权力

一、大学自治的学术根基

大学有别于其他社会机构的基本特征是其学术性。对大多数社会组织而言,其存在的主要目的不是为了在政治上能够获得统治地位,就是为了在经济上能够实现预期效益。而大学组织则不同,它的存在既不是为了达到政治上的统治地位,也不是为了追求经济上的预期效益,从根本上说是为了真理的发展而存在的。据此,大学既不应该被当做一个政治机构,也不应该被看成一个经济机构,而应该将其视为一个学术机构。克拉克曾用组织的方法,对高等教育系统进行了跨国研究,他认为高等教育组织不同于企业组织、政府组织和许多非营利组织,这是由其以知识作为特殊的操作材料的特性所决定的,正是由于以知识为材料,才使高等教育组织与其他组织区别开来。"知识材料尤其是高深的知识材料,处于任何高等教育系统的目的和实质的核心。不仅历史上如此,不同的社会制度也同样如此。"①作为人类对知识的认知水平和加工活动的学术研究成为大学的主要任务之一,大学组织与学术活动也就难以分割。

---

① 伯顿·R·克拉克:《高等教育系统:学术组织的跨国研究》,杭州大学出版社,1994年,第1页。

1. 大学组织与学术活动

"大学组织之所以不同于行政和经济组织,就在于大学学术性活动的规律和逻辑。"①研究大学的学术权力,有必要对学术本身作一番探寻。对学术的理解,东西方存在一定差异。西方"学术"一词,一般用 academic 表示,主要有 3 种含义:学校的,学院的;学者式的,非技术的或非实用的;仅注重理论的。在西方,学术强调大学传授知识的非实用性,这与中世纪大学诞生之初的教会遗风密切关联。宗教活动、宗教信仰强调人的灵魂的回复与精神的绝对自由,强调知识不仅是发展某些技能的基础,而且也是人自身足以依赖和探求的目的。"中世纪大学以研究和传播知识为目的,表现为学者在行会内并不追求知识的实际应用,而只是遵循从知识到知识的逻辑,不断地从理论上进行知识推演……知识的运用是为了获得更高级的知识,而不是去解决生活和生产中的现实问题。"②

在中国,汉语中通常将"学"与"术"分开理解。著名学者严复认为:"盖学与术异,学者考自然之理,立必然之例;术者据既知之理,求可求之功。学主知,术主行。"③对此,梁启超先生也持大致相同的看法:"学者术之体,术者学之用。""夫学也者,观察事物而发明其真理者也;术也者,取所发明之真理而致用也。应用此真理以驾驶船舶,则航海术也;研究人体之组织,辨别各器官之机能,此生理学也;应用此真理以疗治疾病,则医术也。学与术之区分及其相关,凡百皆准此。"④

东西方对学术的理解尽管存在着差异,但学术是与知识相联系的概念却是双方的共识。学术既体现人类对知识的认知水平,也反映为对知识的驾驭与创造的能力;既是人类探求知识活动过

---

①　马廷奇:《学术性:大学组织活动的基本逻辑》,《煤炭高等教育》,2005 年第 6 期,第 4 - 6 页。
②　张应强:《高等教育现代化的反思与建构》,黑龙江教育出版社,2000 年,第 69 页。
③　亚当·斯密:《国富论》,商务印书馆,1981 年,前言。
④　梁启超:《学与术》,《饮冰室合集·文集》二十五(下),中华书局,1989 年。

程,也是知识活动的结果。不过,学术作为人类一种特殊的知识活动,具有不等同于一般知识活动的 3 个特点:其一,学术是一种普遍的知识,只有揭示普遍意义的知识才是一种学术;其二,学术是理性的而非感性的知识,只有出自于人们理性思考的,并具有一定系统性理论的知识才是学术;其三,学术是高深的知识而非常识性的知识,是人类在各个时代认识客观世界所达到的最高水准。当一种知识处于认识与探索阶段,并具有高深性,才属于学术范畴。而当某种知识已成为人们共知的东西时,转化成一般知识,也就逐步远离学术范畴。依照梁漱溟先生的见解,学术是人类在不同时代关于"人对物的问题"、"人对人的问题"和"人对自己的问题"在认识领域所达到的最高境界。①

学术活动反映着人们探索和发展知识、保存和应用知识、传播和延续知识的过程。博耶将学术活动划分为"探究的学术"、"整合的学术"、"应用的学术"和"传播的学术"4 种类型。"学术工作包括互相联系的 4 个方面。探究的学术是开端。研究工作应该继续成为知识分子生活的中心……但是为了避免学究式的迂腐,我们还应当重视整合知识的学术。为了避免理论和实践的脱节,我们应当支持应用知识的学术。最后,我们还要给教学的学术以新的尊严和新的地位,以保持知识之火不断燃烧。"②学术与一般知识的差异性决定着学术活动与一般知识活动相比有其特殊性,具体可从以下 4 个方面加以区别。

一是探究性。学术活动的探究性意味着人类对未知外部客观世界的探索与研究。在诸种学术活动中,探索和发展知识是其他学术活动内容的基础和源泉,是整个学术活动的核心。学术活动的内容尽管是多样的,但无论从事哪一类学术活动,只有以探索和发展知识为基础,将探究活动贯穿于其他活动之中,作为所从事活

---

①　梁漱溟:《东方学术概观》,巴蜀书社,1991 年,第 171 页。

②　欧内斯特·L·博耶:《关于美国教育改革的演讲》,教育科学出版社,2002 年,第 75 页。

动的灵魂,才能称得上学术活动。否则,也就成了学术成果的转让活动。①

二是自由性。学术活动的自由性表明学术活动可以对任何事物进行无条件的追问,对任何真理进行无条件的质疑,对任何权威进行无条件的反抗。学术活动的这一特点源自于人们认识事物的规律。一方面,人类所面对的未知世界是无限的,一切未知的东西都是可以认识和需要认识的。对未知世界的认识可以从任何一个端点、任何一个问题开始,被认识的世界并不会为人们设计一个认识的框架。在这个意义上,学术自由是不受领域、内容的限制去认识世界。另一方面,面对无限的未知世界,人们的认识只能是对整个世界局部的、片断的反映,具有有限性,所谓正确与否也只是相对的。在这个意义上,学术自由不受已有认识的限制,可以对已经认识过的事物继续探索,对已形成的认识的真伪继续探究。

三是自主性。自主性说明人类在学术活动中始终处于主动的地位和自觉的状态。一方面,人如果不愿意去认识事物,即使有再多事物呈现在人们面前,也是没有意义的。另一方面,尽管人的认识出自于某种需要,但无论这种需要来自于何处,它都只有转变为探求者的自觉性,探求的活动才能开始。而且任何探究活动从基本的单位来讲,都是以每个个体为单位进行的,即使有团体合作,这种合作也是建立在个人独立思考的基础上的。正如我国著名哲学家贺麟先生所言:"学术在本质上必然是独立自由的,不能独立自由的学术,根本不能算是学术。学术是一个自主的王国,它有它的大经大法,它有它神圣的使命,它有它特殊的范围和领域,别人不能侵犯。"②

四是学科性。学科性在一定的知识范畴中影响着学术活动的进行。学术活动的这一特点也来自于人类认识世界的规律性,即

---

① 张俊宗:《学术与大学的逻辑构成》,《高等教育研究》,2005 年第 6 期,第 6－11 页。

② 贺麟:《学术与政治》,《当代评论》,1941 年第 1 期,第 6 页。

世界的无限性与人类认识的有限性。学科是人类对知识的一种人为划分,它本身并不反映世界的本来面目。划分的目的在于按人类的认识规律将知识归为不同类属,以便于人类更加有效地探索知识和传播知识。"知识的进步首先依靠人为的简化,系科之所以建立,不是因为生活或物质世界是简单的,而是因为不限定知识研究领域就根本不可能通过观察或实验取得进步。"①

从人类认识活动的历史分析,认识活动体现出由单个个体向专门的学术机构的转变的必然性。在人类社会的早期,人类认识世界的活动与改造世界的活动大体是统一的,体现在单个个体的实践活动之中。单个个体以自身有限地认识,指导着自己有限的实践。随着人类实践活动的深入和知识的日益丰富,单个个体简单地认识世界的活动已不能满足人类活动的需要,为了提高人类认识活动的有效性,组织专门的人员、建立专门的机构、开展专门的学术活动成为人类社会的客观要求,学术机构的产生正是这种客观要求的必然结果。学术机构作为学术活动的主要载体,总是通过从事某一类学术活动开展工作,并以此为主体表现出不同学术机构间的差异。由于学术活动内在联系性的要求,无论从事哪一类学术活动,只有以探索和发展知识为基础和灵魂的机构,才能称之为学术机构。例如,"由保存图书为主要内容而发展起来的中国古代书院,之所以被称为学术机构,在于它渗透着学术研究活动。面向社会的图书馆、博物馆、书店、出版社等,我们之所以不能称其为学术机构,则在于它已经脱离了探索和发展知识的活动。"②

大学作为最重要的学术机构,它的产生与发展与人类学术活动结下了不解之缘。"每一个较大规模的现代社会,无论它的政治、经济或宗教制度是什么类型的,都需要建立一个机构来传递深

---

① 亚伯拉罕·弗莱克斯纳:《现代大学论》,浙江教育出版社,2001年,第96页。
② 张俊宗:《学术与大学的逻辑构成》,《高等教育研究》,2005年第6期,第6-11页。

奥的知识,分析、批判现存的知识,并探索新的学问领域。换言之,凡是需要人们进行理智分析、鉴别、阐述或关注的地方,那里就会有大学……否则,社会所依赖以取得新的发明和明智判断的涓细的智慧溪流将会干涸。"①当然学术机构绝不仅仅限于大学,其他的类似机构也在从事着满足人类需要的伟大事业,大学与这些机构尽管在本质上是一致的,但是在具体活动的方式方法上有着很大的区别,并从中显现出大学自身的独特魅力。与其他学术机构相比,大学学术活动的特色在于其通过人才培养这根主线,有机地将学术活动的各个环节联系起来。具体来讲:一是知识的传播活动。知识的传播主要通过两种方式进行,其一是人际交流方式,其二是物化媒体方式,如书籍等。大学是以前一种方式为主体,通过学者们将自己研究所获得的知识以及前人积累的知识,以授课等形式传授给后人,体现人才培养。二是知识的应用活动。知识的应用有多种形式,将知识应用于改造世界和发展生产力的活动是一种应用,将知识应用到武装人类的思想、提高人类认识世界的能力上,也是一种应用。人才培养即是后一种应用的体现,是一种系统化了的传授知识的活动。三是学术的传承。认识世界的无限性,使得学术活动必须在代代传承中进行,而传承的主要形式即是培养学术弟子。在历史上,无论是柏拉图创立的阿卡德米学园,还是孔子的杏林,都具有培养弟子以继承其学术事业的意义,这种培养活动的系统化和扩大化就是大学的人才培养作方式。由此可见,大学人才培养活动与学术活动有着密切的联系。"大学正是以人才培养作为自身学术活动的主要内容,并以此为中介,将探索和发展知识、传播和保存知识紧密联系起来,使自身成为一个特殊的学术机构。学术活动基于人才培养的特点,学者们在传播知识的过程中探索和发展知识,在研究的过程中直接传播知识,探索知识的过程已不单独发生在学者一面,而是学者与学生交互相活动的共

---

① 约翰·S·布鲁贝克:《高等教育哲学》,浙江教育出版社,1988年,第12页。

生物。"①

2. 大学自治与学术自由

大学自治是指大学作为一个法人团体,可以自主管理学校、独立处理学校的内部事务、最小限度地接受外界的干预。大学自治的理念由中世纪大学传承至今,成为现代大学最核心的价值观,备受国内外高等教育学者的关注。通过前述的大学自治权的分析可知,大学自治主要包括下述几个方面的内容:关于教员的人事推荐及任免权;对大学校长、系主任等行政管理人员的选举权;大学课程编制权;学位资格的审查、认可及授予权;规则、章程等校内各项制度的制定权;选考新生权;大学设施管理权;大学财政自主权等。②

学术自由是学术活动的基本原则,常常用来泛指大学的一切学术活动。英国《简明不列颠百科全书》中对学术自由作出如下定义:学术自由是指教师和学生不受法律、学校各种规定的限制或公众压力的不合理干扰而进行讲课、学习、探求知识及研究的自由。美国《大百科全书》将其定义为:教师的教学与学生的学习有不受不合理干扰和限制的权利。学术自由一般包括教学自由、学习自由、研究自由。我国有学者认为,学术自由指大学学者和学生可以不受约束、不受限制和不受威胁地探索学术问题,发表自己的学术观点和散布自己的学术思想。③针对大学学术自由的具体内容,有学者指出:"真正的大学必须具有 3 个组成,一是学术性之教学,二是科学与学术性的研究,三是创造性之文化生活。"④学术包括了学习之术、教学之术与研究之术。因此,学术自由权应该包括学习自

---

①　张俊宗:《学术与大学的逻辑构成》,《高等教育研究》,2005 年第 6 期,第 6 - 11 页。
②　王德耀、薛天祥:《略论大学自治》,《上海高教研究》,1994 年第 2 期,第 30 - 33 页。
③　张爱芳:《大学自治与学术自由之关系阐释》,《湖南师范大学教育科学学报》,2006 年第 4 期,第 66 - 68 页。
④　金耀基:《大学之理念》,生活·读书·新知三联书店,2001 年,第 5 页。

由权、教学自由权与研究自由权 3 个部分。学术自由权对于学术机构而言是一项最为重要的权利,如果失去了学术自由权,那么学术机构就会失去它存在的理念与根基。

尽管各国关于学术自由的概念有所差异,但学术自由的核心是思想自由却是学者们的共识。第一,思想自由是学术自由的基础。学术最原始的驱动力是学者出自一种闲逸的好奇心自由地探索事物的本源,这是一种在思想自由的状态下对知识与真理的追求。作为一种纯粹的探索精神,它是以人的良知、理性为依据,对各种常识进行无条件的追问,对各种既有知识规范进行追根究底的质疑。这是一种发自内心的求知欲,没有任何现实的功利性。人类历史上,古希腊的学术之所以辉煌灿烂,正是由于古希腊学者的纯粹的自由探索精神所为。正如伯里所言:古希腊人"哲学上的思想,科学上的进步和政体上的实施固然以这种精神的自由为条件,即使文学艺术上的优美,也莫不以此为依据。"[①]第二,思想自由不仅是学术自由的基础,而且也是学术自由的本质。这是因为思想是学术的内核,学术是思想的表达。只有具有思想的学术,才能称之为真正的学术。"学术自由本质上是思想自由,意味着学者在从事学术活动时所作的任何选择或学术结论,遵从的都是自己的理性判断和对真理的执著信念,而不是对任何权威的盲目遵从。从这个意义上说,学术本身就是自由的,学术自由不是外部权势的恩赐。唯有学者超越了各种现实的功利,学术摆脱了任何依附关系,学术活动受一种原初的内在学术意志所激励,才是真正的学术自由。"[②]

大学自治和学术自由是大学发展所抱持的基本原则和价值导向,两者都是大学活动本身的内在规定和根本要求。大学自治与学术自由之间也有着密切的联系,从大学认识论的逻辑角度,可以

---

① 伯里:《思想自由史》,吉林人民出版社,1999 年,第 25 页。

② 周光礼:《学术自由与思想自由》,《现代大学教育》,2002 年第 3 期,第 20 - 22 页。

将两者的关系概括为：大学自治是学术自由的必要条件，学术自由
是大学自治的自觉目的。

大学自治是学术自由的必要条件。大学组织之所以必须拥有
自治权利，主要基于大学学术活动的内在逻辑。"既然高深学问需
要超出一般的、复杂的甚至是神秘的知识，那么自然只有学者能够
深刻地理解它的复杂性。因而，在知识问题上，应该让专家单独解
决这一领域中的问题。他们应该是一个自治团体。"①大学自治赋
予作为法人团体的大学以自主管理内部事务的权利，使大学组织
具有相对的独立性。大学自治成为大学组织有效抵御外部社会力
量的影响与干预的"天然屏障"，为维护内部学术活动自由提供了
制度性保障。大学自治的最终目标是为促进知识的发展，并为知
识的自由发展创造条件。"在一个大学中，知识就是它本身的目
的，而不只是达到目的的手段……大学是为自由研究的精神所塑
造的。"②可以说大学自治是学术自由的组织保证，离开了大学自治
制度的支撑，丧失了栖身之所的学术自由，只能是一种虚无缥缈的
"精神饰品"。

学术自由是大学自治的自觉目的。大学内在的学术性意味着
学术自由具有不证自明的合理性。布鲁贝克教授认为，学术自由
的合理性至少基于 3 个支点：认识的、政治的、道德的，大概最主要
的是认识方面的。③ 从认识论角度分析，大学教师从事的主要是高
深学问的研究，追求真理是其重要目标。而对真理的追求是一个
永无止境的、需要不断创新的过程。为了保证其客观性，学者的活
动必须只服从真理的标准。自由的气氛是学术研究最有效的环
境，自由是追求真理的必备条件。同时，如果社会依靠大学作为获
得新知识的主要机构，并作为了解世界和利用其资源改进人类生

① 约翰·S·布鲁贝克：《高等教育哲学》，浙江教育出版社，1988 年，第 28 页。
② 周志宏：《学术自由与大学法》，法律出版社，1989 年，第 78 页。
③ 同①，第 42 页。

活条件的手段,那么社会理应给予大学学术自由的权利。可以想象,缺少学术自由,大学必然无法形成"大学教员所发表之思想,不但不受任何宗教活动之拘束,亦不受任何著名学者之牵制。苟其确有所见,而言之成理,则虽在一校之中,两相反对之学说,不妨同时并行,而一任学生之比较而选择"的学术局面和一切学术思想"自由审问、自由批判、自由探讨"的学术氛围。大学学术空气的压抑与沉闷只能窒息学术的生命力。大学教师既无追求真理的条件,也无学术创新的动力,自然无法做出创造性的成果;既无法把真知灼见传授给学生,也无法与学生进行无拘无束的心灵碰撞与交流,这样自然无法培养出创造性人才。在这种情形下,外部力量就会乘虚而入,动摇大学自治的根基。所以,只有当学术自由成为大学自治的自觉目的时,两者才能相得益彰,共同履行大学的职责,践行大学的使命。

大学发展的历史表明,大学学术自由的实现程度与作为学者团体的教师群体在大学内部管理活动中拥有的权利大小息息相关。"高等学校教师自身的职业特性决定了他们每个人都生活在一个或几个学科领域,他们终生的事业是和这些学科紧密联系在一起的,他们中的绝大多数人几乎是倾其所能,把毕生的精力和才华都投入到了为之奋斗的教学和研究的学科领域。他们渴望通过自己的劳动培养出高质量的学生;他们渴望通过自己的劳动创造出高水平的科研成果;他们渴望自己的成果得到承认;他们渴望与自己的同行进行交流;他们讨厌外行对他们的工作指手画脚……他们往往把对本学科、本专业知识体系的深刻理解看得高于一切。在他们心目中,最有权威的人不是握有行政权力的官员,而是具有高深专业造诣、忠诚于学科发展规律的专家,这种特有的学术旨趣决定了在高等学校应该由教师广泛控制学术活动。"①作为教师杰出代表的教授参与甚至主导大学内部管理即所谓"教授治校"备受

---

① 张德祥:《高等学校的行政权力与学术权力》,南京师范大学出版社,2002年,第38页。

推崇。"教授治校"制度既是大学自治权的具体体现,又是大学学术自由的有力保障。"教授治校"来源于中世纪巴黎大学的一种大学内部管理传统。中世纪巴黎大学基于"学者社团"性质,形成了"教授治校"制度。在"教授治校"制度下,大学内部事务由学者们共同负责管理,学者们既是管理决策的主体,同时又承担决策的执行与监督任务。"教授治校是由大学起源至今所固有的本质特性决定的,尽管现代不少大学的根本管理权力由国家行政、党派或社会团体操纵,从大学的学术性本质来看这并非符合大学的本质和教授治校的传统。"①因此,"教授治校"制度因其适应大学内部学术活动的内在逻辑,有利于弘扬学术精神,调动广大教授追求真理,发展学术的积极性、主动性和创造性,保证学术决策的科学性,促进大学学术水平的不断提高而延续至今。在现代社会,虽然"教授治校"制度的内涵早已发生变化,不再是中世纪大学的"正教授独掌治校大权",但以教授为主体的学术人员群体作为大学学术管理决策的主体的原则是一贯的、不变的。正是"教授治校"制度把学术自治与学术自由紧密联系在一起,成为一对"孪生"概念并共同构成现代大学的基本组织制度。②

3. 学术自由与学术权力

大学自治与学术自由的良性互动,大学内部弥漫着对于真理的渴求,而真理不需要权威与盲从,这些似乎表明学术与权力不应该挂钩或者说大学应该与学术权力绝缘。那么大学内部学术权力是因何得以生成的呢?有学者从权力的衍生性、依赖性、保障性、制约性等几个方面给予了独到的阐释。

一是权力的衍生性对学术活动的浸淫。权力触角的延展空间

---

① 高田钦:《西方大学教授治校的内涵及其合法性分析》,《高校教育管理》,2007年第1期,第31-33页。

② 孔垂谦:《学术自由的制度根基》,《江苏高教》,2003年第2期,第15-18页。

非常广泛,大到国家层面,小至家庭内部,权力形态无所不及。学术研究体现其价值和能力的标尺在于其学术的影响力,这本身就是一种力量,不过这种力量表征为一种学术能力样态。如何营造这种影响力呢?学术发展必然借助于一种有力的载体,权力触角的延伸恰好满足了学术的需要,从而衍生出学术的权力形态。

二是制度机理对权力的依赖性。大学制度的核心在于学术自治、学术民主与学术自由。为了保障和谐的学术氛围,制度化设计与安排必不可少。也就是说,学术需要规则体系的形成,需要配置权力与权力的界限,从而通过学术权力实现学术权利,制度化要求学术具备权力形态,并通过建构权力模式来保障学术自由与民主。

三是组织体的有效运作需要权力的保障。大学虽表现出明显的"无政府状态",但其脱离不了组织体,并总是以一个自足性的组织体形式出现。如何保障组织体的正常运转及一定的权力模式所形构的支配与管理关系,构成大学内部机体的特点。学术活动及其运作规律也具有其组织化特点,如学科划分、学术共同体的交流等。因此,学术也必然会采用一种权力模式保障其组织体的高效运作。

四是学术需要学术权力的制约和监督。学术领域并非一尘不染的净土,这里也会存在"学霸学阀"、"学术腐败"、"学术虚假"等不良现象。这些现象本质上是由于私人学术权利和学术权威的滥用和错位所致。针对各种学术权力的变质现象应建立起受法律规制的学术权力体系,以权力制约权力运作中的不良现象,即一种建构的、法定的权力模式规范潜行的各种学术活动。①

上述分析揭示了问题的核心:学术权力与学术自由也存在着良性互动关系,学术权力是以学术自由为前提,反过来学术权力又为学术自由提供保障。"没有学术自由,就不可能有学术权力的正

---

① 王立峰:《高校权力的法治观照》,《复旦教育论坛》,2006 年第 3 期,第 26 - 29 页。

常运行,当然,没有学术权力运行机制,也难以保障学术自由(的实现),学术即无法获得尊严,也难以得到合理生长。学术自由与学术权力二者和谐共生,缺少任何一条,都将导致大学组织沦为行政官僚机构。"①但似乎有点缺憾的是,上述分析过多地关注学术权力对大学内部影响学术自由力量的抑制,而对外部力量干涉大学学术自由的关注不够。显然,学术自由是相对于两重限制而言的:其一,社会(大学外部)的限制,大学教师的学术活动会受到社会政治的、宗教的和经济势力等的干扰和干预;其二,大学组织本身对学术活动的限制。大学教师的学术活动会受到大学管理者的粗暴干涉,持不同学术观点的教师有可能受到打击甚至被解雇。② 正如有学者所指出:"社会上各种政治力量、经济力量都会极力地通过各种各样的手段与方式来对大学产生影响,这样就容易使得大学陷入政治化、社会化以及市场化理念的侵蚀之中,无意中失去其作为一个学术机构而言所应确立的内在性与自主性要求。在大学发展史上,大学政治化、大学市场化与大学社会化的出现就是大学自主性缺失,学术自由权与大学自治权被剥夺所产生的结果。因此,在大学治理过程中确立起大学自治权与学术自由权具有非常重要的意义。"③

不可否认,象牙塔时代的大学只能留在人们的回忆中。在大学发展的进程中,大学在各种社会化、政治化与市场化的观念影响下,其象牙塔时代逐步走向终结。"但到了现代,教育在民主化、平民化与社会化理念的冲击与压力下,大学的象牙塔形象已经成为人们批评和讽刺的对象,大学的大门已经不能不向大社会敞开,大学已经被迫或自动地对社会提供实用而迫切的'知识',以作为其存在合法性的基础。"④伴随象牙塔时代的式微与终结,大学逐渐失

① 宋伟:《论大学组织学术权力生成的逻辑》,《高等教育研究》2006年第4期,第44－48页。
② 同①。
③ 苏君阳:《论大学治理权力的来源》,《人文杂志》,2007年第3期,第167－169页。
④ 金耀基:《大学之理念》,生活·读书·新知三联书店,2001年,第23页。

去了其发展的内在规律性要求与神圣性的象征,大学不仅不再能够向社会提供令人向往与憧憬的理想,信念和可以分享的快乐与幸福,更为严重的是,大学组织自身的理想与信念,伴随着象牙塔时代的终结也出现了严重的缺失。在现代大学里,一切在社会中存在的东西都可能在大学中存在。象牙塔时代人们抱怨大学脱离现实关起门来办学,但是当大学褪去了象牙塔的外衣之后,大学的发展又走向了另一个极端,那就是大学过于现实化了,这种现实化导致了大学自身的性质也在发生相应的改变。以大学市场化为例,大学不能直接产生经济价值,却具有经济价值的属性。但是,大学所具有的经济价值属性是通过其产生的社会价值的属性体现出来的。或者说,一所大学经济价值的大小是由其社会价值的大小决定的。大学的社会价值越大,其所具有的经济价值也就越大。大学不具有直接生产经济价值的属性,导致了大学对其投资主体的依赖性。所以,当政府成为大学最大的投资主体的时候,大学的自主权在很大的程度上就会被政府所剥夺。甚至在某些时候大学为了获得投资主体的支持,也会有可能主动地让出部分自治权而产生自主权的主动剥离,进而产生了大学组织的自我异化。有学者就此指出,大学学术权力作为抵抗外部势力干预大学学术自由的力量,同大学自身所承担的神圣与崇高的使命有着非常重要的关系。①

当大学中的学术权力作为抵抗内外因素对学术自由的干预的力量时,有利于保障大学的本质属性。具体包括以下 3 个方面:

一是保障大学对真、善、美的探求。我国古代《大学》一书中开宗明义曰:"大学之道,在明明德、在亲民,在止于至善。"为了明明德、亲民、至善,就需要大学能够掌管对人世间的真、善、美进行正确的判断与弘扬的权力,即大学能够通过反思意识的确立,建构与发掘真、善、美的确切内涵。众所周知,一个被束缚了手脚而失去

---

①　苏君阳:《论大学治理权力的来源》,《人文杂志》,2007 年第 3 期,第 167－169 页。

了支配与自我支配权力的人,很难完成其预期所要完成的使命。大学的学术自由,能使大学摆脱不必要的束缚,自由自在地进行真、善、美的探求。当然,大学对于真、善、美含义的探求不应是回溯性的,而应该是创新性的。"大学之于真、善、美含义创新使命的存在,赋予了大学学术自由与自我规制的权力。如果大学失去了学术自由与自我规制的权力,那么大学知识的传递与生产的活动就不会有创新意义。"①

二是保障大学成为社会进步的推动力量。人类社会的进步源于人类理性的一种解放。在公共领域与公共空间内,大学是能够真正实现人类理性解放目的的重要机构之一。"如果没有学院和大学,那么,想理解我们复杂社会的复杂问题就几乎是不可能了,更不用说解决问题了。过去根据经验就可以解决政府、企业、农业、劳动、原料、国际关系、教育、卫生等问题,现在则需要极深奥的知识才能解决。而获得这些问题所需要的知识和人才的最好场所是高等学府。"②在此意义上,大学应该成为人类理性进步的化身。大学在对人类的理性进行选择时,应该不断摈弃那些迂腐的、落后的、反人类的理性方式,并应该协调好理论理性与实践理性之间的关系,积极地促进进步的理论理性向实践理性转化,使得社会制度安排与人类吁求的理性有效地结合起来,以期保证人类理想社会的彻底实现。

三是保障大学成为社会责任的践履者。从根本上说,社会责任是一种道义责任。道义责任与法律责任不同。法律责任是明确的,不仅责任的主体明确,而且责任的客体与后果都是明确的;而道义责任则不是明确的,进一步说,就是道义责任的主体、客体以及后果都是泛指的或虚指的。任何一个人都有权成为道义上的主体,但也都有权不成为道义上的主体。社会责任主体的泛化性以

---

① 宋伟:《论大学组织学术权力生成的逻辑》,《高等教育研究》,2006 年第 4 期,第 44－48 页。
② 约翰·S·布鲁贝克:《高等教育哲学》,浙江教育出版社,1988 年,第 15 页。

及责任后果承担的非对应性,导致了社会责任承担主体的虚空以及道德冷漠的浮现。在这种情况下,就需要那些既有公共责任意识又具有公共良心感与道义感的机构、团体与个人承担起社会责任,否则就会进一步演化为公共道德的沦丧。实际上,对于一般的社会机构来说很难拥有足够的理由向其提出关于社会责任承担的道义要求,但大学组织则不一样。大学是社会理想的象征,作为社会理想的象征,社会要求它必须要具有承担社会责任的意识。大学是人类思想与精神的神圣殿堂,作为人类思想与精神的神圣殿堂,那么大学所表现出来的行为,其道义上或道德上的要求就不应该停留在其他社会机构的一般性道义或道德水平上。当其他组织对于社会责任都无所作为的时候,大学组织就应当有所作为。当然,要想使得大学组织对于社会责任真正有所作为,就必须赋予其能够实现社会理想与满足人类神圣期望的大学学术以更多的权力。

二、学术权力的学理剖析

大学作为研究高深学问的圣殿,以培养人才为主旨,以知识创新和知识传递为主要活动方式。大学在社会系统中的这一特殊位置,决定了大学学术权力与其他权力形态特征的不同。本书第二章中,曾在行政权力与学术权力的初步辨析中涉及学术权力的特点,这里将对学术权力的特征进行更为详细的分析,以便更好地把握学术权力的生成基础和功能指向。

1. 学术权力的特征分析

(1)学术权力的学科性

就权力主体而言,学术权力依赖于学术能力和知识储备,但具备一定的学术能力和知识,并非一定具有学术权力,其原因在于现代大学的形成是直接与现代学科制度的勃兴密切相连的。大学学术活动并非一般意义上的学术探索,而是在严格、规范的学科制度的规训和约束下展开的。大学由不同学科或专业组成,大学的知识群体也一定由各种专业人员组成。由于每个学术主体所处的学术领域不同,随着学科和专业的分化,学者之间在学术领域的共同性越来越小。"每个专业人群知道其他专业人群所不知道的某些事情,能做其他专业人群不能做的某些事情。我们的专业人员早就从这一事实中找到了充分的根据,认为各专业的工作人员都可以各搞自己的一套。专业人员的任务不同,技术也不同,因此各专业人群就成为具有不同的'思想风格',采用不同的专门方法和工具的有特色的'思想集团'(thought groups)。每一个这样的集团成为某一'学科'或专业训练领域的权威。"①

追溯学科制度的历史可以发现,正规意义的学科制度产生于18世纪的欧洲。当时,伴随着自然科学的强大、人文社会科学的兴起和现代意义上的学科体系的确立,特别是当3种新的高等教育场所登上历史舞台时,学科制度便应运而生。"这3种教育场所是研讨班(1760年在德国大学界开始)、实验室(法国大革命前在法国高等学府开始)、课室(1760年间在苏格兰的格拉斯哥大学开始)。"②在这3种教育场所进行的教育实践,分别促成了一些新的人文学科、自然学科和社会学科的诞生,同时确立了自然科学和社会科学的研究范式和人才培养模式。这种前所未有的大学培养方式的诞生,便成为大学学科制度最强有力的支柱,为人类知识生产提供了全新的空间组织支持。在大学学科制度之下,人类的知识生产和学问探索取得了长足的进步,通过一系列学科评价标准和学科奖惩制度使得学科规范得到刚性的强化,并产生了极强的学科自主意识。可以说,大学的学科性、学科自主意识、学科规范与学者的学术专长是大学学术权力的主要基础。

---

① 迈克尔·夏托克:《高等教育的结构和管理》,华东师范大学出版社,1987年,第15页。
② 华勒斯坦:《学科·知识·权力》,生活·读书·新知三联书店,1999年,第50页。

（2）学术权力的多维性

大学学术权力的构成异常复杂,这可从其形态、结构和学科范畴等多个维度加以考察。

从大学学术权力的形态看,大学学术权力有多种类型。根据大学学术权力主体或载体的不同可以把大学学术权力划分为个体的学术权力和集体的学术权力。大学个体学术权力是每一个体所拥有的权力;大学集体性学术权力一般是以委员会为载体,群体参与、群体控制资源分配的方式。根据管理方式的不同,大学学术权力还可分为民主性学术权力与行政性学术权力。大学民主性学术权力主要指大学以委员会为学术权力载体,通过委员会"一人一票"的方式决定学术及其相关事务的权力,其主体主要是拥有学术身份的教授、副教授等学术人员和理事会、评议会、教师大会、教代会、学术委员会、学位委员会等学术组织,实行自下而上的运行;大学行政性学术权力是指大学中既直接管理学术活动又具有一定层级性的控制力量。

从学术权力的身份看,有正式的学术权力和非正式的学术权力。正式权力主要是指"存在于正式的政治组织当中由法定的制度规范赋予并以法定方式实施和表现的政治权力;而非正式权力则主要是指起源于正式政治组织内部的非正式组织中,由非正式组织成员在法定的权力体制外赋予其领导人,并在具体的行为过程中予以接受和服从的政治权力,此外,也包括了正式权力主体以非正式的权力行使方式表现出来的政治权力"。①

从大学学术权力所具有的职能、扮演的角色或承担的任务看,可分为决策性学术权力、执行性学术权力和监督性学术权力。这主要是在大学横向学术权力结构基础上进行的角色分类。决策机构是大学的最高权力机构,在国外,决策机构被称为理事会、董事

---

① 何小青、江美塘:《正式权力与非正式权力——对政治权力的一项基础性研究》,《学术论坛》,2001 年第 5 期,第 37－40 页。

会或评议会等。以校长为首的校务委员会是大学执行机构,具有行政性学术权力,执行最高权力机构决议。①

大学学术权力的多维性还表现在学术权力结构由多种成分构成。大学学术权力结构由纵向结构与横向结构组成,大学学术权力的纵向结构主要是指大学、学院与系;而横向结构则指大学(或院系)一级横向的校长(或院长、系主任)与各委员会、理事会、评议会等以及彼此之间的关系。19 世纪 20 年代,美国经济迅猛发展,社会对高等教育的需求加大,大学入学人数增加,学科进一步分化,大学校园内要求民主的呼声更为强烈,而大学内部原有的以讲座为大学权力主体的制度已无法满足诸多变化的需求,在此背景下,美国于 1825 年在哈佛学院率先建立以系科为基础的大学学术管理体制,实行校、院、系三级管理,各层次设置教授会(或评议会),实行民主化的行政性管理。

从学科范畴或大学学术权力的客体看,其关系、内容亦十分复杂。大学学术组织中的不同学科会产生不同的学术管理方式,人文社会科学的学术权力体系与自然科学的学术权力体系之间有微妙的差异。自然科学研究的特点是以被严格封闭和隔离的实验室为主,学术活动受到严密监控和追踪,所以,实验室作为知识生产的空间,具有较强的组织性和规制性,是一个典型的权力关系场所,其所追踪的不仅仅是"物",而且还有"人"。而人文社会科学研究虽然也强调合作,但相比之下,其知识生产更具有个性化特点。

最后,大学学术权力不是一个封闭的系统,而是具有极强的开放性。这种"开放性"集中表现在大学的学术权力并不仅仅局限于大学校园内,而是与政府、社会存在密切的互动关系。大学学术权力可能支配了大学外部的社会资源,社会诸多因素也同时对大学发生作用。大学学术权力形态、结构、类型、身份的复杂性,导致了

---

① 赵俊芳:《论大学学术权力的实践特征》,《现代教育科学》,2008 年第 2 期,第 5-8 页。

大学学术权力概念界定的复杂性和学界对此理解的差异性。

（3）学术权力的松散性

与政治组织和经济组织相比，大学学术组织具有明显的"松散性"特点，这就导致其运行过程中，必然表现出与行政权力相异的特质。行政权力的目标追求是服从、效率，其内在关系具有明确的科层性，权力的运行程序表现出极强的自上而下的运行路径，行政人员任何权力和职责均以制度化的形式予以规定，严格按制度、规则执行，不可逾越或滥用。大学纵向学术权力虽在一定程度上具有行政属性，但就总体而言，学术权力仍具有松散性的特点。大学学术权力的松散性与学术组织的松散性和疏离性相关。

大学内在发展的逻辑性和学术活动的特殊性要求大学以学术活动为己任。知识创造需要学术自由，在这一意义上，学术自由乃是学术组织与其他社会组织的最为显著的相异之处。所以，大学的学术权力不是外部强加的，而是大学学术活动方式内在逻辑的客观要求，是大学本质特性所赋予的外化形式。大学的学术导向强调在处理大学事务特别是学术事务时要依据学术标准。大学的根本目的和使命决定了大学以学术为主，以学术活动为主体而形成的组织结构是"松散结合的系统"，松散性带来大学学术权力的松散性。正如伯顿·R·克拉克所言："松散的联合可使组织（或系统）中的较有独立性的部分不依赖于其他部分而持续存在并发展；松散的联合可使组织（系统）中的各个子单位（sub-units）局部地适应它们所面临的各种环境（这些环境凑合起来提出了各种互相冲突的要求）；松散联合的系统比紧密联合的系统能容纳更大量的变化和解决问题的新奇办法；松散的联合可以把发生在某一部分的事故封闭起来，使之不影响组织的其他部分；松散的联合可允许组织中的子单位人员有更大的自决权，从而使他们提高处理事务的水平，在他们中间产生更大的效能。""松散联结这一概念首先产生于教育机构的管理实践。它尤其适用于成员具有相当程度自主权的组织。以人为工作对象的团体更加表现出松散联结的特点，比如学校和学院就比汽车装配工厂更具有松散联结的特点。在教育机构中,需要整合的程度明显小于许多其他的组织,因此这种松散联结的存在和发展是可能的。"①美国密歇根大学校长詹姆斯·杜德达斯曾援引一个古老的说法来比喻大学学术管理的松散性,他说:"有人认为管理教师就好像是在管理一群猫,但我认为更像是推了一车活蹦乱跳的青蛙。如果它们在一个地方不快乐的话,就可以跳到另一个它们自认为快乐的地方。"②韦克使用了松散联结这一术语描述组织下属单位之间的关系:"松散联结,是指联结的各方都是互相影响、互相作用的,但是,每个被联结的方面也保持它自身的特征,具有一些逻辑的和物质的独特性。它们之间的联系是有限的、不经常的,它们之间的相互影响是微弱的、不重要的,相互之间的反应也是缓慢的。"③

大学组织的松散性导致权力主体与对象之间的人身依附性和制控性差,不易强制执行。"在狭隘的工作范围内,这些日益专门化的专业人员,几乎不需要建立相互间的联系,便可进行工作和取得成果。他们可以独立地进行工作……许多专业化的集团,在多数情况下是分头进行工作的,成为松散地联合起来进行生产的极端的例子。大学是一个专业化技能聚集的场所,更是一个在工作上不需要有多少联系的若干有知识集团的联合体、密集体。"④学术组织的松散性,导致大学学术权力的松散性,即学术主体具有专业自主性,可以在一定时空中自由地确定自己的工作目标,并在工作中使自己的行为与自己确认的目标相一致,可以单独完成教学任务,他们可以在相当程度上按照自己的兴趣、意愿和目标来进行工作,因此,学校和学院常常被视为缺乏统一目标的组织。⑤ 大学学

---

① 托尼·布什:《当代西方教育管理模式》,南京师范大学出版社,1998年,第171页。
② 詹姆斯·杜德斯达:《21世纪的大学》,北京大学出版社,2005年,第211页。
③ 同①,第170页。
④ 迈克尔·夏托克:《高等教育的结构和管理》,华东师范大学出版社,1987年,第16页。
⑤ 同①,第169页。

术权力的松散性要求其内部成员具有自律、负责的主体意识与行为。

2. 学术权力的生成基础

所谓学术权力的生成基础,也就是学术权力的合法性问题,这里将从学术基础、制度基础和意识形态基础3个层面对学术权力的合法性作出阐释。

(1) 学术基础

以研究大学学术权力而蜚声学界的伯顿·R·克拉克教授在界定学术权力时,曾大力强调其"扎根学科"的特性。在他看来,脱离学术和学科具体研究领域的学术权力是根本不存在的。因为自工业革命以来,人类的学术研究"已进入一个空前专业化的时代,并且这种情形将永远持续下去。从表象与实质两方面来说,我们必须认清,个人唯有通过严格的专业化,才能在学术研究的世界里,获得那种确实感到达成某种真正完美的意识……唯有凭借严格的专业化,学术工作者才有机会在有朝一日充分体认到,他完成了一些可以传世的成就,但是这种情形一生也许只有一次。"[1]在这种学术发展日趋专业化的时代,"大学内基本活动是学术性工作,而学术活动是根据学科来进行和组合的,由此形成分裂的专业,相对松散的组织结构,并不太严格的学院或学部、系或讲座层次"。[2]

无论是学术委员会、学位委员会,还是以特定领域为单位集合组织起来的学术社团,作为一种学术研究组织,其存在必须植根于学科专业,其成员进入学术群体首先应具备一定的学术资格或以一定的学术研究的成果作为前提,否则,其组织就不具备合法性,其个体也不具备最基本的学术资格。可见,学术性和学科性构成

---

[1] 钱永祥,等:《韦伯作品集:学术与政治》,广西师范大学出版社,2004年,第161-162页。

[2] 伯顿·R·克拉克:《高等教育系统:学术组织的跨国研究》,杭州大学出版社,1994年,第33页。

了大学学术权力合法性的特殊基础。任何脱离专业、学术的学术权力无论在何种意义上都是不可想象的。正如伯顿·R·克拉克所言:"专业权力像纯粹官僚权力一样,被认为是产生于普遍的和非个人的标准。但这种标准不是来自正式组织,而是来自于专业。它被认为是以'技术能力而不是以正式地位导致的官方能力'为基础的","专业的和学者的专门知识是一种至关重要的和独特的权力形式,它授予某些人以某种方式支配他人的权力"。① 所以,构成学术权力基础的是专家的学术专长,是基于学科专业背景下的专业水平和学术能力。学术权力的合理性与合法性,源于专业学术能力的有力支持,而非一般知识、职务和组织。学科与专业的差异性决定不同学科、专业的学者在各自的研究领域内发挥自己的学术优势。

（2）制度基础

所谓学术权力的制度基础,主要是指学术权力的获得和运行必须遵循国家相关法律法规及大学内部相关章程制度等具有法律效用的文件所规定的程序、规则、方式。虽然现代意义的大学最早出现在中世纪中后期的欧洲,但其真正获得快速发展还是在工业革命之后。伴随着现代工业文明行进的脚步,大学的规模不断扩大,其在社会系统中的地位也逐渐由"边缘"走向"中心",成为引领现代文明发展的最为重要的力量。如果我们承认大学是现代性的直接后果,就应注意从制度层面理解其存在和发展的动力及基础。作为一种学术组织,大学学术组织结构带有明显的、截然对立的"两极",主要表现为"学术研究的自然倾向和传授知识的要求之间的矛盾:前者呈无政府状态,因为个人根据各自的兴趣进行研究;后者呈整合态势,因为取自各专业的知识只有被整理在一起才能教授给新手。前者不断打破已经建立的秩序;而后者却从混乱的

---

① 伯顿·R·克拉克:《高等教育系统:学术组织的跨国研究》,杭州大学出版社,1994年,第121页。

科目中理出头绪找出秩序"。① 虽然大学学术组织具有"松散性"和无政府状态等特征,但如果我们承认现代社会变迁的"理性化"趋势,就应意识到伴随着社会走向现代化的进程,包括大学在内的整个社会,都不可避免地要走向科层化管理。因为科层权威是现代化背景下处理大规模社会系统、处理复杂事务及管理要求的唯一方式。早在20世纪初期,马克斯·韦伯即已发现并揭示了这一趋向:"在所有的领域里(国家、教会、军队、政党、经济企业、利益集团、协会、基金会等),'现代的'团体形式的发展一般是与官僚体制的行政管理的发展和不断增强相一致的。"②以这一总体趋向为背景,现代大学学术组织发展的一个最为重要的趋向是制度化、规范化体制的确立。在大学内部,无论是自然科学还是社会科学,当其作为"学术共同体"存在的时候,都必然产生正式的和非正式的、成文的和不成文的学术规章,以规范其内部成员的学术行为,这种学术规范体系便是我们所说的学术制度。正式的学术制度主要包括学科规训制度、学术法律制度、学术评价制度、学术奖惩制度及其实施机制;而非正式的学术制度则主要是指学术共同体在长期的学术活动过程中自然形成的用以规范和约束学术研究者行为的价值观念和传统习惯的综合体。

按照新制度经济学关于制度的理解,制度构成的基本要素可表述为:"制度提供的一系列规则由社会认可的非正式约束、国家规定的正式约束和实施机制所构成。"③这里所说的"非正式约束"也可表述为"非正式制度",主要包括价值观念、伦理道德、风俗习惯、意识形态等因素;所谓"正式约束"即为"正式制度",主要是指社会上的某些人或组织自觉地、有意识地制定的各种法律、法规和规范;所谓"实施机制"是指确保正式制度和非正式制度贯彻实施

---

① 伯顿·R·克拉克:《高等教育系统:学术组织的跨国研究》,杭州大学出版社,1994年,第236页。

② 马克斯·韦伯:《经济与社会》上册,商务印书馆,1997年,第248页。

③ 卢现祥:《西方新制度经济学》,中国发展出版社,1996年,第20-21页。

的一系列监督、检查和惩戒制度。这些规则体系的普及将正式组织与传统组织区分开来,并赋予大学学术权力以合法性地位。同时,对规则的"服从者"来说,这些"成文和不成文规则——如果作为合法性基础而被广泛认知和接受,实际上都具有自我强化的机制。服从作为个人身份的一部分而被加以内化。即使在内化发生得不完全的地方,规则遵从也被其他在场的行动者强制实施"。①在大学的发展实践中,正是凭借着上述的"制度规范"系统,学术权力的运行和实施才得以获得合法性。

(3)意识形态基础

意识形态亦称社会意识形态、观念形态,是一个非常复杂的概念。自法国哲学家特拉西在 19 世纪初提出此概念以来,迄今已有 150 多种界定。马克思主义学说认为,意识形态是指政治、法律、道德、哲学、艺术、宗教等社会意识的各种形式,一定的社会意识形态是一定的社会存在的反映。意识形态是特定阶级的社会意识的总体,是一个社会上层建筑的观念形式。马克思、恩格斯特别强调阶级社会里意识形态的阶级性特征:"统治阶级的思想在每一时代都是占据统治地位的思想。这就是说,一个阶级是社会上占统治地位的物质力量,同时也是社会上占统治地位的精神力量。支配物质生产资料的阶级,同时也支配着精神生产的资料。"②马克思主义学者对社会意识形态的界定,揭示了社会意识形态的本质属性。此外,也有学者认为意识形态"是一套综合的观念体系,它能够为社会及其成员提供生存方式的理性基础,指导人们如何评价对与错、是与非,并为人们的行为提供情感刺激",或将其定义为"一个集体成员所共有的信念体系"。③ 上述概括的问题在于忽略了意识形态的阶级性,但在拓展分析视野的问题上具有一

---

① 詹姆斯·马奇、马丁·舒尔茨:《规则的动态演变——成文组织规则的变化》,上海人民出版社,2005 年,第 18 页。

② 《马克思恩格斯选集》第 1 卷,人民出版社,1995 年,第 98 页。

③ 孔德元:《政治社会学导论》,人民出版社,2001 年,第 92—93 页。

定的启示作用。

　　虽然大学学术权力合法性的建立必须在一定程度上与学术、学科以及相应的制度建立起密切的联系,但学术权力的合法性同样需要获取社会意识形态的支持以及学术共同体内人们的认知、价值观、信仰等理念方面的认可。如波朗查斯认为,合法性基础应同占统治地位的意识形态结合起来,在分析一个国家时"不能低估主要依靠统治阶级意识形态的那些合法性的存在"。① 如果我们将现代大学的产生和发展与现代民族国家的建立结合起来,就会发现,凡是走向现代化的国家,都普遍面临着国家教育权力扩张的问题,"为了确立国家的教育权力,有效地实现教育的国家责任,就必须加强教育管理的集中性、统一性和权威性,建立一个强有力的国家教育权力机构。"②伴随着国家教育权力的拓展,有关国家富强、民族认同的理念便很自然地进入大学,成为大学理念的核心内容,并为大学学术权力提供合法性支持,这在非西方国家走向现代化的进程中体现得最为明显。如新中国成立后,中国大学在师法苏联高教模式的基础上,选择了政府集中办教育的管理模式。在此种体制下,作为学术权力载体的教授权力、教授会权力以及各种学术社团不发达,有学者对此提出合法性质疑。本书认为上述质疑值得商榷。作为社会主义革命实践的结晶,大学的"构成原理"自然应该是"非资本主义"的,"伟大的十月社会主义革命后,组织高等学校的正常生活是在过去的组织管理方面的经验不能利用的情况下进行的。因为它不符合社会主义社会对高等学校职能提出的要求。而且可以毫不夸大地说,正是在这方面,高等教育系统应当彻底地放弃过去使用过的方法并寻求另外一种适合新社会制度需要的新方法。"③此外,作为"后发外生型"现代化

---

① 波朗查斯:《政治权力和社会阶级》,中国社会科学出版社,1982 年,第 246 页。
② 成有信,等:《教育政治学》,江苏教育出版社,2000 年,第 166 页。
③ 叶留金:《苏联高等学校》,教育科学出版社,1983 年,第 460 页。

的国家,新中国成立初期,为了打破帝国主义的封锁、快速实现现代化,必须集中力量发展高等教育。可见,如果将此时期大学学术权力模式的转换放在中国选择社会主义道路及中国现代民族国家构建的进程中看,就会发现上述学术权力模式的选择有着浓厚的意识形态背景。

3. 学术权力的功能指向

学术权力是作为抵抗内外部势力对学术自由的干预的力量应运而生的,学术权力的功能是保障学术自由。学术权力保障学术自由主的功能要通过以下几个途径实现。

(1) 维护学术秩序

秩序即人或事物应处的顺序、位置或稳定状态。在现代社会里,"秩序"是一个多功能型概念,社会各领域、各行业均广泛使用,如政治秩序、经济秩序、文化秩序、国际秩序、市场秩序、校园秩序、劳动秩序等。在学术界一般将秩序概括为自然秩序与社会秩序或者自生秩序(spontaneous order)与人工组织秩序(taxis)。[1] 自然秩序指物与物之间空间上的相对稳定和时间上的连续以及有规律的位移,或者一事物导致另一事物的因果变化等。社会秩序指在社会性生产生活中依据一定规则有秩序地进行活动,社会行为的有序性以及规范社会行为规则的总和。人性的弱点和世界资源的稀缺性,往往造成人或物所占据的位置和秩序并非完全由自然生成,而是制度的人为规定。

所谓学术秩序,是指大学学术活动、学术行为按规则有序进行的一种状态。对于大学学术组织而言,秩序具有公共性和整体性,在有些情况下,尽管在某一部分或部门也可能存在秩序,但如果不具备整体秩序,那么整体组织仍然松散无序。作为社会子系统中的特殊组织,大学组织具有"松散性"特点,但松散并非无序。在大

---

[1]　邓正来:《哈耶克法律哲学的研究》,法律出版社,2002年,第10-32页。

学学术组织中,学术秩序并非随意达成的一般形态,而是在大学学术权力作用下,通过一系列专家论证、讨论、审议程序,最后形成和确定的规则、制度。学术秩序是在学术经验和异质文明间的不断采借中逐渐形成的,学术秩序的形成依赖于学术制度,学术制度是学术组织用以约束其成员进行学术活动的规范性要求,没有规矩,不成方圆,没有制度亦无所谓秩序,一定的制度决定一定的秩序形态。正如诺思指出的那样,制度提供框架,人类得以在其中相互影响。制度是规范、修正人们行为的准则。大学学术权力对学术秩序的维护是通过规则、制度及其运行方式而实现的。大学学术活动与社会共同体一样,需要在秩序中进行,学术秩序是大学学术活动的保障,而大学学术权力是学术秩序的原始供体,是大学学术秩序得以存在的根本前提。大学学术秩序也是学术权力组织的公共品,大学学术秩序的缺失意味着大学学术权力组织主导地位的丧失。学术权力为学术秩序的生成提供了保证,同时,学术秩序也为现有的学术权力结构和权力运行提供了有力的支持。

近年来,鉴于中国社会转型期大学学术权力的严重弱化,学界开始大力倡导加强大学学术权力。长期以来,中国学术权力的作用没有得到应有的发挥。改革开放后,中国高等教育虽然采取了一系列改革措施,但具有民主属性的大学学术权力屡弱的局面并没有发生根本性的改变。周雪光在对中国学术研究缺少规范的现象进行分析时指出:"'导师崇拜'这一信号是社会承认的逻辑与制度设施相互作用的结果……学术界存在着严重的信息不对称,许多学科的成就难以测量。在学术规则、学术制度不健全的情况下,这种不确定性尤为突出。"①因此,在加强学者学术自律的基础上,加强学术权力,建立健全各种学术权力组织机构,制定明确的规章制度,形成具有名实相符的学术权力及其运行程序和机制,规范学术行为,形成良好的学术秩序,仍是大学发展面临的

---

① 周雪光:《组织社会学十讲》,社会科学文献出版社,2003年,第279页。

重要工作。

（2）推进知识创新

美国弗兰克福特法官提出："大学的四项基本自由是根据学术理由来自我决定。谁可以当教师；教什么；应该怎样教和谁可以被准许入学。"①学术权力通过保证学术自由进而促进学术创新。在中世纪，大学的学术自由含义甚广，既包括教师教的自由和学生学的自由，也包括迁徙的自由。这种自由是大学创建之时即通过学术权力获得的。中世纪欧洲大学的领导机构有两种模式：一种以法国巴黎大学为代表，领导权由教师掌握；另一种以意大利博洛尼亚大学为代表，领导权由学生掌握。在执教权和领导权方面，英法两国大学自己确定教师资格，自己选举校长，司法官由神学教师担任，司法官既是教会的官员，也是大学的司法官和校长，普通学者具有较多的学术权力。1810 年柏林大学由于洪堡的努力而建立，其根本思想和大学原则是尊重自由的学术研究。1915 年美国大学教授协会发表声明，对学术自由之概念作出解释："教授有权探索知识，不管这种探索可能导向哪里；同时他又有责任完全地和准确地报告研究成果；教授有在其观点和材料不受审查的条件下执教的权力，只要他不超出大家公认的其所属的专业领域；教授有不受束缚地在公共场合发表讲话的权力，只要以个人的名义而不是作为其所属大学的代表。"哈佛大学前校长博克也指出，当大学履行发展知识的义务时，学术自由是一种基本的价值前提。"学术自由带来的重要结论不仅会体现在大学的学术研究中，也会体现在大学的管理上。""任何明智的管理层都不会希望用任何其他方式来组织和管理大学，因为靠集权化指令性管理实现的团结和统一，只能是通过牺牲不断的辩论和创造性探索，付出沉重的代价才可获

---

① 德里克·博克：《走出象牙塔——现代大学的社会责任》，浙江教育出版社，2001 年，第 41 页。

得的；而辩论和探索对知识和学术进步来说却又是非常重要的。"①
大学是学术圣地，无论传授知识、还是创造思想，都需要发散性、
创造性的思维和宽松的学术氛围。学术是不同学派、不同声音的
碰撞，"大学应该是新的、有争议的、非正统的异端邪说的论
坛……如果在一所大学里听不到与众不同的意见，或者它默默无
闻地隐没于社会环境中，我们就可以认为这所大学没有尽到它的
责任。"②独立思考、自由批判需要学术自由的宽松氛围，"适量的、
基于价值判断的批判性阻力，可使大学免犯荒唐的乃至灾难性的
错误。"③

　　蔡元培先生认为：大学乃"囊括大典，网罗众学之学府也"。所
谓大典，即经典、典籍，也可以拓展为科学技术；所谓众学，既有学
者、学生之意，也有学科、学术之意。用浙江大学老校长竺可桢的
话即大学乃"求是"之地。总之，大学是以一些大师支撑一些强势
学科；以自由、自治、自律为其活动方式；以追真、求善、寻美为其价
值理想；是追求高深学术之圣殿，是培养大学问人才的处所。"这
种自由一旦被剥夺，他（指学者）就失去了充分参与智力活动的机
会，而智力交流活动却是有助于培养人的价值观，有助于认识世
界，有助于发挥那些最具人性特点的思维和想象力。"④大学学术权
力为学者创新知识提供宽松、自由的学术空间，为大学的学科建设
奠定基础。学科是一所大学的核心，是体现大学办学水平、办学特
色和社会知名度的主要指标。但大学的学科建设并非天成地就，
而是在学者群体锲而不舍的探索过程中逐渐形成的。学科形成和
发展的内在要件多与学者的学术活动相关，而学者的学术热情也
需要一定利益的激发和保护。所以，大学学术权力为学者自由地

---

　　①　德里克·博克：《走出象牙塔——现代大学的社会责任》，浙江教育出版社，2001年，第
39页。

　　②　约翰·S·布鲁贝克：《高等教育哲学》，浙江教育出版社，1988年，第53页。

　　③　亚伯拉罕·弗莱克斯纳：《现代大学论》，浙江教育出版社，2001年，第4页。

　　④　同①，第17页。

从事学术活动提供了比较自由的学术空间，为大学的学术繁荣和学科建设奠定了基础。当然，我们强调学术自由在知识生产和人才培养过程中重要性的同时，也不应忘记绝对的、无条件的学术自由是不存在的。在大学圣殿中，"学术自由"必须与"学术责任"和"社会责任"结合起来，只有这样，大学所追求的"学术自由"才是现实的和合理的。

（3）配置学术资源

就权力之实质而言，其实际上是对资源的占有与分配。现代管理理论认为，有效性与稀缺性是资源的两个基本属性。资源的有效性是指其可利用性，对人类社会发展能够产生效益或价值的属性，即资源的有用性；资源的稀缺性指资源的有限性和不足充分分配的属性，资源的稀缺或有限决定资源分配可能出现的矛盾与冲突。资源拥有者或控制者，即权力主体，既要通过制度控制本权力所辖范畴之秩序，也要通过维护既得资源，在组织内部合理分配有限资源，以巩固秩序，使资源使用获得最大效益。就本质而言，权力之所以具有控制力量，其根本原因在于权力主体对资源的控制，权力对秩序的有效性归根结底是资源的有效性。大学的学术资源主要包括教学、科研、职务晋升、各项经费的审批与使用以及荣誉称号的获得等。在大学组织的初创时期，自治的"学者会团"仅为学者的互助组织。中世纪在以巴黎大学为代表的"先生型"大学中，"教师会"在学术领域内没有权威，最初职能仅仅是成员间共同兴趣的私人团体，或者"慰病助贫、陪伴护送"的互助组织，后来由于从事教师职业的人数增多，对教师的要求也逐渐提高，"教师会"的职能也逐渐演变为考核教师资质、资格。"在学者的协会里，如在其他协会那样，学生必须作为公认的教师的门徒，通过持续5~7年的学习年限，取得硕士学位的资格；学习期满，由老师正式介绍到教师团体里，通过一种'领受学位'的仪式加入其行列。"[1]

---

① 博伊德，等：《西方教育史》，人民教育出版社，1985年，第138页。

自此,"教师会"逐渐形成了具有实质性学术权力的组织。西方大学"学者治校"或"教授治校"的传统形成的背景不同,故各国大学学术权力构成及关系有所不同,甚至因校而异。教授只有参与学术管理,执掌学术权力或学术资源,才能实现真正的学者治校,否则,学术权力有名无实,教授治校亦仅为海市蜃楼。当前,教师代表参与大学管理的组织体制尚不健全。尤其在中国,由普通教师参加的各种委员会多为咨询性质,处于可有可无的从属位置,教师群体对大学的学术事务、学术资源的分配与使用尚缺少决策权。

三、学术规范的法学思考

学者的学术权力通常由其在学科领域中的影响力和在学术组织中的学术地位所决定。学者在其专业领域内的学术造诣达到其他学者崇拜、景仰的程度就被称为学术权威。学术权威在行使学术权力时不应忽视资历相对较浅、学术地位相对较低的学者按公正、民主原则行使学术自由权。否则,对学者个人而言,可能会引发消极和不满;对组织而言,则会因出现少数权威形成的学术霸权,阻碍组织功能的实现。目前大学校园中出现的诸多"学术失范"现象,既是学者个体的学术道德滑坡所致,也与学术管理活动中的权力滥用有关。

1. 学术权威与学术失范

因为大学是"知识之府",知识是大学加工的材料,也是大学最重要的资源。在大学中,人们拥有知识的程度并不相同。如果某学者在某一学科、某一专业领域内学术造诣深、学术水平高、学术影响大,成为其他学者尊敬、崇拜的人物,这个人通常被称为学术权威。学术权威的影响力不是来自其在行政组织结构或其他学者心目中的地位,也不是出于世袭的传统权力。学术权威是一种以学术人员个人的学术修养、成就、经验、人品等因素为基础的影响力，是学者个人的威信和威望，没有制度机制保障其效能的发挥，也没有明确的法定影响对象。当然，学术权威一旦和行政地位如院长、处长、系主任、研究所长等结合起来，就使得其权威既来自个人的因素，又来自组织的因素，其影响力量就会明显增强。

学术权威是大学的名片，关涉大学的生存和发展。恰如20世纪30年代清华大学校长梅贻琦先生所言："大学者，非大楼之谓也，乃大师之谓也。"有学者从以下几个方面更为详尽地阐述了学术权威对大学发展的重要性：一是学术权威是大学中学术和学科的带头人。学术权威能够立足学科发展的前沿，洞察学科发展的脉络，引领学科发展的走向，推动学科发展的成果。二是学术权威是学术组织稳定的因素。在众多的学术人员汇集的学术组织中，由于学术权威本身的特殊品质和才能，使得其在一个学科或一个专业中受到尊重和推崇，这可在很大程度上减少学术人员之间的嫉妒和矛盾，使学术人员形成一种梯级结构，保持学术组织的稳定。三是学术权威是学校名望的一种象征。人们在衡量一所大学的地位时，主要是看其有多少具有高深学术造诣、享誉海内外的学术权威。四是学术权威是大学与外界沟通的纽带。大学中的学科从本质上说不是从属于某一学校，学科是没有校界和国界的，学术权威不仅在本校享有威望，而且在超出学校或者国家范围的某一学科领域享有威望。因此，学术权威的存在有利于把本校内的学科、专业和校外的同一学科或专业连接起来，获得信息、资金等各种资源，推动校内的学科、专业建设。五是学术权威在大学中有较大的影响。在关系到学校发展方向时，其更多的是代表学术发展的内在逻辑，这种权力如能很好地发挥作用，并和行政权力很好地结合，就可以保证大学既能够满足学术内在发展的要求，又能够满足社会的需要。①

学术权威是大学中客观存在的一种重要的学术力量,是重要的学术权力。大学应该善待学术权威,发挥其在学校重大决策尤其是涉及重要学术事务中的作用。当然,任何事物都有两面性,任何一种权力的极端化都会导致严重问题。学术权威本身的特殊地位也容易使其产生封闭、偏执和保守的倾向,甚至出现垄断学术资源,打压其他学者学术自由权的负面现象。张维迎先生曾经深刻地指出:对科学创造最大的阻碍常常来自那些已经功成名就的学者,因为他们已经有了自己的学术地位,已经有了自己的学术框架,有时会容不得新思想的出现,视任何新的思想为对其学术权威的挑战。在许多科研机构都存在这样的情况,在"家族制"普遍存在的高校尤其如此。学术权力的发挥不是基于学术认同与理解的基础之上,而是像行政关系中的上下级之间关系那样,可以采取强迫命令的方式要求一个比自己学术职称低或学术资历浅的学者服从自己的观点或见解。② 美国学者伯顿·R·克拉克也持大致相同的看法。他认为大学作为知识生产的核心组织,其运行弊端存在两种情况:"不是因为权力过度分散和宏观失控而使整个系统陷入四分五裂的境地,就是因为过分强调秩序和组织的统一而导致权力的垄断,两者必居其一。"他甚至认为学术垄断的危害性要比没有学术权威更大,"不过如果能够选择的话,前者的危害比较小,后者的危害则要大得多"。③

学术权威给大学带来的负面影响直接导致作为传统学术圣地的大学滋生种种学术乱象。④ 从 20 世纪 80 年代开始,在一片学术

---

① 张德祥:《高等学校的行政权力与学术权力》,南京师范大学出版社,2002 年,第 23 - 25 页。

② 张维迎:《学术自由、"官本位"及学术规范》,《读书》,2004 年第 1 期,第 90 - 97 页。

③ 伯顿·R·克拉克:《高等教育系统:学术组织的跨国研究》,杭州大学出版社,1994 年,第 306 页。

④ 虽然学术失范并非完全由学术权威造成,但即或多或少与学术权威有关。有的是拉大旗作虎皮,假冒学术权威;有的是采取不正当手段希望早日成为学术权威;有的是借口挑战学术权威,实为炒作自己。

繁荣景象中已经出现一些不正常的现象：署名某老专家的著作实际是出于其学生之手；挂着主编头衔的人连稿子也不看；将外国的书翻译过来加上中国的例子就产生了一种某某学；为了评奖或破格提升而虚报成绩；将已经发表过的成果改头换面当做新成果；职称只升不降形成实际的终身制；等等。① 关于大学中的学术乱象，学界有着不同的理解和界定。

有学者称之为学术不端行为。学术不端行为是指在学术研究计划、经费申请、研究行为、研究评审和研究报告等学术和研究活动过程中伪造、篡改、剽窃及其他严重背离学术界所普遍接受的学术规范、公认道德以及滥用和骗取科研资源、严重背离社会公德、社会规则。② 但是，不应该包括学术活动中诚实性过错和不同意见争鸣。中国科学院发布的《中国科学院关于加强科研行为规范建设的意见》中，系统地列举了科学研究中的 6 种学术不端行为：其一，在研究和学术领域内有意作出虚假的陈述，包括编造数据；篡改数据；改动原始文字记录和图片；在项目申请、成果申报，以及职位申请中作虚假的陈述。其二，损害他人著作权，包括侵犯他人的署名权；剽窃他人的学术成果或引用时故意篡改内容、断章取义等。其三，违反职业道德，利用他人重要的学术认识、假设、学说或者研究计划，包括未经许可利用同行评议或其他方式获得的上述信息；未经授权就将上述信息发表或者透露给第三者；窃取他人的研究计划或学术思想据为己有。其四，研究成果发表或出版中的学术不端行为，包括将同一研究成果提交多个出版机构出版或提交多个出版物发表；将本质上相同的研究成果改头换面发表；将基于同样的数据集或数据子集的研究成果以多篇作品出版或发表，各作品间无密切的承继关系。其五，故意干扰或妨碍

---

① 葛剑雄：《消除学术腐败和不良学风的外部条件》，《社会科学论坛》，2002 年第 1 期，第 47－49页。

② 董兴佩：《学术不端行为惩戒立法论纲》，《山东科技大学学报（社会科学版）》，2007 年第 5 期，第 26－32 页。

他人的研究活动,包括故意损坏、强占或扣压他人研究活动中必需的仪器设备、文献资料、数据、软件或其他与科研有关的物品。其六,在科研活动过程中违背社会道德,包括骗取经费、装备和其他支持条件等科研资源;滥用科研资源,用科研资源谋取不当利益,严重浪费科研资源;在个人履历表、资助申请表职位申请表以及公开声明中故意包含不准确或会引起误解的信息,故意隐瞒重要信息。

曾任美国斯坦福大学校长的唐纳德·肯尼迪则认为上述行为属于学术不正当行为,并且将不正当行为划分为 3 类:"第一类涉及署名和学术声誉的分配问题以及偶尔由有关学术指导关系而引发的争议;第二类包括非法盗用其他人的观点或者表述,这种现象有时会在研究资助评审和成果发表评审时出现;第三类是故意篡改数据或实验结果,这主要发生在自然科学领域。"①

更有学者直接称之为学术腐败。学术腐败是指在学术活动领域中,拥有学术权力和行政权力的个人或集体为谋取个人私利或集团利益滥用权力而违反学术道德、违背学术良知的行为。学术腐败可从以下几个方面来理解:第一,学术腐败的主体是手中掌握学术权力和行政权力的个人和集体。第二,学术腐败的客体是学术道德和学术规范。学术腐败是对学术道德和学术规范的侵蚀和腐蚀,是从事学术研究活动的主体在进行学术研究活动的整个过程及结果中没有遵守理应遵循的行为准则和规范的行为。第三,学术腐败的动机是为谋取个人或小团体的利益。学术腐败主体所追求和取得的利益不是公共的利益,而是私人的利益。第四,学术腐败是其行为主体对手中权力的滥用。拥有学术权力和行政权力的人或因一己私利,如为了拉帮结派,聚集个人势力,形成学术垄断;或因小集团利益,如为了保护某个学术派别的地位;或因受贿,以手中权力作为交易,而在学术活动中滥用学术权力。第五,学术

---

① 唐纳德·肯尼迪:《学术责任》,新华出版社,2002 年,第 262 页。

腐败的后果相当严重。学术腐败严重影响学界的纯洁,玷污大学净土,沉重打击那些真正具有实力和水平的学者,学术腐败的黑色蔓延会逐渐阻碍社会的进一步发展。① 这种观点得到部分学者的呼应:"学术腐败是指学界一些集体和个人为谋求个人和小团体私利,在学术研究和学术评价活动中采取的种种非理性和不规范的行为表现。目前学术腐败主要表现在官学一体化、学术研究的功利化与商业化运作、学术评价活动的非理性化、文人相轻与学术的不公平、泡沫学术和泡沫教育等方面。"②

也有学者反对学术腐败一说。顾海兵在其文章中指出:"严格来说,我不赞成使用学术腐败这个词。因为第一,它不能全面地描述我国学术界所存在的问题,学术界的许多问题不属于公权私用范畴;第二,易于把不属于腐败的问题当做腐败问题,这样不利于对症下药;第三,定性不准易于把问题严重程度夸大,甚至只为轰动效应而损害学术人员的社会地位,不利于学术的发展。"在反对这种行为被称为学术腐败的同时,顾海兵认为使用学术不良行为这个词更为贴切。"因为学术不良行为既可以包括学术腐败,又可以包括够不上或不属于学术腐败的问题,如抄袭他人成果等;既可以包括违法行为,又可以包括不属于违法的行为,如违纪行为、违心行为、违理行为;既可以包括有罪行为,也可以包括似罪非罪行为、有错行为、不当行为。使用学术不良行为可以使我们更好地把握学术界与非学术界问题之差异,也可以进行不同历史阶段之间的比较,可以进行国际对比。"③

---

① 傅萍:《学术腐败界说》,《现代大学教育》,2004 年第 5 期,第 30－33 页。

② 郑良勤、赵燕:《论学术腐败的表现及其危害》,《华北水利水电学院学报(社会科学版)》,2001 年第 4 期,第 87－90 页。有学者将学术腐败划分为 3 大类型:其一,各种学术评选活动中的腐败。如最为普遍的专业技术职称评定和硕士点、博士点的增设和评选,早已成为人人心照不宣的"公关大战"。其二,"学霸现象"。这里所说的"学霸",并不仅仅是指学术权威的霸道作风,而是泛指所有利用权力之便在学术活动中以权谋私、行使霸道的行为。其三,"以官谋学"。指具有一官半职者,利用职务之便谋取学术名称和学术利益(李运抟:《学术腐败 3 大类型》,《文学自由谈》,2001 年第 3 期,第 104－108 页)。

③ 顾海兵:《学术不良行为:类型与治理》,《河南社会科学》,2003 年 3 期,第 58－60 页。

本书认为把政治领域和经济领域中的"腐败"一词引用过来，将以上现象称之为"学术腐败"，这种定性是不恰当的。以上现象可以定性为个别学者的学术失范，如果定性为"学术腐败"，则会将个别现象扩大化，产生以点带面的不正确认识，而使用学术失范显然更为贴切。"归纳起来，目前出现的高校学术失范现象主要有以下几类：一是剽窃、抄袭他人研究成果。这也是最为人们所关注的现象。二是伪造、拼凑、篡改科学研究、实验数据和文献资料。三是低水平重复。四是故意夸大研究成果的学术价值、经济与社会效益，以及以其他方式谋取与学术研究相关的利益。五是在科研项目申报、评审中弄虚作假、搞裙带关系。六是违反学术论著引文标准等。"①

2. 学术失范的权力因素

针对上述学术失范现象的产生原因，学者们给出不同的思考结果。

郑良勤认为主要有以下 4 个方面的原因：一是我国学术机制存在的严重弊病；二是学人的浮躁和急功近利；三是学界没有完全健康的学术风气；四是学术出版活动的无序与编辑自律行为的懈怠。②

贺幸平认为学术失范主要由于法律规范的缺失、管理机制的弊端、职称制度的弊端、功利本位的影响、学术批评的丧失、不良风气的影响等原因所致。③

程方生认为学术失范源于价值观的扭曲、教育研究的缺失、学术评价的偏颇。④

---

① 孔文清、金武刚、费斌：《高校学术失范的伦理思考》，《扬州大学学报（高教研究版）》，2002年第 4 期，第 63－66 页。
② 郑良勤、赵燕：《论学术腐败的表现及其危害》，《华北水利水电学院学报（社会科学版）》，2001 年第 4 期，第 87－90 页。
③ 贺幸平：《学术腐败的成因与治理》，《求索》，2006 年第 9 期，第 125－126 页。
④ 程方生：《教育学术腐败探源》，《教育评论》，2002 年第 1 期，第 4－6 页。

曹妮妮认为学术失范主要是由于学术信用体系缺失所致："没有信用的国家、地区或企业，没有人敢与你合作或做生意。同样，信用危机必然导致学术危机。没有信用的学者、学校或学术期刊，没有人会相信其学术论文和研究成果，那些靠学术作假起家的博士、硕士及教授，对社会的危害更加无法估量。"①

陈中文从大学内部体制的弊端和社会不良风气的影响内外两个层面作出较为详细的剖析。他认为大学管理体制的弊端表现为以下几个方面：其一，行政与学术不分，职称异化。权力与学术结合，造成既是裁判员又是运动员的现象，使评判体系扭曲。其二，学术评价机制不科学、不完善。一些大学科研管理部门由于缺少对科学研究规律的认识，以至于科学研究的调控机制和管理手段不全面，造成了导向方面的失误，助长了浮躁情绪。其三，学术批评功能丧失。由于同行或师生关系，彼此抬桩，学术批评成为学者表扬与自我表扬的化妆品和遮羞布，在学术批评中，"你好我好大家都好"的温情主义、矫情主义和虚情主义盛行，而真正的学术性则被阉割。其四，学术荣誉终身制的弊端。现行的职称制度是终身制，一旦评为教授，就终身享此荣誉。这种终身制的结果，容易滋生没有学术造诣的教授和"学阀"。社会不良风气影响主要表现为：其一，"官本位"思想作祟。成果出来后，首先想到的不是同行的意见，而是领导的看法；甚至有不少学者把学术当做"入仕"的敲门砖，美其名曰"曲线提升"。其二，名利思想入侵"净土"。迅速致富，迅速出名，似乎已成为社会衡量成功与否的首要标准；至于以何种手段、走哪条路径致富成名反倒显得不那么重要了。其三，媒体炒作。不少浮躁现象的产生都离不开媒体的炒作和推波助澜。媒体报道某一科研成果时，往往采纳当事人的口径对其进行评价，

---

① 曹妮妮：《学术信用体系——防止学术腐败的必由之路》，《情报资料工作》，2003年第2期，第22－23页。

由此造成一些报道失当,有的甚至还任意拔高。①

上述针对学术失范成因的分析是全面而深刻的,本书更关注学术失范的权力因素,即大学学术权力对学术失范有没有造成内在影响、造成何种程度的影响。本书认为学术失范的权力因素表现在以下几个层面。

首先,大学学术权力程序合法性的欠缺。学术权力的程序合法性与大学学术权力的形式合法性问题密切关联,它主要从权力来源和权力行使的角度审视学术权力是否符合国家相关法律法规及大学内部相关的规范性法律文件所规定的程序、规则、方式。如果学术权力的产生符合上述相关法律法规及规范性法律文件所规定的程序、规则并严格遵循民主程序,其合法性基础便是坚实而牢固的;反之,则蕴涵着深刻的合法性危机。

从权力来源的角度看,有学者撰文针对我国大学学术权力的构建给出否定性评价:"目前,大多数高校都成立了学术委员会、学位评定委员会以及其他名称的主要由教授组成的学术组织,(这些组织)实际在行使着教授治学的职能,包括学位评定与授予、教学科研成果奖的评定或推荐等。名义上,这些学术组织是作为教师群体的代表在行使学术权力,但实际上这些委员会大多不具有这种权力的合法性。这是因为在几乎所有的高校中,学术委员会、学位评定委员会等各种学术组织成员的人选主要由高校各级党政部门确定,而不是由教师或教师的代表选举产生,通常也不会在一个较大的范围中征求教师的意见。这样产生的各种委员会的成员实际上很难真正代表教师群体的意愿,他们至多代表本人所在的院系和学科的利益。"②

从权力的行使角度分析,学术领域的人员更迭比较缓慢,学术

---

① 陈中文:《高校学术腐败现象之透视与对策》,《黄冈师范学院学报》,2002 年第 2 期,第 89－92 页。

② 知非:《教授如何"治学"?》,《人民政协报》,2005 年 10 月 26 日。

组织成为充满"熟人"的狭小空间，程序规则更容易成为空文。"以课题管理中的评审为例，在相当一部分课题申报工作中，本人不回避，自己做自己的评委，本单位人员不回避，有密切学缘关系者，如有直接师生关系者不回避，造成评委串通，徇私舞弊；结题时自己选评委，被评者把评委客客气气请来，吃住行安排妥帖，完事后再支付评审费，这样怎么会有结不了的课题？因此，'立项时分赃'、'结题时吹捧'的现象在科研项目管理中也就屡见不鲜了。"①

其次，学术权力"公共性"的缺失。所谓"公共性"，一般是指"某一文化圈里成员所能共同(其极限为平等)享受某种利益，因而共同承担相应义务的制度的性质"。② 就公共性的性质而言，其对社会具有广泛的影响。其影响不是局限于特定的集团，而是面向社会全体。同样，学术权力主体对权力的行使，总是以大学整个学术发展名义进行的，对学术公共事务的评估和裁断应是大学学术权力的核心功能。但如果学术权力的构成及实施机制为大学组织内的个体或某门派所把持，造成公共性的缺失，势必导致学术偏私。

学术权力"公共性"的缺失受两大因素的影响：一是"单位本位意识"。虽然学术权力主体往往扎根于学科，是学科的代表者和代言人，但仅仅从学科知识论的角度来理解和界定学术权力主体的身份，未免有些简单化。因为学术权力主体事实上还有一个"单位—部门"归属的问题。作为学科代言人，学术权力主体在从事学术事务管理过程中，应严格遵守学科规则和学科体系内约定俗成的学术规范；但作为"单位—部门"的一员，学术权力主体往往又是部门利益的代表者。这就导致在学术事务管理和学术资源分配过

---

① 陈韶峰：《试论学术评审中的委员会决策》，《高等教育研究》，2003 年第 5 期，第 63～67 页。
② 李明伍：《公共性的一般类型及其若干传统模型》，《社会学研究》，1997 年第 4 期，第 110～118 页。

程中,如果学术权力主体的"单位—部门"本位意识强烈,则会无视全局,从而导致学术权力公共性的丧失。二是个人权威的过度使用。应该承认,以知名教授为主体的学科带头人是推进学科发展的最重要力量。中外大学发展的历史已经证明,以学术权威为核心的学术团队的形成,是学科走向成熟和发展的最基本的条件。但值得注意的是,在一些特定条件下,学科带头人的学术权威过度发展,往往导致学术权力公共性的丧失。西方大学讲座制背景下教授权力的膨胀以及由此导致的对学科资源的垄断和对学术新生力量的抑制便是明证。美国学者伯顿·R·克拉克曾对上述情形作了如下描述:"从19世纪20年代发展起来的操作层次,特别是它的'讲座'形式的局部控制,到19世纪末,有许多已经变得僵化,已经变成凝固的权力,负责管理的教授已经发展了他们的既得利益,使在他们领域内兴起的新专业作为亚专业保留在他们自己研究所以内,而不允许它们成为新的研究所或独立的讲座。"[①]有鉴于此,从20世纪60年代开始,欧洲国家陆续实现了由"教授垄断"的讲座制向"系科制"的转变,以在更大的程度上实现基层学术民主,同时也是对学术权力"公共性"的捍卫。

最后,学术权力责任机制的缺位。"从理论上讲,委员会既然被授予一定的权限,就应当对相应权力之行使结果负责。但任何人都不会愿意对那些只代表了自己部分利益和观点的决策及其实施负完全的责任,包括委员会主席。权力与责任的分离是委员会的主要缺陷之一,它可能导致没有任何成员去关心委员会的公平与效率。黑箱评审既然公开评委的组成,则利益相关者对其施加影响已在所难免,却又采取不记名投票、不记载投票理由,那么评委就更无须担心承担责任,他们可以在投票时无限制考虑不相关

---

① 伯顿·R·克拉克:《探究的场所:现代大学的科研和研究生教育》,浙江教育出版社,2001年,第38页。

因素。"①美国斯坦福大学前校长唐纳德·肯尼迪对大学在处理学术失范行为过程中所表现出来的软弱和无奈有着极为深刻的体验,他曾在《学术责任》一书中写道:"历史的记录是耐人寻味的。一方面,即使对某些学术欺骗行为十分清楚,科学家们也宁愿对其保持沉默,而不愿意因将其公之于众而使学术声誉受到玷污;另一方面,有关委员会和专门小组在分析具体事件时十分粗糙,在执行规定的诉讼程序时也很不严格。"②在唐纳德·肯尼迪看来,面对发生在大学内部这些学术失范行为,无论是作为个体学术权力载体的知名教授,还是作为集体学术权力载体的各种类型的委员会,都表现出令人难以容忍的无所作为。对于学术权力的主体而言,是一种典型的"责任缺位"。而对于社会公众而言,则意味着对学术权力存在严重的信任危机,他们对学术委员会表现出极大的不信任,称其为"患有软骨病的'学术居委会'"。"学术委员会本该是学术尊严的保护神,但在现有高校权力结构中,学术委员会更像是'学术居委会',需要的时候未必见得到人影,见到了人影也未必说得上话,说得上话又顶多不过充当和事老。"③

3. 学术权力的规范行使

上述学术失范的权力因素提示我们,学术权力作为一种权力,在制度设计上与行政权力一样需要约束和规制,不仅要使其保持在合理行使的限度内,而且要使其沿着规范性的轨道运行,避免其在行使过程中的绝对性、无序性和随意性。学术权力的规范行使可从以下几个方面入手。

(1) 学术权力要遵循程序正义的原则

程序正义不同于实质正义,它的着眼点不是正义的具体内容,

---

① 陈韶峰:《试论学术评审中的委员会决策》,《高等教育研究》,2003 年第 5 期,第 63 - 67 页。
② 唐纳德·肯尼迪:《学术责任》,新华出版社,2002 年,第 278 页。
③ 魏英杰:《患有软骨病的"学术居委会"》,《中国青年报》,2005 年 12 月 26 日。

而是正义的普遍形式。"程序中心主义"是现代法治社会的基本理念,这种以程序为中心的法律制度,坚信实体正义是无懈可击的,并且只是程序正义意料之中的派生物或副产品。程序正义维护的是程序规则的权威,程序公平就是在同一程序规则面前人人平等。有学者以学术评审为例,认为程序正义的价值在于:第一,在程序面前人人平等,保证评审对象(人、机构、课题设计、研究成果等)受到公正对待,平等竞争,任何人不享有特权。第二,以一套公正的程序规则来保证科学的评审标准得到贯彻。第三,它使评审结果具有可受性,只要程序公正并得到严格执行,人们便可以接受评审的结果。①

学术权力要遵循程序正义的原则必须做到以下几点:一是学术权力组织的成员组成要体现民主原则,即要将学术组织成员选拔的时间、地点、形式、规则和标准公开,防止和杜绝暗箱操作以及个人指派,消解权力相对人对权力合法性的质疑。二是实行回避制度。回避制度是指在学术权力行使过程中,凡与相对人有着某种特殊关系的学术机构的成员不得参与该项评审活动。如被评审人员与评审组成员有私人恩怨关系或其自身就是评审组成员,则该评审组成员应自行回避,以保证评审活动的客观公正。三是保障权力相对人的相应权利。现代管理理论表明,相对人不是纯粹的管理客体,也不是被动地接受决定的对象,而应通过程序的双向构造,积极地吸纳相对人参与学术权力的行使过程,使其知晓权力行使的状况,并及时听取其意见和解释,以保证所作决定的准确性。四是建立听取相对人意见的制度。有关学术权力机构作出对相对人不利的学术决定时,应及时告知相对人,并向其具体说明理由,充分听取其意见。重大学术事务或活动中作出对当事人不利的决定时,还应告诉相对人有要求举行听证的权利,以便在公开场合进行质证和辩论。此外,还应告知相对人对决定不服时的权利

---

① 张保生:《论程序正义与学术评审制度的建构》,《学术界》,2001 年第 6 期,第 148 – 157 页。

救济途径。

（2）学术权力要恪守学术性特质

学术权力的基础是学术，学术权力遵守学术性特质的根本要求在于以下几点。

一是权力行使的主体只能是学者，而不能是行政官员，其权力行使是基于学者的学术水平和学术能力。它的合理性主要是源于专业和学术专长，而不是源于职务和组织。因此，学术权力有责任保持权力主体的纯洁性，应有一整套的制度防止外行人士混进组织中来。

二是权力作用的范围只能是学术事务，而不能是对其有巨大利益诱惑的非学术事务。行政权力与学术权力作为大学两种基本权力形态，缺一不可。"对行政权力的过分强调必然会影响从事学术活动者的积极性和创造性，而过分的松散的学术权力则将有损于大学效率的提高和整体目标的实现。"[1]这表明学术事务是学术权力的疆界，不可逾越。

三是学术权力作用的目的是保障学术自由。学术权力的合理性是以学术自由为标准和界限的。学术自由作为学术研究活动中的一项基础权利，既表现为学者个体的权利，又表现为学者集体的权利，即除了个人所享有的从事真理探索和发表研究成果的学术自由之外，大学的"自治"或"自主权"还意味着集体的学术自由。学术自由可以说是学术权力最重要的价值支柱。[2] 保障学术自由既要完善保护学术自由的外在制度，建立保障学术自由的法律法规，反对滥用行政手段干预学术自由，又要培育以学术自由精神为核心的内在制度，弘扬学术独立意识，整饬学术道德，重建学术规范，开展正常的学术批评，营造宽容的学术氛围。

---

[1]　薛天祥，等：《高校教育发展中的大学校长权力》，《高等教育研究》，1996 年第 3 期，第 3－6 页。

[2]　肖松清：《大学学术权力的边缘化及其诉求》，《辽宁教育研究》，2006 年第 5 期，第 19－21 页。

　　(3) 健全学术权力的责任机制

　　将大学学术权力的运行置于人类社会由传统向现代转换的宏观历史背景之下分析会发现,伴随着社会的发展演进,大学逐渐由"边缘"走向"中心",开始承载民族、国家、地域等诸多使命。同时,在大学规模越来越大、大学管理日益复杂变化的情况下,必须重新审视、设计大学内部的权力构造,不能再简单地以学术自由为名来推卸责任。因为"科学研究已不再是研究者个人探索的事了。现代科学研究已成为一项集体性的活动,它不仅离不开政府的巨大投资和一贯支持,而且也需要大学本身的支持。既然大学在促进科学研究方面扮演着一个重要的角色,那么我们可以认为,大学已不能再逃避责任,应该为其在实验室开发的研究成果所带来的任何不利影响负责。"①大学学术权力的责任机制是大学得以持久并承担社会责任的基本保证。"大学必须尽力保证政府规定的严格执行;大学必须依据现行规定建立道德评估委员会;大学必须遵守安全规则,必须实行检查制度;大学必须制定审计程序,确保政府研究经费支出与相应的拨款条件或合同相符合……大学还应关心基本的学术价值问题,例如,大学应该对篡改数据资料和操纵研究结果的研究者实施处罚,而且大学同样也会鼓励其教师尽可能地提高警惕,查明和阻止各种不正直的行为。"②

　　令人欣慰的是,为了健全学术权力的责任机制,我国政府相关部门出台了一系列规范学术权力的法律规章。例如:2001 年中国科学院公布了《中国科学院院士科学道德自律准则》,2002 年教育部制定了《关于加强学术道德建设的若干意见》,2004 年国家自然科学基金委员会出台了《监督委员会对不端行为处理办法》,2004年教育部下发了《高等学校哲学社会科学研究学术规范(试行)》,

---

　　①　德里克·博克:《走出象牙塔——现代大学的社会责任》,浙江教育出版社,2001 年,第212 - 213 页。

　　②　同①,第214 页。

2006 年科学技术部发布了《国家科技实施计划之内过科研不端行为处理办法(试行)》,2007 年国务院正式颁布了《国家自然科学基金条例》。特别是作为教育主管部门的教育部,还就加强学风建设问题提出了"8 个提倡"、"8 个反对",即"提倡解放思想、与时俱进,反对因循守旧、故步自封;提倡求真务实、严谨治学,反对哗众取宠、急功近利;提倡文人相亲、学术民主,反对文人相轻、门户之见;提倡学术自律、尊重他人,反对投机取巧、抄袭剽窃;提倡精品意识、锐意创新,反对心浮气躁、重复劳动;提倡学术批评、学术责任,反对一团和气、恶语伤人;提倡持之有故、言之成理,反对粗制滥造、言之无物;提倡科学评估、公平竞争,反对请客送礼,徇私舞弊。"这些做法无疑对强化学术权力责任机制起到良好的促进作用。

为了将学术权力责任机制落到实处,建立学术权力的纠纷解决机制不可或缺。在所有的纠纷解决机制中,诉讼方式是解决纠纷最重要和最权威的救济手段,最能实现社会正义。然而,我国教育法律法规没有规定学术权力纠纷的司法救济途径,《行政诉讼法》也只是规定了对人身权、财产权的司法救济,司法介入学术权力纠纷似乎显得法律依据不足。同时,从司法实践看,基于学术问题的专业性和复杂性,司法机关只对学术权力行使的程序进行审查,而不介入实体性的学术问题,即当相对人以学术机构或人员违反法定程序、正当程序原则行使学术权力致使其合法权益受到损害而向法院起诉时,法院应予受理,并根据具体情况作出裁判。因此,建立学术权力的纠纷解决机制的重点在于建立学术权力纠纷仲裁制度。仲裁制度具有专业性、中立性和一裁终局性的特点,由于法官只是专于诉讼程序操作和认定事实规则的技术方面,而不能超越自己的专业知识和经验,不能以自己的无知替代专家学者的专业判断。因此,解决学术权力纠纷最理想的方法是将其交由学术仲裁机构进行裁判。此处的学术仲裁是指大学师生将学术权力纠纷提交给依法设立的学术仲裁委员会,由其设立学术仲裁庭来处理纠纷并作出对双方当事人都有法律约束力的裁决,从而解决学术权力纠纷的活动和制度。学术仲裁委员会是一个由各学科专家组成的独立的中立机构,它不依附于任何教育行政机关和大学,因此,"在处理案件时,由双方当事人从各学科的专家库里选择仲裁员组成仲裁庭,仲裁庭在裁决案件过程中实行公开、回避、合议、辩论原则,仲裁庭在查清案件事实、认定证据和听取各方当事人意见基础上,依照法律规定和科学原理、规则作出裁决。"①

---

① 谢尊武:《高校学术权力的法律规制》,《长沙理工大学学报(社会科学版)》,2006 年第 2 期,第 61－64 页。

第五章　大学自治与权利保障

一、大学生权利的理论概述

我国的大学自治是在依法治国的时代背景下展开的。随着我国法治化进程的渐次深入，法治理念渐入人心，大学生群体权利意识高涨，大学自治受到前所未有的挑战。出现了以田永诉北京科技大学案、刘燕文诉北京大学案为代表的数起学子告母校案件。这些案件引起了教育界和法学界的共同关注，也引发了激烈的论争。赞成者对此欢欣鼓舞，认为这是我国法治化进程的必然走向，有利于维护学生的合法权益，促进大学管理的现代化。反对者为之忧心忡忡，认为这是法治化的误区，破坏了我国改革开放以来正在不断生成的大学办学自主权，阻碍了大学自治与学术自由的大学发展逻辑。赞成也好，反对也罢，大学自治中如何保障大学生权利已经成为大学管理者不容回避的问题，如何促进大学自治和大学生权利保障的协调发展成为教育法学关注的热点。法学是权利之学，法治精神是权利本位，对法治视野中大学自治的思考与解答必须从权利开始。

1. 权利理论的法哲学思考

在权利的法哲学研究中，一个重要和基础的问题是要揭示权利的实质，也就是要对权利是什么的问题作出回答。权利作为人类社会的一种文化现象,历史上不同时代的思想家从不同的侧面对其作出不同的解释。据粗略统计,西方思想史上关于权利的定义有数十种之多。英国《牛津大辞典》"权利"条目的编纂者对此不无感叹地写道:"权利(right),这是一个受到相当不友好对待和被过度使用的词。"①对权利的界说主要有以下 8 种:其一,把权利理解为资格,即去行动、占有或享受的资格;其二,把权利理解为具有正当性、合法性、可强制执行的主张,即以某种正当的、合法的理由要求或吁请承认主张者对某物的占有、要求返还某物或要求承认某事实(行为)的法律效果;其三,把权利理解为自由,即法律允许的自由——有限制但受到法律保护的自由;其四,把权利理解为法律所承认和保障的利益;其五,把权利理解为法律赋予权利主体的一种用以享有或维护特定利益的力量;其六,把权利理解为法律规范规定的权利人作出一定行为的可能性以及请求国家强制力量给予协助的可能性;其七,把权利理解为法律所保障或允许的能够作出一定行为的尺度,是权利主体能够作出或不作出一定行为,以及要求他人相应的作出或不作出一定行为的许可或保障;其八,把权利理解为在特定的人际关系中,法律规则承认个人(权利主体)的选择或意志优越于他人(义务主体)的选择或意志。② 上述几种权利界说都是从权利的某一侧面(主观属性、社会属性、外部表现等)揭示了权利的本质,为正确认识权利提供了帮助。

综合上述权利的界说,本书对权利作如下界定:权利是社会或法律承认和支持的自主行为和控制他人行为的能力,表现为权利人可以为一定的行为或要求处分他人作为(不作为),其目的在于保障权利人一定的物质利益或精神利益。据此,权利包含 3 个不可分割的要素。其一,行为的自由性;其二,请求履行与权利相关的义务的能力;其三,权利受到侵害时,请求追究法律责任的能力,

---

① 沃克:《牛津法律大辞典》,光明日报社,1988 年,第 773 页。
② 张文显:《法理学》,法律出版社,1997 年,第 100－101 页。

"无救济即无权利"。

权利的分类也是权利的法哲学理论中不得不涉及的一个问题。依据不同的标准,可对权利作相应的分类。

第一,基本权利和普通权利。这是按照权利所体现的社会内容的重要性及层次性的标准进行的分类。基本权利是指人们在基本的政治、经济和社会生活中所享有的权利。它是人们在基本的政治关系、经济关系、文化关系和社会关系中所处地位的法律表现,通常由宪法或基本法加以确认或规定。例如,我国公民的基本权利就是由《宪法》第二章确认和规定的。普通权利是指人们在普通的经济生活、文化生活和社会生活中的权利,它通常由宪法以外的法律、法规加以确认和规定。

第二,公民权利、集体权利和国家权利。这是以主体身份标准而作出的分类。公民权利是指公民个人依法所享有的政治、经济、文化、社会等权利,通常又称为个体权利。集体权利指社会的集合体(包括阶级、民族、政党、社会团体、企事业单位等)所享有的权利。国家权利是指国家作为一个整体对内和对外所享有的权利。

第三,原权利和补救权利。这是从权利之间的因果关系所作的分类。原权利又称为第一性的权利,是指未经侵害就存在的法定权利或法律关系主体通过法律实践而创设的权利。补救权利又称第二性的权利,是指权利主体在原权利受到侵害时而产生的权利。

第四,绝对权利和相对权利。这是按照权利相对人的效力范围所作的分类。绝对权利是指权利人无特定的义务人与权利人相对的权利,世上一切人都是其义务人,所以该权利又称为对世权。相对权利是指权利人有与之相对的特定义务人的一种权利,又称为相对人权。

第五,公权利和私权利。这是从权利的来源及行使的主体而作出的分类。公权利来源于私权利的集体让渡,其行使由国家机关或其授权的机关来行使。①

第六,应有权利、法定权利和现实权利。这是从权利的实践出发,依据权利存在的形态所作的划分。所谓应有权利是权利主体在特定社会物质生活条件和文化传统下产生出来的权利需要和权利要求,是主体认为或被承认应当享有的权利。它是权利的初始状态,构成权利的价值基础和伦理指向,为改进有关权利的立法提供评价标准。法定权利是指通过实在法律明确规定的权利形态,为人们提供明确的行为模式,从而导引人们作出或者不作出某种行为。它是权利存在的主要形态,自始至终都处于应有权利和现实权利的中间位置,起着中介作用。现实权利着眼于权利的实践,即体现在具体法律关系中,是主体实际享有和行使的权利。它既是权利运行的终点,又是新权利运行的起点。法治化的过程体现为权利的运行过程,因而权利的实现程度就成为分析和评价法治状态和法治模式的重要参数。法治实际上就是一个有选择地将应当有的而且能够有的,但还没有法律化的自然权利确立为以规范形态存在的法定权利,并提供必要的条件促使权利主体在具体的法律关系中,实际享有这些权利,使权利从应有转化为法定,再从规范形态转化为现实状态。很显然,从法治文化视角分析权利,应有权利、法定权利和现实权利的分类更值得关注。"要认真对待权利,就应关心应有权利、注重法定权利、着眼于现实权利,使权利内化为实现人的价值与尊严的普遍理性力量。"②为了更清楚地说明该问题,现以大学生完成规定的学业后有获得相应的学业证书为例加以说明。在《高等教育法》颁布之前,大学生完成规定的学业后有获得相应的学业证书、学位证书的权利是大学生被社会广泛承认的权利,是一种应有权利。《教育法》颁布之后,法律对此作出明确规定,就转化为法定权利。如果某位大学生完成规定的学业

---

① 杨春福:《权利法哲学导论》,南京大学出版社,2000年,第71-73页。
② 程燎原、王人博:《赢得神圣——权利及其救济通论》,山东人民出版社,1998年,第344页。

获得了学业证书、学位证书就实际享有了这个权利,就转化为现实权利。

权利推定是权利的法哲学中一个不容忽视的问题。所谓权利推定是指法律上已明示的某个或某些权利以法律原则及法律的基本精神与立法宗旨为依据,推定与之相关的其他应有权利的合法性。这种推定"大多数表现为法解释上的推论或推拟,从而将那些由宪法和法律予以确认的明示权利所隐含(或暗示)的权利揭示出来。这种在立法中虽未明确授权,而在法律上可视为具有授权意图的权利……为默示权利,通过一定的法律程序(如法律解释的主张)对默示权利予以确认,就使其有了明确的法律地位,并可与明示权利一样得到法律的保护。"①权利推定与应有权利、法定权利、现实权利之间有着内在的联系:现实权利构成了权利推定的事实;法定权利构成其目的;应有权利构成其价值基础。第一,在法律确认权利的过程中,除了那些立法者认为不符合统治阶级利益而不予确认,或受客观条件的限制而不能确认的权利以外,确实还存在着某些应被法律确认结果却被法律"漏列的权利",对"漏列的权利"进行实际的确认就是权利推定。毫无疑问,这些权利之所以被视为应当确认,是基于现实生活中的实际权利的要求。第二,从权利的推定过程看,不是先有了权利推定,才有某种法定权利,而是先有了现实权利的实际行为,并为了使这种行为合法化、普遍化才产生了权利推定。任何权利推定都是基于现实权利的事实,这说明了权利推定与现实权利之间的联系。从权利推定的结果来看,被推定的权利作为一种存在的实态,它只是法定权利而不是其他权利;若是应有权利,那么就没有"推定"的必要;若是一种现实权利,那么推定就失去了法律根据。这说明了权利推定与法定权利之间的联系。第三,从权利推定的价值基础来看,当一种被推定的权利成为一种法定权利时,其价值并非由法律所赋予,因为法律只

① 郭道晖:《论权利推定》,《中国社会科学》,1991 年第 4 期,第 146 - 153 页。

能赋予其效力而不能赋予其内在价值，而且，在权利推定过程中，应有权利自始至终都作为推定的客体价值而存在。没有应有权利，权利推定就丧失了前进的前提和基础。这说明了权利推定与应有权利之间的联系。权利推定应遵循一定的原则，其中最重要的是"法不禁止即自由"。意思是，凡是法律不禁止的事情就是公民的权利。法国《人权宣言》第 5 条规定："凡未经法律禁止的一切行动，都不受阻碍，并且任何人都不得被迫从事未经法律命令的行动。"此后，许多国家都把这一原则作为民主制度和法治制度的一项重要内容，我国也不例外。现以大学生婚姻权为例对权利推定加以说明。2005 年 5 月教育部制定的《普通高等学校学生管理规定》中，既没有规定大学生在校期间可以结婚，也没有规定不允许结婚，对于大学生的婚姻权就适用于权利推定。结婚是公民享有的一项基本权利，是应有权利，法律对大学生特殊群体结婚未加以限制就预示着大学生享有该项权利。

2. 大学生权利意识的觉醒

"权利意识是作为社会主体人的意识，是一种社会意识。权利意识是特定社会的产物，它产生于特定的社会关系，并受历史传统、文化价值、社会制度和经济发展水平的决定或制约。从本性上讲，人天生就有一种获取和追求意志自由的驱动力。"[1]大学生的权利意识具体体现在以下 5 个方面。

一是权利主体意识。权利主体是指权利的所有者或具有某项权利的人或组织。大学生作为公民，享有《宪法》规定的公民权利；作为受教育者，享有《教育法》和《普通高等学校学生管理规定》所赋予的受教育者权利；作为高等教育服务消费者，享有消费者的权利。大学生的权利主体意识就是对自己各种身份和角色的认识，能认识到自己的权利主体身份是享有权利的基础。

---

① 夏勇：《走向权利的时代》，中国政法大学出版社，1999 年，第 47 页。

二是权利认知意识。大学生对自己应该享有或实际享有的权利应有清楚的了解和认识,知道自己应该有什么权利及是否已经享有了这些权利。只有认知了自己的权利,才有内驱力和实践的动力,才有意识和胆量去积极追求自己的权利。

三是权利实现意识。大学生在大学学习与生活中主动将自己应该享有的法定权利转化为现实权利的意识。要使法定权利变为现实权利,就要有实现它的愿望和行动,没有权利实现的思想基础和行动,就难以依照法律途径维护自己的权利,保证权利的实现。

四是权利救济意识。权利救济意识即当权利被侵犯时主动寻求有效补救途径的意识。善于运用权利救济的人往往善于保护自己,使得自己的权利免于被损害。权利救济意识是权利得以实现的重要手段。

五是权利要求意识。这是指大学生在高等教育服务消费过程中,根据社会发展、高等教育事业的进步和法制条件的许可,向学校或政府提出新权利请求的意识。这是新的应有权利转化为法定权利的基础。大学生有较强的权利要求意识,才有可能使新的权利得以法定化并转化为现实权利。①

大学生权利意识深受我国传统文化的影响。"在对权利史进行考察的过程中,我们发现历史上权利制度的构成及其创建、运行和人的权利行为都涉及一定的文化问题。"②在我国的传统文化中,缺少现代意义上的权利概念。在中国古代汉语中,"权利"一词为动宾结构,意为权衡利害。《墨子·间诂》中"欲王权利,恶王权害"的"权利"就是这个意思。经学者考证,中国古代法律中,也没有与权利相类似的概念。究其原因,这与皇权至上的专制社会相关联。受传统文化的影响,中国传统教育强调学生应尽的义务而漠视其应享有的权利,教师享有绝对权威,学生只能被动服从,社会(包括

---

① 赵雄辉:《关于大学生权利意识的探讨》,《煤炭高等教育》,2007 年第 2 期,第 5 - 8 页。
② 程燎原、王人博:《赢得神圣——权利及其救济通论》,山东人民出版社,1998 年,第 325 页。

大学生本身)对大学生权利关注较少。随着社会的进步和法治化进程的不断推进，随着依法行政、依法治校理念的不断深入和高等教育各项改革的实施，一向被视为教育对象、管理对象的大学生的主体意识不断提升，法制意识和维权意识也不断增强。他们在接受教育的过程中，为了不断完善自我，根据自我的价值判断，越来越多地向学校和社会提出满足自我实现的条件和要求，即大学生权利意识正在不断觉醒。大学生在社会中，特别是在学校生活中，逐渐意识到他们是拥有权利的主体。传统的"天地君亲师"、"一日为师，终身为父"的观念遭到了学生的质疑或反对，在他们看来，大学不再是享有特权的管理者，其主要职责也不是发号施令与监督学生，而是协助各部门为大学生的成才与发展创造条件，大学生并不是管理对象，而是支付了交易费用之后享用教育服务的消费者，尊重大学生权利，保障大学生法定权利的实现是大学的法定义务。近年来，大学不断与学生产生纠纷，屡屡被学生起诉，且时常败诉，大学处于非常难堪的境地，目前这已成为和谐校园建设中非常不和谐的音符。这些诉讼的出现，一方面反映了在"依法治国"的今天，人们的权利意识得到了普遍的提高，越来越多的人，包括莘莘学子都在"认真地对待权利"并"为权利而斗争"；另一方面也反映了目前我国高校在管理过程中确实存在着一些不容回避的问题。大学生为了自身的权利要求将学校告上法庭，这预示着社会正走向"权利时代"，权利意识和法治理念正在深入大学校园。大学生权利意识的觉醒将极大地改变我国高校长期以来权利生态失衡的情况，推动大学管理朝着法治化和现代化的方向发展。大学生权利意识的觉醒有其深刻的社会根源，本书主要从大学生利益实现方式改变、大学生主体地位提高、高等教育理念转变3个方面进行分析。

(1) 大学生利益实现方式的改变，为其权利意识的觉醒创造了客观条件

在计划经济体制下，中国的高等教育遵循统一的模式运行，大

学生享受国家政策的特殊保护,从教育费用的政府供给到日常生活的经济补贴,从课程专业的硬性设置到毕业的统一分配,几乎所有的利益都通过国家政策与法令来保证实现,个人努力的作用微乎其微。在这种情况下,大学生对自身权利的关注自然很少,权利意识难以提高。然而,随着市场经济体制的建立和高等教育体制改革的逐步展开,大学生头上"天之骄子"的光环不再存在,其生存状态发生了很大变化,由免费教育转为收费教育,加大了大学生的经济压力,毕业后的就业由统一分配转为双向选择,更是把他们带进了社会竞争的汹涌浪潮,市场经济所遵循的自由竞争和等价交换原则越来越多地体现在大学生的利益实现上。相对于过去受到国家政策法令保护的利益而言,大学生原有的特权荡然无存,再也不能奢望仅仅依靠大学生身份的获得享有利益实现上的先天特权。社会要求他们必须奋发进取,努力提高综合素质,积极参与市场竞争,通过个人努力赢得社会的认可,以此实现人生价值。但由于我国的经济体制及教育体制本身尚有许多亟待完善的地方,社会对人才的要求与评价同大学对大学生的教育培养并不能完全一致,这给大学生利益的实现造成了很大的困难。因此,大学生迫切要求高校以及社会关心对他们的教育与培养,切实尊重与维护他们在接受教育方面的各项权利。

(2) 大学生主体地位的提高,为其权利意识的觉醒准备了主观条件

长期以来,我们一贯强调要尊重学生的主体地位,激发他们的主人翁意识,但是事实上,师道尊严的传统和学生的主体性之间还缺乏一个契合点。高等教育的免费制度导致大学生权利主体意识的淡化,随着社会环境的变化,特别是高等教育由免费教育向缴费上学制度转变以来,大学生主体意识已经逐渐增强。一方面表现为其作为消费者的主体意识的出现与增强,另一方面表现为其对自身存在价值有所判定,认为自身的存在对高等学校来说即是一种价值存在。长期以来,我国大学的生存及发展主要依靠政府的

财政支持,以行政拨款的方式来满足教育教学的资金需求,招生与就业状况的好坏,对大学生存及发展影响并不大。相反,由于大学生接受的是免费教育,处于一种被供养的状态,国家相关政策主要通过大学来贯彻落实,所以,他们对所在学校的依赖性大,这直接导致了大学与大学生在权利方面存在一种实际上的不平等,大学生的某些个性化要求和个人权利得不到尊重与保护。正因如此,尽管高等教育并没有放松对大学生主体意识的培养,已通过一些途径不断激发他们的主人翁精神,但往往收效甚微。追根溯源,恰恰是过去教育体制所造成的大学生主体地位的缺失制约了他们主体意识的增强与权利意识的觉醒。高等教育体制改革后,缴费上学制度的全面展开,彻底改变了这种状况。大学生由免费教育的接受者向教育服务的消费者转变,对他们而言,高等教育已不再是免费的"午餐",而是缴费之后应得到特殊的服务,大学也不再是他们各方面利益的决定者,而更应是收取费用后的教育服务的提供者。同时,教育体制的改革不仅扩大了高校办学的自主权,也改变了完全由国家拨款维持高等教育正常运转的办学模式,高校的生存与发展越来越多地取决于招生、教育、就业的良性循环,大学对大学生的依赖明显增强,大学生的主体地位及存在价值逐渐为大学管理者所重视。伴随着其身份地位的改变,大学生的心理状态与思想观念也发生了变化。他们的主体意识大幅提升,并开始以消费者的心态来看待大学的教育管理,用等价交换的眼光衡量、评价所在院校的教育资源、教育方式及教育质量,时刻关注自身权利的实现与维护。这种观念是大学生权利意识的心理基础,为其权利意识的觉醒准备了主观条件。

(3)高等教育理念的转变为其权利意识的觉醒准备了氛围

中国的教育具有数千年的历史,教育思想源远流长,但自古以来,教师一直被置于教育过程的主导地位,师道尊严神圣不可侵犯,对于学生强调最多的就是接受和服从,而质疑和创新往往被视为离经叛道。这种"师尊生卑"的学生观念持续了几千年。受传统教育观念的影响,在很长一段时期,中国的高等教育主要是从社会发展的需要来培养人,而很少从学生身心发展的要求来教育人;过多地关注教师的传授与管理,而忽视学生的独立思考与个性需求,对学生的权利漠然视之;一味地强调"严师出高徒",过分夸大教育管理者在学生培养中的作用,而忽略或贬低学生自主学习、自由发展的积极意义。在这种观念下,大学生的自主意识受到很大压制,各种权利要求得不到重视与支持,权利意识的觉醒亦无从谈起。随着民主与法制建设的深入和高教体制改革的展开,陈旧教育观念的弊端暴露无遗,中国教育界掀起了一场教育理念的大讨论,以学生为主体的教育观念逐渐为教育界所接受,传统的师生关系有了很大的改善,民主、平等的师生关系开始建立,大学生逐步被视为有思想、有情感、有意志、有需求的主体,大学生自主学习的意义获得普遍认可,他们在教育过程中的正当权利与合理要求也得到了理解与尊重,这些都为大学生权利意识的觉醒提供了一个相对宽松的外部舆论环境。在这样一种思想舆论氛围的推动下,主客观条件逐步成熟,大学生的权利意识不断觉醒。①

3. 大学生法定权利的内容

大学生法定权利的内容极其宽泛,它既包括大学生作为一个公民所享有的人身、财产等基本权利,又包括大学生作为一个受教育者所享有的受教育权。比如,对一个公民而言,人身权被认为是"天赋的权利"。以财产权为例,大学学生有独立的财产权,有财产受到妥善管理和保护权。大学生对其财产享有独立的所有权,只要不违法,学校无权没收其财产,也不能以学校的名义对学生进行经济处罚。学生在校学习期间,其财产应该得到学校的管理和保护。当学校没有尽到保护职责致使其财产受到侵害时,学校应承

---

① 张恩生:《和谐校园建设中的大学生正当权利保障问题研究》,华中师范大学 2007 年硕士学位论文,第 9−11 页。

担相应的民事责任。同时,大学生有使用学校公有财产的权利。学校有为学生提供其完成学业所必需的教育教学资源的义务。目前,有的学校盲目扩招,导致学校图书馆、教室、宿舍、体育场所等必要的教育资源不足,学生缴纳了高额学费却得不到相应的教育环境,这也可以认为是对学生财产权的侵犯。①

大学生的身份是受教育者,因此大学生法定权利的主要内容是受教育权。"大学生受教育权是受教育权的有机组成部分,是大学生在接受教育过程中所享有的各种权利的有机整体。简单地讲,大学生受教育权是指大学生在接受教育的过程中依照法律法规的规定可以作出或不作出一定行为的许可,以及要求他人为其接受教育而相应作出或不作出一定行为的保障。"随着社会的发展,一个人受教育权的实现程度,对其生存与发展的作用和影响越来越大,受教育权已成为当代人权的一项重要内容。正是由于基本受教育权对人们生存权、发展权至关重要的影响,受教育权的受重视程度空前提高,在很多国家受教育权成为宪法规定的一项基本权利。依照我国相关法律的规定,大学生受教育权具体包括下列内容。

(1)平等受教育权

平等受教育权是指一切受教育者不分性别、民族、种族、年龄、贫富和宗教信仰等,都依法享有平等的入学、升学、就业等方面的受教育权。《教育法》第 9 条规定:"中华人民共和国公民有受教育的权利和义务","公民不分民族、种族、性别、职业、财产状况、宗教信仰等依法享有平等的受教育机会"。第 36 条规定:"受教育者在入学、升学、就业等方面依法享有平等权利","学校和有关行政部门应该按照国家有关规定,保障女子在入学、升学、就业、授予学位、派出留学等方面享有同男子平等的权利"。《高等教育法》第 9 条规定:"公民依法享有接受高等教育的权利"。

---

① 杨咏梅:《大学生法定权利及其实现》,《教育发展研究》,2005 年第 9 期,第 56 - 59 页。

（2）全面发展权

全面发展权是指受教育者通过阅读、听讲、研究、实践等活动，获得相关知识和技能，从不断提高、丰富、充实、完善自己适应社会的能力，促进德、智、体诸方面发展的权利。《高等教育法》第4条规定："高等教育必须贯彻国家的教育方针，为社会主义现代化建设服务，与生产劳动相结合，使受教育者成为德、智、体等方面全面发展的社会主义事业的建设者和接班人。"学生的全面发展既是学生的权利，也是国家教育的目的和归宿。国家举办高等教育的目的就是通过对人才的培养促进社会的进步。《经济、社会、文化权利国际公约》第13条明确指出："缔约各国承认，人人有受教育的权利"，"并同意教育应鼓励人的个性和尊严的充分发展，加强对人权和基本自由的尊重，并应使所有的人能有效地参加自由社会，促进各民族之间和各种族、人种或宗教团体之间的了解、容忍、友谊，促进联合国维护和平的各项活动"。

（3）各种活动参与权

各种活动参与权是指受教育者积极参加学校按教育教学规律安排的各种活动，从而促进其身心健康成长的权利。《教育法》第42条第1款规定："受教育者享有参加教育教学计划安排的各种活动的权利。"《教师法》第8条规定："教师应当对学生进行宪法所确定的基本原则的教育和爱国主义、民族团结的教育，法律教育以及思想品德、文化、科学技术教育，组织带领学生开展有益的社会活动。""教师应当制止有害于学生的行为或有其他侵犯学生合法权益的行为，批评和抵制有害于学生健康成长的现象。"

（4）享受相应的教学质量服务权

享受相应的教学质量服务权，是指受教育者在学习期间，学校开展的教学、科研等活动，必须符合国家规定的标准，从而使学生获得相应的教学质量保证的权利。《高等教育法》第21条规定："高等学校应当以培养人才为中心，开展教学、科学研究和社会服务，保证教育教学质量达到国家规定的标准。"

（5）学业品德公正评价权

学业品德公正评价权是指受教育者享有在学业成绩和品德等方面获得国家、社会、学校的公正衡量和认可的权利，《教育法》第42条第3款规定："受教育者享有在学业成绩和品行上获得公正评价的权利。"

（6）获取证书权

获取证书权是指受教育者在完成规定的学业，经考核合格后有权获得相应的学业证书、学位证书的权利。《教育法》第42条第3款规定："受教育者在完成规定的学业后有权获得相应的学业证书、学位证书的权利。"《中华人民共和国学位条例》第2条规定："凡是拥护中国共产党的领导、拥护社会主义制度，具有一定学术水平的公民，都可以按照本条例的规定申请相应的学位。"《普通高等教育学历证书管理暂行规定》第4条规定："按国家规定招收，入学后取得学籍的学生，完成其一阶段的学业后，根据考试（考查）的结果，取得相应的学业证书。"

（7）结社权

结社权是宪法赋予公民的一项基本权利，是指公民为了一定的宗旨而依照法律规定的程序组织某种社会团体的权利。近年来，我国高等学校内各种学生社团如雨后春笋般涌现，学生结社热情日益高涨，对社会主义民主政治的建立、完善起着重要作用。《高等教育法》第57条规定："高等学校的学生，可以在校内组织学生团体。"

学生社团是学校学生自愿组织的群众性团体，在校学生可以申请加入。学生社团在学校和广大学生之间起着中介作用，积极向学校反映其所代表的群众的呼声和要求，并将学校的政策传达到学生之中，因而它是学生管理学校事务、促进学校发展的一个重要渠道和形式。同时，社团还能够解决许多学校一时无力顾及的突发事件。

（8）批评建议权

批评权是指大学生对高等学校教学工作和学校管理工作中的缺点、失误和错误提出批评意见的权利。建议权是指大学生针对高等学校的教育教学工作和学校管理工作提出建设性意见的权利。批评权和建议权的区别在于：前者针对的是学校教育教学工作和学校管理工作中的缺点、失误和错误；而后者则是针对学校教育教学工作和管理工作本身。这项权利是《宪法》权利在大学生学习、生活中的体现。《普通高等学校学生管理规定》第50条规定："鼓励学生对学校工作提出批评和建议，支持学生参加学校民主管理。"第51条规定："学生对有关切身利益的问题，应通过正常渠道积极向学校和当地政府反映。"

（9）申诉权

申诉权是《宪法》确认的我国公民的基本政治权利。《宪法》第41条规定："中华人民共和国公民对于任何国家机关和国家工作人员的违法失职行为，有向国家机关提出申诉、控告或检举的权利。""对于公民的申诉、控告或检举，有关国家机关必须查清事实，负责处理。任何人不得压制和打击报复。"为了保障宪法确认的公民申诉权得到具体落实，我国的各项法律法规从不同的角度和方面作了相应的保障性规定。我国《教育法》也在《宪法》的指导下，针对学生的申诉权作了法律规定，从而构成了我国的学生申诉制度。学生申诉权是学生在接受教育的过程中，对学校给予的处分不服或者认为学校和教师侵犯了其合法权益而向有关部门提出要求重新作出处理的权利。我国《教育法》第42条规定："学生有权对学校给予的处分不服向有关部门提出申诉，对学校、教师侵犯其人身财产权等合法利益，提出申诉或者依法提起诉讼。"

（10）学校收费的知情权

学校收费的知情权是指受教育者有权依法知道学校收费的相关信息以保障自己合法权益的权利。《教育法》第29条第5款规定："学校及其他教育机构应当遵照国家有关规定收取费用并公开收费项目。"高校收费改革是我国高等教育领域的一项重大改革，其重要意义在于要进一步转变教育理念，逐步调整我国高等教育投入的格局，使其不断适应社会主义市场经济的规律，正确引导社会消费，提高学生自觉学习的主动性；鼓励各方面办教育的积极性，从而有利于高等教育规模的扩大，有利于弥补高等教育投入的不足。总之，这是为了保证我国高等教育更好、更快地发展而进行的一项重大改革，其最终目的是要逐步建立起一种由政府、社会、学校、学生家长或个人共同合理分摊高等教育培养成本的机制。

（11）就业权

就业权是指在大学期间，学校开设就业指导课，使受教育者享有包括职业生涯规划、就业信息指导、求职技巧训练等多方面的指导和帮助的权利。《高等教育法》第59条规定："高等学校应当为毕业生、结业生提供就业指导和服务。"大学生的就业权还包括平等择业权，它是指所有的大学毕业生不分性别、民族、种族、年龄等，都依法享有平等选择自己职业的权利。《教育法》第36条规定："受教育者在……就业等方面依法享有平等权利"，"学校和有关行政部门应当按照国家有关规定，保障女子在……就业等方面享有同男子平等的权利"。

二、大学自治的权利实现

1. 大学自治的权利导向

从历史上看，"大学自治"这一原则并不是中国社会发展的果实，它发源于中世纪的欧洲。当时的学者模仿行会组织的形式组建学者集团，通过斗争从教皇、国王那里争取到法人性质的特许状及设立法庭、免除税负、免服兵役、自由迁徙、罢教等诸多特权，并最终演化为享有高度自治权的大学组织。许美德先生在《西方大学的形成及其社会根源》中这样描述：大学最初是由意大利博洛尼亚城从事法律研究的学生组成的。这些学生受不到城市民法的保护，因为他们来自欧洲各地，没有公民权。他们发现组织起来成立行会对于保护他们在城市中的利益是十分有效的。他们进而在行会内制定规章以管理自己的学习生活和调节内部关系，每个学生都有投票权，从自己的组织中选出院长。教师由学生行会雇用，他们的教学工作受到学生的严格控制。学生们还对上课迟到或未能完成学生所制订的教学计划的教师罚以重金。这种学生行会以迁移权(Migratio)为武器，从城市当局那里获得了承认管理自己事务的权利。所谓迁移权是指如果受到城市当局的不正当干涉，全体学生就以离开该市到他处去学习相威胁。因为在城市中学生颇能刺激贸易和吸收新居民，所以城市的领袖就不得不尊重学生行为的自治权。① 因此，考察大学自治的起源可以发现，正是由于学生缺少城市民法的保护，他们在既得利益分配体系中难以找到合理的位置，才组成了一个相对封闭与独立的行会，对自身权利加以特别保护。

审视我国大学的百年历史，大学既缺乏自治的传统，更缺乏对学生权利的维护。尽管我国现代大学制度源于西方，但其诞生一百年来，可以说是命运多舛。民国时期，在学者争取学术自由、构建现代综合型大学的努力下，我国逐渐构建了现代意义的大学。而新中国成立后，经过一系列意识形态的改造，中国的大学负担起重要的政治任务，学术上的独立研究也被长期的政治运动所取代。除了后20年，整个20世纪，中国大学校园几乎难以"放下一张平静的书桌"。从中华民族的救亡图存到国家经济文化建设，中国的大学扮演了过多的角色，反而失去了自身的特性，成为政治、经济的附庸。大学自治、学术自由、价值中立等大学发展的基本原则几乎没有立足之地，更不必说生根发芽了。同时，缺乏大学自治传统的中国大学，又深受传统文化师道尊严的影响，对学生权利维护的

---

① 许美德：《西方大学的形成及其社会根源》，《教育研究》，1981年第12期，第5-7页。

意识和机制更为匮乏,其弊端是显而易见的。"传统的教育中,学生是知识的获取者,教师是知识的付出者,学生为求知而来到学校,因而只能听命于师,此所谓'师道尊严'……很显然,在今后的大学里,无视学生权力的存在将被证明是个严重的错误,学生应该在学校事务中拥有自己的发言权。"①

众所周知,进入现代社会,科技、文化发展日新月异,大学逐步走出了封闭自守的象牙塔,融入了社会经济、科技、文化、政治以及民众的日常生活。大学与社会的关系亦发生了深刻的变化,大学从游离于社会的边缘逐步发展成为促进社会发展与进步的核心组成。大学不仅要遵循自身内在的发展逻辑,而且要符合高等教育的外部关系规律。"教育是为人的,而非人为教育。人是自由自觉的存在,是完整的生命体,它要自由地发展。从物化走向人化,不是在口头上,而是在事实上尊重学生人格、尊重学生权利、关怀学生的成长。"②立足于现代教育理念的视野,大学自治应强化对学生权利的维护,原因基于以下两个方面。

(1) 大学与学生之间的教育契约关系日益突出

在计划经济体制下,大学与主管部门是行政隶属关系,大学与学生之间形成了"命令—服从"的关系。"计划经济时代,高等学校的招生和分配都由国家统一进行,学生还可享受免费的住宿,无需缴纳任何费用。由于所有的费用都由国家包下来,学校是代国家行使教育职权,也就享有完全意义上的对学生的支配权能,学生得听命于学校的管理,这时的学校与学生间构成的是一种典型的特别权力关系。"③不可否认,在市场经济条件下,原先"命令—服从"的行政关系已不符合现代高等教育的实际。根据我国的法律规

---

① 陈玉琨、戚业国:《论高校内部管理的权力机制》,《高等教育研究》,1999 年第 3 期,第 38 - 41 页。

② 班华:《德育理念与德育改革——新世纪德育人性化走向》,《南京师范大学学报》,2002 年第 4 期,第 73 - 80 页。

③ 尹力:《试论学校与学生的法律关系》,《北京师范大学学报》,2002 年第 2 期,第 97 - 106 页。

定,大学与学生之间的关系具有双重属性:一方面,大学是一种组织管理系统,学生是该系统中的一个要素,也就是说,大学是组织者,学生是被组织者,因而大学和学生又是教育与受教育的关系。为此,我国的《教育法》、《高等教育法》对于学校和学生在教育活动中的权利和义务分别作出规定,为大学和学生享有法定权利、履行法定义务提供了依据。值得指出的是,市场经济条件下倡导的教育是服务的现代教育理念已悄然兴起,大学和学生之间的教育契约关系逐步占据主导地位。高等教育普遍实行了收费制,大学向学生收取学费,这在客观上就使学校与学生之间的法律关系带有某种契约的特性。大学生交了学费,理应享受到满意的服务。因此,"高等学校学生管理的模式要适应双方权利关系的管理模式。学生是具有完全行为能力的群体,高等学校对学生的管理不能继续适用以往长期实行的大包大揽的管理模式,而应该建立一套充分尊重受教育者权利,使管理者与被管理者权利义务关系相一致的管理模式。"①

(2)大学管理工作的价值导向产生了变化

长期以来,大学管理工作的价值导向侧重于有效地规范和维护正常的大学教育秩序,而对于维护大学学生的合法权利重视不够。随着高等教育领域改革的深化,尤其是近年来"三个一切"(为了学生的一切,一切为了学生,为了一切的学生)的提出,维护学生的合法权利逐步摆上重要的位置。毫无疑问,法的价值是法对于人的价值,法的价值主体是人而不是物。正是从这个意义上说,法的核心是权利。"人权型"法学观的被认同不仅充分表现了人们对于法治与人权关系的认识与理解,而且说明中国的法治已经进入大规模地对人的权利进行确认的时代,标志着我国社会主义法治事业的日趋成熟。如果说从 20 世纪 80 年代初开始建立起来的中

---

① 余功文、赵宏声:《大学生权利的保护与高校的依法管理》,《理工高教研究》,2002 年第 1 期,第 27 - 29 页。

国教育法律制度,在体现人的主体性方面还较欠缺的话,那么,今天我们谈论教育的法治问题,已经不可能不问津法治的终极关怀。以往的教育法律之所以还不够为国人所关注,其规定之所以难以成为人们自觉自愿的行为,就在于以往的教育法律没有充分关注和体现法对人的尊重与关怀,不能成为人们教育领域权利实现的有力保障。因此,"高等学校学生管理要实施以人为本的管理模式,这也是现代法律精神的体现。以人为本的管理模式要求管理者尊重被管理者的基本权利,充分调动被管理者的积极性,建立起学生自我管理、自我发展,能使个体与社会发展协调统一的管理模式。"①从现有的几起司法审查案例来看,"人性尊严正在从一种'潜在需要'迅速地成为'显性需求',人们越来越追求教育领域中人的权利的平等,越来越看重人的选择的自由,越来越重视教育活动中对人的尊严的确认与维护。它反映了在今天的中国,法治的主要价值观念即以人为中心和归宿的法的价值越来越深入人心。"②

因此,高校工作者要摈弃传统法律文化中义务本位的思想,树立权利本位的理念。"法律在从主要通过禁止性规范来规设权利义务逐渐转向主要通过授权性规范来规设权利义务的同时,把保障权利奉为至上的原则。1789 年法国的《人权与公民权利宣言》开列了一个权利清单,并宣称权利无保障的社会即无宪法可言。"③换言之,大学要求大学生履行义务的同时,应首先保障其应享有的权利。值得注意的是,不少大学基于学生管理的便利性,通常制定了许多规章制度,而这些规章制度过多地设置了义务性条款,较少去思考和挖掘义务性条款所对应的权利性条款。例如,绝大部分学校都禁止大学生在宿舍烧电炉、点蜡烛,去校外网吧和舞厅娱乐,

---

① 余功文、赵宏声:《大学生权利的保护与高校的依法管理》,《理工高教研究》,2002 年第 1 期,第 27 - 29 页。

② 秦惠民:《高等学校法律纠纷若干问题的思考》,《法学家》,2001 年第 5 期,第 105 - 114 页。

③ 夏勇:《走向权利的时代》,中国政法大学出版社,1999 年,第 6 页。

集体去省外旅游等,但很多学校却没有想方设法去改善膳食服务、宿舍管理服务、计算机教学与机房管理、校园文化阵地建设等软硬件环境,而这些又关系大学生的温饱权、通讯自由权、身心健康权和娱乐活动权等基本人权。郝铁川先生极富针对性地告诫人们,立法者"在设定公民义务时,首先要考虑与该义务对应的权利是否得到保障。如果法律只作单纯义务规定,这样的法律难以为人们普遍接受,难以调动人们守法、护法的积极性"。① 这对法治的危害,亦甚为严重。"在外力的威慑之下,社会公众无可奈何地被动服从法律,逐渐麻木了其自主判断的神经,将其愿望和期待埋在了心里,在社会公众泯灭了其参与热情的同时,独立的平等人格丧失了,而顺从的、充满奴性的依附人格长成了。期待之中的法治社会的真正公民并没有出现,而新一代的臣民可能又会拥塞着社会的空间。"②

2. 权利义务一致观的确立

为了保障大学生法定权利的实现,大学生必须树立权利与义务相一致的观念。权利和义务是法律关系的关键要素,某一社会关系之所以是法律关系,就在于它是依法形成的,以权利和义务的相互联系和相互制约为内容的社会关系。法是以权利和义务的双重机制来导引人们的行为、调处社会关系的,并且是在权利和义务的互动中运行的,权利和义务各有其独特而又互相补充的功能。权利直接体现法律的价值目标,义务保障价值目标和权利的实现。法律总是以确认和维护某种利益为其价值目标,并且以权利的宣告直接体现其价值目标。当价值目标得以确立并且由权利加以体现之后,义务的设定就是必不可少的。单纯的权利宣告不足以保障法律价值目标的实现。就某些价值目标(如社会秩序)的实现而

---

① 郝铁川:《不对称的权利和义务》,《检察日报》,1999 年 3 月 24 日。
② 姚建宗:《信仰:法律的意蕴》,《吉林大学社会科学学报》,1997 年第 2 期。

言,义务的设定或许更重要一些。"权利与义务密切相连,既要保障学生的合法权利,又要督促学生依法履行应尽的义务,即使有时权利人与义务人处于不平等的地位。从义务本位转变到权利本位的理念,并不意味着对学生的过分纵容和无限地放大学生的权利。高校制定符合广大学生意愿的规章制度,本身就是对受教育者合法权益的维护。法律也规定大学生应遵守学校的各项管理制度,认可和服从学校管束的义务,否则高校有权依据自定规则,限制或剥夺学生的权利,甚至从根本上改变学生的法律地位。"①

权利与义务一致性的原则在我国一系列具体的法律法规中得以体现。我国《宪法》第 33 条确立了公民权利和义务的一致性原则,即"中华人民共和国公民在法律面前人人平等,任何公民都享有宪法和法律规定的权利,同时必须履行宪法和法律规定的义务。"《宪法》确立的权利和义务相一致的原则,在《教育法》中得到了很好的贯彻。《教育法》在确定了受教育者享有前述权利的同时,也设置了其应当履行的义务,其中包括:遵守学校行为规范,尊敬师长,养成良好的思想品德和行为习惯;努力学习,完成规定的学习任务;遵守所在学校或者其他教育机构的管理制度等。新的《普通高等学校学生管理规定》在增加的"学生的权利和义务"一章中明确列举出学生应当履行的 6 项义务。新规定在维护学生权利的同时,又为检查和考核学生的义务观念及履行效果,使自律和他律相结合,就针对当前一些突出问题,增加了相关条款,如对考试作弊或剽窃、抄袭他人研究成果,可予以开除学籍。同时还细化了作弊开除学籍的种类,加大了对违反学校教育规则的学生的惩戒力度,其目的也在于督促大学生积极履行义务。

权利和义务的辩证关系,表明了权利和义务相对应,双方互为权利、义务关系。正如凯尔森所言:"如果权利是法律权利的话,它

---

① 简敏:《用现代法治精神构建和谐校园——大学生权利保障制度的创新》,《教育理论与实践》,2006 年第 7 期,第 10－12 页。

就必然是对某个别人的行为,对别人在法律上负义务的那种行为的权利。法律权利预定了别人的法律义务。"①换言之,在一定程度上,对教育者而言的义务就是受教育者的权利,受教育者的义务则为教育者的权利。例如,与《教育法》中受教育者的权利相对应,《教师法》规定了教师的下列义务:执行学校的教学计划,完成教育教学工作量,不断提高教育教学水平;对学生进行宪法所确定基本原则的教育和爱国主义、民族团结的教育、法制教育以及思想品德、文化、科学技术教育;组织、带领学生开展有益的社会活动;关心、爱护全体学生,尊重学生人格,促进学生在品德、智力、体质等方面全面发展;制止有害于学生的行为或者其他侵犯学生合法权益的行为,批评和抵制有害于学生健康成长的现象等。

　　权利是一种自由,但这种自由是有限制的。"权利永远不能超出社会的经济结构以及由此经济结构制约的社会的文化发展。"②权利的行使不得侵害社会的、国家的、集体的或其他公民的合法权利和自由,否则就构成权利滥用。我国《宪法》规定:"中华人民共和国公民在行使自由和权利的时候,不得损害国家的、社会的、集体的利益和其他公民合法的自由和权利。"我国其他部门法律都贯彻了这一原则和精神。《民法通则》第7条有禁止权利滥用的规定:"民事活动应尊重社会公德,不得损害社会公共利益,破坏国家经济计划,扰乱社会秩序。"本书认为,从社会人类学主体性视角看,权利的限制总是更多地表现为内在的限制,而不应简单地归之于外在限制。"这种权利的内在限制,也不仅仅来自处于一定生产方式内的权利受到自身赖以生存的生活条件的限制,而且也来自于社会主体自身的道德要求。个人的社会责任同个人的主观任性是格格不入的。因此,从来就不存在拒绝一定社会责任和义务的抽象的主体权利。任何具有健全理智的清醒的社会成员,当他们

① 凯尔森:《法与国家的一般原理》,法律出版社,1994年,第85页。
② 《马克思恩格斯全集》第19卷,第22页。

在一定条件下形成直接的社会权利要求进而转化为法定权利时，总是相应的承担社会责任，使自己的行为及权利行使尽可能符合社会一般意志的要求，一旦社会成员选择了反抗社会统治关系的行动方式，就必然招致随之而来的惩罚性结果，并被强制地承担一定的社会责任或法律责任。"①大学作为培养人的主观能动性的场所，要充分尊重人的个性发展。但个性的发展离不开一定的自由度，超过了这个自由度就要承担相应的责任。为了维护校园正常的学习秩序和在校大学生的整体权利，大学生某些私权利会在一定范围内受到限制，对个人的权利施加限制的目的则是为了避免个人的权利与他人的权利发生冲突，以平等地保护每一个人的权利不受侵犯。比如学生宿舍作为大学生学习和休息的场所，每个大学生都享有学习和休息的权利，这两种权利在大多数情况下是并行不悖的。但是如果过了熄灯时间，就必须对学习的权利加以限制，否则就会损害其他人休息的权利。

大学生树立正确的权利义务观，必须加强责任感教育。义务是处在一定社会关系中的人必须担负的使命、职责和任务。义务偏重于强调外在的客观要求。如果这种外在的客观要求内化为主体的主观自觉意识，即为责任。义务是责任的外在形式，责任是自觉意识到的义务。义务是人履行义务的自觉性，是责任感的基础。② 责任感是义务感的升华。作为社会人，人没有绝对的自由，而总是受制于某种外在的必然性，在顺应这种必然性或者在受这种必然性节制的前提下行动。这种外在的必然性就是客观的社会关系与客观的社会要求对进行社会活动的人的基本规定，即社会主体必须承担的义务、责任。它虽然对人具有约束力，但同时又对人具有导向性，能够引导人们的行为。约束与导向作用是统一的，约束某一行为就是引导人们进行相反的行为。如果主体具有自觉

---

① 公丕祥：《法哲学与法制现代化》，南京师范大学出版社，1998 年，第 273 页。
② 瞿瑛：《论学生义务感与主体性的同步发展》，《教育评论》，2003 年第 4 期，第 48 - 50 页。

履行义务的意识则形成了义务感,那义务就不再对其起消极的约束作用。① 责任是有层次性的。在今天,作为一个公民的责任至少应包括对自己的责任、对他人的责任、对社会的责任、对国家的责任和对人类的责任。以往的责任教育常常背离学生的身心发展规律,忽视责任的层次性,只谈对他人和社会的责任,把自我责任的内容排除在责任教育之外。这样学生就不可能真正懂得如何对自己负责,也就无法有效地对他人和社会负责,造成了责任目标虽然崇高、远大而多数人却无法达到的状况。因此,责任教育要根据责任主体的需要分层次进行。培养责任主体,强化自我责任教育,这是实施责任教育的出发点和落脚点。责任教育是一种主体性教育,即使受教育者成为责任的主体,自觉、自主和能动地参与责任教育实践,也必须通过反复的责任锻炼,逐渐形成良好的责任品质,变外在的责任教育为内在的责任自觉。责任教育要尊重学生的主体地位和主体人格,培养学生面对各种利益冲突时的独立判断和自主选择的能力,激发学生主动参与的积极性,要在责任实践的过程中,增强学生的责任践行能力。责任教育要从人的主体需求出发,重视人的自主精神的培养,注重发挥受教育者的积极性和主动性。要启发、引导和鼓励学生参与教育过程,使其融入真实的社会生活中,并在这一过程中学会负责、学会判断和学会选择,成为能够自主地、能动地和创造性地进行认识和实践的社会主体。②

大学生权利义务观的确立与理性的秩序观密切相关。"法律限制人们的自由和维护现有秩序的过程,就是以有限理性控制可能产生的非理性,约束人们的行为,使之符合有限理性条件下的和谐。但这种约束是以理性秩序和正义机制为前提的,只有符合法治精神的秩序,才能真正实现并维护和谐。"③大学生法定权利的确

---

① 瞿瑛:《论学生义务感与主体性的同步发展》,《教育评论》,2003 年第 4 期,第 48－50 页。

② 夏春雨:《试论大学生责任教育的有效策略》,《教育探索》,2008 年第 10 期,第 19－20 页。

③ 秦惠民:《以法治精神建设和谐校园关系》,《中国高等教育》,2005 年第 18 期,第 20－22 页。

认与保障有赖于理性化的校园秩序。秩序作为最基本的价值之一，是人类社会一切活动不可或缺的前提。除了极少数心怀叵测、试图乱中渔利的人，绝大多数人，无论其阶级背景、阶层定位及社会角色有何差异，都期望有某种秩序存在。毫无疑问，秩序既是构成人类理想的要素，同时也是人类社会的基本目标，而法律也在建立和维护秩序的过程中成为秩序的象征。人类社会的秩序观大体有两种：一种是与人治相关的非理性的等级差别秩序观，即"臣事君，子事父，妻事夫，三者顺则天下治，三者逆则天下乱，此天下之常道也。"①这样的秩序不仅与法治的价值追求相背离，而且导致法治进步张力的丧失。另一种是与法治相连的理性的平等自由秩序观。"在这种秩序下，差别只从平等本身中产生；在这种秩序下公民服从公职人员，公职人员服从人民，而人民服从正义。"②大学管理工作法治化所追求的目标应为创建法治校园。法治校园无疑是一种讲究秩序的状态，这种秩序是一种理性化秩序。这种校园秩序不是一种杂乱无章、我行我素的状态，也不是空气压抑、死气沉沉的状态，而是充满了自由民主气息和青春活力的健康向上的精神状态。用法治化的术语来表述这种理性秩序，实际上就是大学生法定权利得到充分保障，大学生义务得到忠实履行，违法责任得到依法追究。

3. 权利救济与权利实现

大学生法定权利的实现依赖于权利救济渠道的通畅。"权利保护机制的发达并不意味着侵权现象的消失。任何发达的权利制度都不可能在事实上消灭侵权。权利保护机制进化的意义在于给侵犯人权和公民权利的行为从程序上和体制上设置必要的障碍，

---

① 《韩非子·忠孝》。
② 罗伯斯庇尔：《革命法制和审判》，商务印书馆，1979 年，第 138 页。

并在侵权一旦发生时,能及时地施与救济。"①因此,权利不仅受制于社会的政治、经济、文化等各种客观条件,而且会受到各方面的侵扰。法律不仅应宣示权利,而且还应同时配置权利救济的各种程序。尽管社会学的冲突理论为我们解释了权利为什么需要救济的思路,但权利救济理论有其自身特有的理论框架。救济理论虽然承认冲突,但它自始至终都是把冲突作为一种侵权现象加以考察的。冲突是与现行的规范体系相悖的,是对合法权利的一种侵犯,救济的任务就是遏制或解决冲突,为权利的顺畅实施提供一种常规性的手段。救济的方式是多种多样的,包括私力救济、公助救济和公力救济。"诉讼是公力救济的主要表现形式。权利救济由私力救济向公力救济转变的标志就是诉讼的出现。诉讼的出现既表明了社会的进步,同时也表明了权利现实化的有序性特征。"②在一个强调和尊重权利的社会中,根据权利和义务所获得的保障和救济,是人们真实地享受权利的关键因素之一。而救济权利的重责,不仅应由个人和社会团体承担,而且应由国家来承担,并主要由国家来承担。"随着社会的进步,国家组织日益完善,国家权力日渐强大,保卫私权的国家机关也逐渐完备,私力救济逐渐为公力救济所替代。"③

在所有权利救济的体系中,诉讼救济(即司法救济)是最有效也是最主要的救济方法。虽然法律史上不乏调解优于诉讼的论调,甚或存在贬低诉讼的倾向,如西方人曾信奉的"坏的和解胜于好的诉讼",中国人宣扬的"无诉"思想等,但近现代文明的进步却包含了对诉讼的偏好和对"好诉"的认同,这是因为司法救济的优越性是其他任何救济所无法比拟的。具体而言:第一,诉讼救济是其他救济方法发挥效用的条件,即其他救济方法有效地救济权利

---

① 夏勇:《走向权利的时代》,中国政法大学出版社,1999年,第8页。
② 程燎原、王人博:《赢得神圣——权利及其救济通论》,山东人民出版社,1998年,第366页。
③ 杨春福:《权利法哲学导论》,南京大学出版社,2000年,第181页。

离不开诉讼救济的支持。第二,诉讼救济是权利救济最合法、最公正、最彻底和最权威的形式。"最合法"是指诉讼救济的准则是各种法律原则和法律规范,而不像其他救济方法可以依据一定的道德规则、习惯和情理来解决权利争端。诉讼救济的过程中,法院或法官由各种宣示权利的实体法加以指导和规制,确认和保护当事人的合法的实体权利或依法确定补偿的办法和额度,这就保证了权利救济的有序性和合法性。"最公正"一方面是指从理性上实体法作为解决权利争端的依据,设定了符合正义原则的解决结果,即实体权利体系本身是解决权利争端的结果预设,这种预设的结果是正义原则的自然推演;另一方面是指诉讼过程是在公正的场合(法院),以公正的形式、方法作出的公正判决。所以权利救济要求一种公正的诉讼程序。尽管现实的诉讼过程有时会偏离公正的目标,但人们仍然把诉讼视作体现和维护公正的一种机制。而正是由于诉讼过程对公正的偏离,才迫使人们更多地关注诉讼的公正问题。"最彻底"意味着诉讼过程最终就权利争端作出有法律效力的判决,这种判决要分清是非,判断曲直。也就是说,诉讼救济的目的在于最终确定权利的归属或赔偿责任。马丁·查比罗认为,法院的标准"范型"的要点之一是达到一个一分为二的决定,即认定诉讼程序中当事人一方的法律权利,判定另一方是有过错的。科特维尔也指出:"由于法院成为正式的审判机构,它们对当事人的诉讼强制适用法律原则,作出一方当事人'正确',另一方当事人'错误'的决定。"这些论断揭示了诉讼救济的最彻底性。"最权威"表明诉讼救济与国家权力或暴力强制相联系。由于法院就权利争端作出的判决是依法作出的,所以,国家权力或暴力可以压迫争讼当事人履行判决书确认的义务;而一旦当事人不履行判决书所确认的义务,法院可以直接用强制执行手段迫使当事人履行义务,从而切实有效地救济权利。在一定意义上,诉讼救济成为权利救济的最后一道屏障,而强制执行则是诉讼救济的最后一道救济手段。诉讼救济在权利救济过程中所呈现的合法性、公正性、彻底性和权威性,使人们有理由充分肯定诉讼救济的巨大价值,发挥诉讼救济的主导功用。"权利人权利受到侵害的后果有多种救济方法,但最有效和最终的救济则是司法救济,这是由国家司法权和司法机关职权的特点所决定的。由此也决定了国家司法机关在进行权利救济时必须慎重,严格依据事实和法律,真正做到执法必严。"①第三,在一种更广泛的意义上,诉讼救济通过对法定权利的肯定,反复强调权利的价值,不断宣示权利和高扬权利,并着力维护法律的尊严和权威,为权利的充分实现创造良好的法律气氛。"实际上,法院所进行的工作就是反复地阐述规则,重申在我们社会构成使用权(所有权)法律基础的权利和义务。按照原告的观点看来,如果没有这种反复的法律宣告,就会(或可能)被认为是放纵被告恣意行为,而无须付出代价。""对侵权行为的惩罚,是为了保护和恢复权利,并证明权利的合理性和合法性。而对侵权行为的放纵,就等于对权利的亵渎和否定。因而,诉讼救济不仅现实地救济了受到侵害或侵害威胁的权利,而且强化了社会成员的权利意识和法律观念。"②

权利的诉讼救济中最高法律性的救济当属宪法救济。宪法之不同于其他法律在于宪法是根本法,是母法,其含意是宪法在规范意义上具有最高性,一切法律规范都从它那里取得合法的效力,宪法是构成一切法律规范之合法性的来源。这就意味着,社会的一切组织和个人首先都必须遵守宪法,违者即将承担违宪的法律责任。宪法救济在西方社会的历史由来已久,尽管存在着司法审查、宪法法院及宪法委员会审查3种模式的差异,但是它们在对公民权利所起到的强有力的救济作用方面却殊途同归。我国法律目前已明确规定宪法的审查机关为全国人大及其常委会,但其实际发挥的作用尚待努力。值得指出的是,2000年6月18日最高人民法

① 杨春福:《权利法哲学导论》,南京大学出版社,2000年,第178页。
② 罗杰·科特威尔:《法律社会学导论》,华夏出版社,1991年,第244页。

院审判委员会第 1 183 次会议通过的司法解释（法释〔2001〕25 号，
《对山东省高级人民法院关于"齐玉苓受教育权受侵害案"的请示
的所作的批复》），开创了我国《宪法》司法救济之先河。该司法解
释作了如下的法理阐述："根据本案事实，陈恒燕等以侵犯姓名权
的手段，侵犯了齐玉苓依据宪法规定所享有的受教育的基本权利，
并造成了具体的损害后果，应承担相应的民事责任。"这个批复在
法学界引起了强烈的反响，一些媒体对该案的价值和意义展开了
热烈的讨论，《法制日报》2001 年 8 月 19 日曾用一个整版的篇幅刊
登了部分学者的观点。学者们认为，最高法院关于此案的批复首
次在司法解释中提出了司法机关应当保护公民依据《宪法》规定所
享有的基本权利这一概念。有学者指出：我国《宪法》虽然比较全
面地规定了公民的基本权利（达 18 项之多），然而，时至当时只有
其中 9 项基本权利制定了具体的法律加以保障，另 9 项则长期停留
在《宪法》的条目上，缺少成为实践的渠道，这种状况显然不利于对
公民《宪法》权利的保护，也不利于维护《宪法》作为国家根本大法
的最高尊严和权威。在《宪法》中的公民基本权利缺乏具体法律保
障的状况下，最高法院选择一个看上去并不"典型"的民事案件作
出这样的司法解释，是在当前的社会经济条件下采取的一个社会
代价相对较小、对各方面造成的冲击和震荡最弱的实现和保护公
民宪法权利的途径。这一司法解释虽寥寥数语，但由于其在民事
案件中直接适用《宪法》的有关规定，最先实现了《宪法》的司法化。
这一举措逐步影响着整个社会宪法观念的转变，为最终实现《宪
法》的全面司法化进行了司法实践上的探索和思想观念上的先导。
因此，尽管这只是针对一宗民事诉讼案件的一个批复，然而它对于
在我国实现《宪法》司法化的意义却是现实存在的。① 也就是说，对
公民权利实施《宪法》救济的价值不容忽视的。然而，2008 年 12 月
18 日最高人民法院发布了另一个司法解释（法释〔2008〕15 号），废

---

① 查庆九：《齐玉苓案：学者的回应》，《法制日报》，2001 年 9 月 16 日。

止了"法释〔2001〕25 号",使我国教育权宪法救济的大门再次关上。这也说明了教育权司法救济的复杂性。

实际上,大学生权利的司法救济主要涉及受教育权问题,近年来的教育法律纠纷引发的诉讼案,很大一部分被法院以不属于受案范围为由予以驳回或不予受理,相当一部分受理的案件,也没有得到很好的解决。一方面由于教育法律纠纷本身所固有的特殊性、专业性和复杂性;另一方面由于法制尚不健全,法院和法官的实际能力有限,通过司法诉讼方式处理这些纠纷显得力不从心,再加上司法资源的匮乏和司法环境的缺陷,加强了需求与供给之间的矛盾。因此,利益的多元化与纠纷的特殊性对纠纷解决手段的多元化和纠纷解决机制的创新性要求愈显迫切。正如有学者所指出的:"受教育权的自由权兼社会权属性、受教育权法律关系的特殊性、教育法律的低密度、我国传统教育观念和法律观念,以及现代社会替代性纠纷解决方式对受教育权法律救济多元化机制产生了深刻影响。受教育权法律救济并不意味着只能通过司法救济途径,事实上仅仅司法救济是不够的,无法解决所有的甚至大多数的受教育权法律救济问题。"①调解、申诉、行政复议等民间和行政救济方式在受教育权法律救济中发挥着不可替代的重要作用。因此,对于大学生权力而言,在司法救济作为最终救济手段的前提下,要优先考虑非诉讼救济渠道。

三、权利保障的两项制度

2005 年 5 月教育部颁布了新的《普通高等学校学生管理规定》,其中专门设立了"大学生权利与义务"的章节。引人注目的是,在"大学生权利与义务"章节中,完善了《教育法》和《高等教育法》中保障大学生权利的两项重要制度:一是在明确大学享有对违

---

① 范履冰:《受教育权法律救济制度研究》,西南大学 2006 年博士学位论文,第 102 页。

纪学生自主处分权的基础上,要求建立对违纪学生处分(主要是指涉及学生重大利益的处分)的听证制度,以保证处分决定"程序正当、证据充足、依据明确、定性准确、处分恰当";二是细化了大学生申诉制度,即对申诉处理机构、处理时限、处理程序等作了较为明确的具体规定,使得大学生申诉制度不仅有法可依,而且有章可循。① 这两项重要制度的出台,有助于使大学生各项权利从"纸上的权利"变为"行动中的权利"。

1. 两项制度的法律依据

（1）听证制度的法律依据

听证制度一般是指行政机关在作出影响相对人权利义务的决定之前,举行相关利害关系人参加的会议,听取其意见,接受其提供的证据材料,并可与之辩论、对质,然后根据经双方质证、核实的材料作出行政决定的一种程序制度。听证制度已成为当今世界法治国家行政程序法的一项共同的制度,甚至可以认为是现代行政程序法的核心程序制度。西方有关听证的传统可以追溯到英美普通法最初的起源,而且经过几十年的发展和完善,各国听证制度都有着各自深厚的法理基础。诸如英国的"自然公正原则"、美国的"正当程序原则"、德国的"法治国理论"、法国的"行政法治原则"等。各国行政程序法对听证制度的规定尽管存在着差异,但对建立听证制度的必要性却有着共同的认识:因为行政权有易扩张性和侵犯性,如不加以制约和控制,就极易产生对相对人权益的损害和侵犯。人们从不同视角提出了控制行政权的方法,其中避免发生行政违法和侵权的方法之一,就是赋予行政机关更多的程序义务,而相对人享有更多的程序权利,从而保持行政关系双方当事人之间的平衡,促使行政机关在行使职权时达到公开、公正和民主、

---

① 严格意义上讲,大学生申诉制度分为校内申诉和校外申诉两种类型,从大学自治的角度,本书仅讨论校内申诉制度。

高效。①

我国听证制度有着《宪法》渊源，这可以从《宪法》的相关条款中得到证明。我国《宪法》第 2 条第 3 款规定："人民依照法律规定，通过各种途径和形式管理国家事务，管理经济和文化事业，管理社会事务。"这是听证制度公开、参与原则的《宪法》依据。听证制度也是人民管理国家事务的途径和方式之一。《宪法》第 33 条第 2 款规定："中华人民共和国公民在法律面前一律平等。"这是公正原则的法律依据，公民在行政活动中，应当享有"法律面前，人人平等"的权利。《宪法》第 27 条第 2 款规定："一切国家机关和国家工作人员必须依靠人民的支持。经常保持同人民的密切联系，倾听人民的意见和建议，接受人民的监督，努力为人民服务。"这一规定为听证制度奠定了《宪法》基础。听证制度是行政机关在行政活动中倾听人民意见和建议的具体表现。在这里，听取人民的意见和建议还是原则的、笼统的，在一定条件应该表现为具体的法定形式，听证制度就是经过实践证明的有益和有效的法定形式之一。

《行政处罚法》的颁布使得听证制度在我国现行法律中首次出现，该法第 5 章第 3 节对听证制度作出较全面的规定。这是依据我国国情，借鉴国外先进立法经验的有益探索，也是我国行政程序制度发展的重要突破，听证制度成为与简易程序、一般程序并列的 3 种行政处罚决定程序之一。该法第 42 条规定："行政机关作出责令停产停业、吊销许可证或执照、较大数额罚款等处罚之前，应当告知当事人有要求举行听证的权利；当事人要求听证的，行政机关应当组织听证。"值得指出的是，《行政处罚法》不仅明确了听证制度的适用范围和条件，还规定了听证的告知通知制度、公开听证制度、主持人及其回避制度、对抗辩论制度和听证笔录制度等听证制度具体适用时应遵循的基本要求。听证制度在国家随后制定的有关法律中得到进一步的扩展。例如，《价格法》第 23 条明确了消费

---

① 高秦伟：《我国行政听证制度的现状与完善》，《理论探索》，2002 年第 2 期，第 59－61 页。

者在价格活动中的地位和参与定价的权利,要求政府在制定关系群众切身利益的公用事业价格、公益性服务价格以及自然垄断经营的商品价格时,不但要听取经营者的意见,更要通过听证会制度听取消费者的意见。又如,《立法法》明确将听证制度扩展到行政立法领域,该法第 58 条规定:"行政法法规在起草过程中,应当广泛听取有关机关、组织和公民的意见。听取意见可以采取座谈会、论证会、听证会等多种形式。"

不可否认,听证制度的法律适用主体是行政机关。大学虽不是行政机关,但根据《教育法》、《高等教育法》等有关法律规定,其对违纪学生的处分具有明显的单方意志性和强制性,符合行政权力的主要特征,因而在性质上应当属于行政权力。"公立学校不仅是一个社会组织,还是根据《教育法》的授权或行政机关的委托而行使国家公权力的授权组织。为保障教育公务的顺利实施,法律授予它一定的行政管理权,在行使这些权力的时候,它与学生的关系不是平等主体之间的合同关系,而是一种特殊的行政关系。这一点不仅得到学界的支持,而且在司法上得到认可"。① 大学中听证制度的直接法律依据源于教育部新近颁布的《普通高等学校学生管理规定》第 56 条:"学校在对学生作出处分决定之前,应当听取学生或者其代理人的陈述和申辩。"因此,大学管理中的听证制度主要适用于对违纪学生的处分。

实际上,我国部分高校在新的《普通高等学校学生管理规定》(以下简称《规定》)实施以前,已就大学管理中实行听证制度进行了实践探索,并且取得了较好的效果。华东政法学院在 2000 年 3 月建立了对违纪学生处分的听证制度。该校先后就学生违纪处分事件召开了 5 次听证会,3 次涉及考试作弊认定,1 次关于体育补修,1 次关于研究生作业未及时交上而不得毕业。其中,除第二次

---

① 申素平:《法制与学生利益:学校规章制度必须尊重的两维》,《中国教育报》,2003 年 11 月 11 日。

关于"是否构成共同作弊"的听证会维持最初决定外，其余 4 次都对原来的处分意见进行了变更。2002 年该校又颁布了《华东政法学院听证暂行规则》，对听证细则作了详解。① 无独有偶，西南政法大学也于 2003 年制定了《西南政法大学学生违纪处分听证程序暂行规定》，该规定对听证的适用范围，听证机构及听证人员，听证参加人，听证的告知、申请与受理，听证的准备和听证的举行等具体程序作了详细说明，使得听证工作有章可循、有章可依。②

（2）申诉制度的法律依据

申诉权作为公民的一项宪法权利，已为现代民主国家所普遍确认，我国也不例外。我国现行《宪法》第 41 条规定："中华人民共和国公民对于任何国家机关和国家工作人员的违法失职行为，有向有关国家机关提出申诉、控告、检举的权利。"由于《宪法》规定的纲领性，学界对申诉权的性质和分类存在着不同的认识，主流观点将申诉权界分为司法申诉权和行政申诉权。司法申诉权是指公民对司法机关作出的产生法律效力的判决或裁定不服，依法向有关司法机关提出重新处理的权利；行政申诉权是指公民对于国家机关和国家工作人员的违法、失职行为，侵犯其人身、财产等合法权益的行为，依法向司法机关以外的其他国家机关提出重新处理的权利。我国法律对司法申诉权与行政申诉权的规定存在着很大的不同，"与司法申诉权相比，公民的行政申诉权较少受到具体法律的规定，在许多行政管理领域公民的行政申诉权没有确立，公民无法运用行政申诉权对违法行政进行监督和寻求救济。"③

然而，教育领域的行政申诉权并非如此。学生申诉权作为行政申诉权在教育领域的具体体现，源于《教育法》第 42 条规定的

---

① 张一赫：《高校学生管理处分问题的法律视角》，《中国青年研究》，2005 年第 1 期，第 67 - 69 页。

② 李娟：《我国学生听证制度的实施现状及问题》，《上海教育科研》，2004 年第 12 期，第 31 - 35 页。

③ 茅铭晨：《论宪法申诉权的落实和发展》，《现代法学》，2002 年第 6 期，第 80 - 84 页。

"受教育者对学校给予的处分不服,可向有关部门提出申诉,对学校、教师侵犯其人身权、财产权等合法权益,提出申诉或者依法提起诉讼。"作为与《教育法》配套的规章,《规定》第 60 条又进一步明确了大学生的申诉权:"学校应当成立学生申诉处理委员会,受理学生对取消入学资格、退学处理或者违规、违纪处分的申诉。"《规定》第61～63条还规范了大学生申诉的处理时限、处理结果、处理程序等申诉细节。上述法律规定为大学生申诉制度提供了直接的法律依据。权力受权利制约的理论依据在于:公民权利既是国家权力产生的基础或前提,又是国家对公民应承担的义务和责任。大学生申诉制度确立的大学生申诉权"是对权力的一种抑制和反抗,是保障公民基本人权,恢复社会正义,补救侵害行为的重要手段。公民的合法反抗和救济无疑会增大了公权力滥用的成本和风险,从而极大地降低了公权力被滥用和腐败的可能性"。①

从法理上分析,大学生申诉制度还源于大学自治权的依法行使。大学作为研究和传播高深学问的场所,其组织系统是以学科专业为基础的。为了保证大学的正常运转,大学内部存在着行政权力和学术权力两种权力架构,这是大学与其他组织机构区别的重要标志。与之相适应,大学内部存在着诸多需要通过自治权解决的问题,尤其是在学生管理中涉及学术评判的领域(涉及毕业证、学位证是否颁发或授予和是否录取、退学、留级、降级等),大学享有自治权成为世界各国的通行做法,我国也不例外。我国《高等教育法》赋予了大学依照章程自主管理高校的自治权。大学生申诉制度作为大学内部的纠纷解决途径和争端化解机制,其本身就是大学自治的一项重要内容,其独立的运作过程更是大学自治权的重要体现。大学生申诉制度赋予了大学行政权力的更多的程序义务,增加了大学管理者对现有管理制度和管理行为重新审视的

---

① 阮李全:《学生申诉权法理探析》,《阿坝师范高等专科学校学报(社会科学版)》,2008 年第 3 期,第 63－67 页。

机会。借助申诉制度，大学管理者如果发现其管理制度和管理行为确有不合法或正当性欠缺的情形，可以自行纠正，减少自治权侵犯个体合法权利的危险性，保障了大学自治权的依法行使。

通过前述内容，可知大学生权利救济有两种方式。比较两种权利救济方式，申诉制度应当成为大学生权利救济的主要渠道。作为一种法定的非诉讼救济制度，申诉制度具有救济效率高、救济成本低、救济范围广的优点，通常将大学生申诉制度作为诉讼救济的前置程序。司法救济尽管具有中立性、终极性和权威性的优势，但也存在着时间长，程序复杂、费用高，执行困难等不利因素。从教育实践来看，学子告母校诉讼案的出现，多数是由于校内申诉渠道缺失或不畅，大学生为了维护自身的合法权益被迫走上法庭。司法救济的过度介入，有可能导致"外部权力借此机会，以司法的名义干涉大学的独立，对学术自由和大学自治产生不利的影响"。①

2. 两项制度的价值分析

（1）听证制度的价值分析

听证制度的建立，是法治化背景下大学管理应遵循正当程序原则的必要要求。大学享有对违纪学生的处分权，要保证这一权利公正、合理的行使，还必须有与之相适应的正当程序作保障。因为，"一个健全的法律，如果使用武断的、专横的程序法执行，不能发生良好的效果；一个不良的法律，如果用一个健全的程序去执行，可以限制或削弱法律的不良效果。"②听证制度在大学生教育管理方面的价值包括3个方面。

其一，听证制度有益于完善学生权利救济的渠道。学生权利救济制度应成为法治状态下学生管理规定的重要组成部分。建立学生权利救济制度，在考虑为学生权利提供最有效和最公正的救

---

① 湛中乐：《高等教育与行政诉讼》，北京大学出版社，2003年，第461页。
② 王名扬：《美国行政法》，中国法制出版社，1995年，第41页。

济的同时,应从教育的目的出发,使有关学生权利的纠纷在请求行政诉讼等校外途径之前,首先考虑完善校内的救济渠道。我国《教育法》第42条规定,学生有"对学校给予的处分不服向有关部门提出申诉,对学校、教师侵犯其人身权、财产权等权利,提出申诉或者依法诉讼"的权利。这为维护学生的权利确立了法律依据,也是《教育法》赋予学生的一项基本权利。《普通高等学校学生管理规定》第61,62,63条规定,受处分的学生如果不服可以向学校学生申诉处理委员会或向学校所在地省级教育行政部门提出书面申诉,但这也只是一种事后救济的途径。行政诉讼则要花费大量的时间和费用,而且法院在受理的很多案件中都有一些引起争议的地方,有大量的类似案件得不到司法救济。这样看来,学生的权益受到损害时,事后救济的途径并不十分畅通。"一个完整的学生权利保护体系,除了事后的救济体系,还应包括事前和事中的救济体系。"①

其二,听证制度有利于公正处理违纪学生。听证制度本身就体现了处理公正、公平的原则要求,其程序设计更是注重充分保障当事人陈述、申辩、对证据的质证等权利。"偏听则暗,兼听则明",通过听证,大大增强了对违纪学生处理的透明度,使大学管理者在调查分析的基础上,以事实为依据,依法对违纪学生作出合法、恰当的处分,保护了受处分学生的利益。"听证制度的行政公开性原则使行政相对人了解了行政活动的相关内容,了解了活动中所涉及的权利义务关系,这样才能在参与中争取权利、保护权益。"②同时,听证制度的公正、公开原则,也使得学校行政权力阳光运作,制约了权力滥用行为发生的可能性。

其三,听证制度对参与学生起到良好的警示和教育作用。通过听证制度,违纪学生能够明白自己违纪的事实和处理的依据,对

---

① 劳凯声:《教育法制评论》第12辑,教育科学出版社,2003年,第127页。
② 张力群:《行政听证制度的合法性研究》,《社会科学》,2002年5期,第50-53页。

处理结果容易心服口服,有助于违纪学生认识自身错误,接受处理结果,改正错误行为,避免因处理学生不公或工作不到位而导致矛盾和冲突。同时,听证制度作为近代民主制度的产物,其程序的公开性使得参与学生都有机会直观地了解对违纪学生的处理过程,具体地感受自己的权利和义务。因此,听证制度可以理解为是对所有参与学生的一场生动形象的法制教育课,有益于在广大学生中树立科学的民主法制观念。

(2)申诉制度的价值分析

"高校学生申诉制度的建立和实施,一方面,其能以中间人的身份充分解决学校与学生之间的正面冲突,确保学生在校期间的合法权益得到维护;另一方面,学生也会本着高效、方便的原则,穷尽学校内部的维权途径后再去寻找司法帮助。毫无疑问,高校学生申诉制度是维护学校稳定的重要保障,它能实现法治状态下学校的和谐发展。"①具体包括以下3个方面。

其一,有利于大学生树立法治观念。大学生在行使申诉权时,要提出书面的申诉理由和意见,必须对有关的规章制度进行认真细致的学习和领会,对自己的行为后果进行深刻的剖析和反省,这个过程实际上就是大学生自我法治教育的良好形式。这种自我法治教育形式,有益于大学生用理性的眼光审视关涉自身合法权益的高校教育管理行为,并对违法或不当的教育管理行为提出质疑和批判,这种质疑和批判有助于大学生法治观念的养成。因此,"学生申诉制度的确立,绝不仅限于给违纪学生以申诉的机会,有效地维护学生的公民权益,更在于以一种'润物细无声'的方式,在点点滴滴、潜移默化之中培养了大学生的民主意识,强化他们的法治观念。"②

---

① 张小芳、徐军伟:《法理视野下的高校学生申诉制度研究》,《宁波大学学报(社会科学版)》,2005年第2期,第70-72页。
② 秦伟:《关于大学生申诉制度的若干思考》,《高教发展与评估》,2006年第5期,第21-23页。

其二,有利于树立大学管理者的民主意识。高校在长期的教育管理实践中总是习惯于把学生视为被动的教育管理承受者,简单化地将学生置于预先设定的教育目标体系和规章制度中进行塑造和管理,而不是把学生作为教育法律关系中的平等主体来对待。大学生申诉处理部门接受大学生申诉并对其申诉理由和意见进行调查取证与答复的过程,既是跟大学生保持积极的、面对面的沟通的过程,又是帮助大学生学会用正确的观点和方法分析事物的过程。这在一定程度上摆脱了传统"师道尊严"的束缚,淡化了管理者与学生的上下级界限,促使管理者从高高在上的观念中走出来,与学生进行平等的对话。在这种民主氛围下,有申诉要求的大学生更宜从客观、公正的立场出发看待高校的教育管理行为,增加对高校教育管理行为的理解和认同,心悦诚服地接受学校的处理决定。同时,高校管理者对学生申诉进行讨论和形成复议意见的过程,也是对现有管理制度的一次重新审视的过程,如果发现其所作出的处分决定或教育管理行为确有不合法或正当性欠缺的情形,即可以自行纠正,避免与国家法律法规产生冲突,增强高校管理行为的权威性和合法性。①

其三,有利于和谐校园建设。依据社会冲突理论,冲突是社会的常态。"冲突经常充当社会关系的整合器。通过冲突,互相发泄敌意和发表不同的意见,可以维护多元利益关系的作用。冲突还是一个激发器,它激发新的规范、规则和制度的建立,从而充当了利益双方社会化的代理者。"②因此,和谐的高校校园不是没有矛盾和冲突,而是矛盾和冲突有理性化的解决通道。和谐校园的基本价值取向是"以人为本",核心就是人们常说的尊重人、关心人、培养人、激励人,又可以理解为尊重人的权利价值、关心人的权利实

---

① 尹晓敏、陈新民:《学生申诉制度在构建和谐高校中的价值探析》,《现代教育科学》,2006 年第 5 期,第 14 – 17 页。

② 科赛:《社会冲突的功能》,华夏出版社,1989 年,第 144 页。

现、培养人的权利意识、激励人的权利追求。大学生申诉制度的建立，使大学生在行使申诉权的过程中逐渐形成主体意识和发展主体能力，能从容地以权利主体的身份融入纷繁复杂的社会，并获得对自身合法权利进行维护、救济的主体能力。事实上，很多学校与学生之间的纠纷并不存在真正的法律问题，而且即使存在法律问题，往往也只是因为学校没有给予学生诉求的权利和途径。因此，大学生申诉制度作为更加人性化的纠纷解决机制，"将有效地萌发学生的主人翁意识，开辟学生参与校园民主管理的新途径，激发学生关心学校事务、参与学校建设的热情，为学校的充分发展创造一种宽松和谐的环境"。①

3. 两项制度的理性设计

（1）听证制度的理性设计

听证制度的理性设计表现在以下几个方面。

其一，明确处理违纪学生的听证范围。从各国的法律规定看，听证制度主要适用于对相对人的权利有重大影响的决定。因此，适用听证制度要与决定的重要程度相适应。就大学对学生的管理而言，凡是有关学生身份的取得、丧失以及其他严重影响其权利、义务的，都应纳入听证制度的范围。具体包括学校的不予录取、勒令退学、开除学籍、留级、降级、不予颁发毕业证、学位证等行为。而对此范围外的其他管理行为，如警告、记过、留校察看等，一般不适用听证制度。听证制度主要适用涉及学生重大利益的事项，即应将开除、勒令退学及附加处罚中的不颁发学位证书、毕业证书等的处分列入听证范围。因为这些处分会对学生的受教育权、劳动就业权及未来发展产生重大影响。

其二，规范听证人员的组成。听证人员包括听证主持人和听

---

① 尹晓敏、孙佩瑜：《构建和谐校园的法律思考——以高校与学生之间和谐关系的生成为基点》，《现代教育科学》，2006年第3期，第98－100页。

证参加人。基于任何人不能作自己案件的法官这一自然公正原则的要求,在听证中采用职能分离的原则,即听证主持人与调查人员分开的制度。我国《行政处罚法》有关听证程序的条款中明确规定,听证由行政机关指定的非本案调查人员主持。关于听证主持人的确定,从各国的规定看主要有两种做法:一种是以美国为代表的行政法官制;另一种是由行政机关的首长或指定的人员担任。采用后一种做法的国家和地区占绝大多数,我国亦采用这种做法。通常对学生的处理决定涉及学生所在系科、负责学生工作的部门和校长(务)会议,相应的分别行使着调查、追诉、裁决3种职能。鉴于此,在高校对学生管理领域中的听证主持人,应当由非执行调查和追诉职能部门的人员担任,可从纪检、监察、工会或校长办公室等机构中选派对学生工作有一定经验和了解的人员担任。①

听证参加人包括当事人、第三人、事件调查人员、证人。对听证当事人的概念和范围,学界一般认为是"与拟作出的具体行政行为有法律上利害关系的自然人、法人或者其他组织。不仅包括案件的直接被处罚人,也包括通常所说的第三人"。但本书认为,听证程序作为"准司法程序",应当体现行政主体与行政相对人在此程序进行中的地位平等,减轻和避免因行政主体所具有的优势地位而给相对人造成的不利影响,反映在其称谓上,可借鉴《诉讼法》中的概念。《诉讼法》上的当事人概念是指因发生争议,以自己的名义参加诉讼活动,并受人民法院裁判约束的人,范围包括原告和被告。参照现行法律中有关听证制度的规定,将相对人(学生)称为"申请人",行政主体(学校)称为"被申请人",将与拟作出的处理决定有利害关系的学生、法人或其他组织称为"第三人",作为听证活动的参加人,参与到具体听证活动中。另外,涉及的相关证人、鉴定人等均作为参加人,以此明晰听证主体之间的法律地位。

---

① 张浪、孙义清:《关于构建高校学生管理领域听证机制的思考》,《西南民族大学学报(社会科学版)》,2004年第10期,第161-164页。

其三,确定听证制度的顺序。听证制度应按下列顺序进行:听证主持人宣布听证纪律;告知听证参加人的权利、义务并征询当事人是否申请回避,宣布听证开始;违纪事件调查人员提出当事人违纪的事实、证据和处理建议;当事人进行陈述、申辩和质证;第三人进行陈述;听证主持人就有关问题进行询问、调查;听取当事人最后陈述;听证主持人宣布听证结束。

其四,作出听证记录。各国行政程序法都对听证记录对行政机关的最终决定的约束力作出了规定,但听证记录对行政机关决定的约束力程度不一样,大致有两种做法:一种是以英国为代表的案卷排他性原则,即行政机关的决定必须根据听证会案卷作出,不能在案卷以外以当事人不知道或没有论证的事实作为行政决定的根据,否则,行政裁决无效。另一种是德国、韩国、日本等国家规定,听证记录对行政决定的作出有一定的约束力,但行政决定不是必须以听证记录为根据,即行政机关应斟酌听证记录作出行政决定。对于这两种做法的法律评价,学界倾向于前者,认为听证记录是作出行政决定的唯一依据,听证记录的这一价值是听证程序本身法律价值的必然表现……若不遵守这一原则,受审讯的权利就毫无价值了。这一原则已在我国新的行政立法中予以明确。《行政许可法》第48条第2款规定:"行政机关应当根据听证记录,作出行政许可决定。"因此,在学校听证中明确这一原则,即根据听证记录,最终作出对学生的处理决定。

(2)申诉制度的理性设计

申诉制度的理性设计表现在以下几个方面。

其一,申诉处理机构及其人员组成应具有中立性。依据《规定》,学生申诉处理委员会由学校负责人、职能部门负责人、教师代表、学生代表组成,但对成员的构成比例如何分配没有具体规定,这就给高校留下了较大的自由裁量空间。例如,北京大学的学生申诉处理委员会组成人员共有15人,其中校级领导2人,学工部、教务部、研究生部、校监察室、校法律顾问各1人,医学部、院系学工代表、教师代表、学生代表各 2 人，申诉处理委员会主任由校领导担任。值得强调的是，学生申诉处理委员会作为专门处理学生申诉的机构，尽管与学校的职能部门有着不可分割的联系，但不应该成为学校的职能部门，而应当保持自身的中立性。只有相对独立的、保持中立的申诉处理机构，才能避免大学生申诉制度成为学校作秀的形式，才能实现维护学生合法权益的本意。

申诉处理机构的中立性体现在 3 个方面：一是应该让更多的普通教师、学生代表进入申诉处理机构，而且他们的人数应当占到申诉处理机构总人数的一半以上，而不是像北京大学那样申诉机构中普通教师、学生代表不到总人数的 1/3。例如，南京医科大学的学生申诉处理机构共有 18 位成员组成，其中：分管校领导 2 位，占 11%；部门负责人 3 位，占 17%；教师代表 6 位，占 33%；学生代表 7 位，占 39%，后二者相加占总人数的 72%。这种人员结构就凸显了申诉处理机构的中立性，为其公正裁决提供了可能。① 二是校领导不宜担任申诉处理机构主任。校领导担任申诉处理机构主任事必造成申诉处理机构与行政一体化的嫌疑，削弱其中立性。从现有的申诉处理机构的设置来看，目前我国各大学的申诉处理机构均附设于校内，但具体挂靠哪个机构则有不同。有的挂靠在校长办公室（如上海师范大学），有的与学生工作处合署办公（如海南大学），也有的挂靠在监察处（如广西艺术学院），还有的隶属于学校法制办（如燕山大学），有的甚至设在校学生会（如思茅师范高等专科学校）。虽然各学校做法不一，但它们都有一个共同点，就是申诉处理机构对学校保持着一定的独立性，它既不是学校内部的咨询机构，也不是学校专门负责处理学生申诉的职能机构，而是附

---

① 贺日开：《高校学生申诉处理委员会的合理定性与制度重构》，《法学》，2006 年第 9 期，第 40－46 页。值得说明的是，我国台湾地区教育主管部门 2001 年制定了《大学暨专科学校学生申诉案处理原则》，规定申诉处理委员会设委员若干人，均为无给职，校长遴聘教师，由法律、教育、心理学者及学校教师会代表等担任，其中未兼行政职务之教师不得少于总人数的1/2。

设于学校内的专门解决学生与学校争议的独立机构。① 三是应实行利害关系人回避制。任何人不能审理自己或与自己有利害关系的案件是程序公正的基本要求,据此,申诉处理机构在处理申诉案件时,原来参与处理决定的人员应当回避。

其二,申诉处理过程应满足程序公正的要件。申诉处理过程包括 3 个主要环节:申诉的受理、作出处理决定、处理决定的送达。要做到程序公正,申诉处理机构在这 3 个环节都要忠实地履行先知义务,要确保申诉学生的知情权。具体而言,在申诉的受理环节,如果材料不完备或不符合受理条件,要及时告知申诉学生所缺材料的内容及补充材料的时限;如果是不属于申诉受理范围的,要说明理由并告知申诉学生其他救济渠道;作出的处理决定要增强说理性,尤其是涉及对申诉学生不利的决定更应如此,处理决定的说理性既有益于作出的处理决定合法有据,又可增加申诉学生对处理结果的接受度。处理决定的送达要及时让申诉学生签收,如申诉学生无法或不愿签收,可实行公告送达,并告知不服本申诉处理决定的其他维权途径。

其三,要完善对申诉处理结果不服的权利救济渠道。一是明确校内申诉与校外申诉之间的关联。《规定》第 63 条明示了学生对申诉处理决定不服的救济渠道,即在接到学校复查决定书之日起 15 个工作日内,可以向学校所在地省级教育行政部门提出书面申诉。这样,在校内申诉与校外申诉的关系上,确立了校内申诉是校外申诉的必经程序。② 但《规定》对于校内申诉处理机构对学生申诉迟迟不予答复的情形,是否能直接提起校外申诉未作明确规定。所以,在上述情形下,应赋予申诉学生直接向省级教育行政部门申诉的权利。二是确立学生申诉制度与诉讼制度之间的合理衔

---

① 贺日开:《高校学生申诉处理委员会的合理定性与制度重构》,《法学》,2006 年第 9 期,第 40-46 页。

② 张冬梅:《浅议高校学生申诉制度存在的问题与对策》,《中国高等教育》,2007 年第 17 期,第 59-60 页。

接。对此,根据不同情况可作出如下规定:第一,对涉及人身权、财产权的行为有权直接提起诉讼,不受申诉与否的限制;第二,学生受到的处理会影响其获得或失去作为学校成员——学生这一特定身份(如开除学籍、取消入学资格、退学处理等),对学生受教育权利影响重大的,学生有权对申诉决定提起诉讼;第三,申诉人受到的是高校基于自身内部的教学管理制度而作出的纪律处分,而且这种处分不足以改变其作为学校成员的实质性地位,申诉决定应视为终局决定,学生不得提起诉讼。

第六章 大学自治与司法审查

一、司法审查的介入理由

历史似乎存在着某种契合,创建于 1088 年的世界上第一所大学——意大利博洛尼亚大学的前身就是法学院,其创建的目的是为了研修和重振《罗马法》,这使得大学自治从一开始就与法治精神结下了不解之缘。司法审查作为法治精神的重要体现,有其独特的存在形式和操作规则,有其独立的功能指向和价值追求;而大学作为人类的精神家园,也有其独特的治理方式和办学规律,有自身特有的作用定位和理想信念。将司法审查与大学自治这两个似乎相互独立、互不往来的领域放在一起进行比较研究时,我们却又发现两者之间有着本质的关联:司法要体现平等和追求正义,不能忽略作为社会精神引领的大学的功能;大学追求自由独立的真理探求,依赖于司法保障其自治的地位。我们有理由相信,随着法治社会进程的逐步深入,司法审查与大学自治的关联将更为密切。要论证司法审查介入大学的理由,有必要先对司法制度作个简要介绍。[①]

1. 我国司法审查制度概述

司法审查制度是现代民主法治国家普遍设立的一项重要法律

[①] 由于本章重点讨论我国大学自治中的司法审查问题,故这里重点介绍我国司法审查制度。

制度,是国家通过司法机关对其他国家机关行使国家权力的活动进行审查,对违法行为通过司法活动予以纠正,并对由此给公民、法人或者其他组织合法权益造成的损害给予相应补救的法律制度。由于各国的宪政体制和历史、法律、文化传统不同,各国司法审查制度各具特色。我国司法审查制度虽然在《宪法》中并未明确加以规定,但是,《宪法》确立的原则为司法审查制度的建立提供了最基本的依据。例如:公民有权控告违法、失职的国家机关和国家机关工作人员的原则;一切国家机关必须遵守《宪法》和法律,否则应当追究违法责任的原则;人民法院独立行使审判权的原则等。我国司法审查制度与其他民主政治国家的司法审查制度相比,具有以下几个特点。

(1)《行政诉讼法》是我国司法审查制度最直接的法律依据

从法律性质上来看,《行政诉讼法》不仅是一部诉讼程序法,而且是确认人民法院享有司法审查权的实体法。就《行政诉讼法》的法律规定来看,许多条文都涉及司法审查的法律关系。这种司法审查的法律关系在《行政诉讼法》中主要体现在两类性质的条款中。一类是有关人民法院对行政机关行使的权力进行监督的条款。例如:该法第5条规定,人民法院有权对具体行政行为的合法性进行审查;第11,12条规定了人民法院受理行政案件的范围;第34条规定人民法院有权向有关行政机关搜集证据;第44条规定在特定情况下,人民法院可以裁定停止原具体行政行为的执行;等等。另一类是有关行政机关义务的条款。例如:该法第7条规定行政机关在行政诉讼中与行政管理相对人具有相同的法律地位;第33条规定行政机关在诉讼过程中不得自行向原告和证人搜集证据;第43条规定行政机关须向人民法院提交作出原具体行政行为的有关材料和答辩状;第55条规定人民法院判决被告重新作出具体行政行为的,原行政机关不得以同样理由就同一事实作出与原具体行政行为基本相同的具体行政行为;等等。

（2）人民法院是司法审查权的法律主体

根据《行政诉讼法》的规定，我国享有司法审查权的法律主体只能是人民法院，而不是国家权力机关和国家检察机关。虽然国家权力机关依照《宪法》和法律的有关规定，有权对国家行政机关的活动实行监督，人民检察院依照《行政诉讼法》的规定有权对行政诉讼实行法律监督，但《宪法》和法律所规定的监督都不属于司法审查权的范畴，而是属于监督权的范畴。根据《行政诉讼法》第3条的规定，司法审查权作为一种权能内容丰富的国家权力，只能由人民法院在依法对行政案件独立行使审判权的过程中行使，并且不受行政机关、社会团体和个人的干涉。我国司法审查权存在的权力基础不同于资本主义国家中的三权分立制度，司法审查权的存在不是基于权力性质的不同而产生的，而是根据法律的明确规定加以确立的。

（3）人民法院行使的司法审查权是有限的司法审查权

这种有限性表现在3个方面：第一，人民法院只能在审理行政案件的行政诉讼过程中进行。换言之，人民法院在行政诉讼程序之外是不能对行政机关的活动行使司法审查权的。由于行政诉讼因原告的起诉而发生，所以人民法院行使司法审查权的方式是被动审查，而不是主动进行。第二，由于《行政诉讼法》第5条规定人民法院审理行政案件，对具体行政行为是否合法进行审查，因此人民法院所享有的司法审查权只能涉及行政机关所作出的具体行政行为，而不是全部行政行为。第三，我国人民法院行使司法审查权的主要功能是对行政机关的监督功能，而不是仅仅强调对行政权力的制约。因为《行政诉讼法》规定，人民法院审理行政案件，要以行政法规为依据。这表明，人民法院在行使司法审查权时仍然要遵循由国家最高行政机关国务院制定的行政法规。如果要将人民法院所享有的司法审查权视为人民法院的司法审判权对行政机关的行政管理权的制约，行政法规就不应当作为人民法院审理行政案件的依据。

司法审查制度对加强我国社会主义法制建设具有十分重要的意义。

首先,司法审查制度进一步完善了我国的宪政体制。现行《宪法》所确定的我国的根本政治制度是人民代表大会制度,人民代表大会制度的政治基础是中华人民共和国的一切权力属于人民。人民行使国家权力的方式主要是通过民主选举产生的人民代表大会,依据民主集中制的原则产生国家行政机关、审判机关和检察机关。国家行政机关、审判机关和检察机关对人民代表大会负责,受人民代表大会监督。《宪法》还规定,人民依照法律规定,通过各种途径和形式管理国家事务,管理经济和文化事业,管理社会事务。这就表明人民行使国家权力的方式是具体的、广泛的。为了保障人民对国家政权机关及其工作人员依法活动的监督权,《宪法》第41条规定,中华人民共和国公民对于任何国家机关和国家工作人员的违法失职行为,有向国家机关提出控告的权利。我国司法审查制度的建立使《宪法》第41条的上述规定落到了实处,并且为公民控告违法失职的国家机关及其工作人员的权利从法定权利转化为现实权利提供了可能性。

其次,司法审查制度促进国家行政机关的依法行政。人民法院依法对行政案件行使司法审查权,其根本目的不是要用司法审查权来对抗或者制约国家行政机关的行政管理权,而是监督国家行政机关依法行政。因此,人民法院进行审查的根本目的就是为了促进国家行政机关依法行政。通常来说,人民法院对行政案件进行司法审查对于国家行政机关依法行政的促进作用表现为积极和消极两个方面:积极方面,人民法院对合法的具体行政行为以司法判决的形式加以肯定,以司法审查权保障并强化国家行政机关的依法行政;消极方面,人民法院行使司法审查权经过公开和公正的程序,纠正具体的违法行政行为,警示和教育国家行政机关及其工作人员引以为戒。

最后,司法审查制度有助于保障公民、法人或者其他组织的合法权益。在我国,人民是国家的主人,人民的利益高于一切。《宪法》和法律所规定的公民权利神圣不可侵犯,这是社会主义民主和法治的一项基本原则。国家行政机关作为国家权力机关的执行机关,应该通过行使行政管理权来满足人民群众不断增长的物质和文化生活的需要。当然,由于国家行政机关管理的社会事务面广且情况复杂,加上国家行政机关的管理手段和自身的管理制度建设存在着这样或那样的缺陷,国家行政机关及其工作人员在履行行政管理职权时难免出现侵犯行政管理相对人的合法权益的现象。对此,《行政诉讼法》第2条明确规定:"公民、法人或者其他组织认为行政机关和行政机关工作人员的具体行政行为侵犯其合法权益,有权依照本法向人民法院提起诉讼。"该规定保证了行政管理相对人的合法权益能够得到人民法院司法审查权的有效保护。司法审查制度的建立有助于提高公民通过司法审查途径使自己的合法权益免受国家行政机关及国家公务员不法行为侵犯的法律意识,同时也可以强化公民对国家行政机关及国家公务员依法活动进行有效监督的主人翁意识。

司法审查之所以具有上述价值,根源在于司法审查结论的法律效力。作为司法审查权法律后果的直接体现,司法审查结论的法律效力是指法律上的既定力、拘束力和执行力。

司法审查结论的既定力是指司法审查结论一经人民法院作出,除由法律规定加以改变的情况外,具有不得加以变更的效力。如《行政诉讼法》第55条规定,人民法院判决司法审查相对人重新作出具体行政行为的,司法审查相对人不得以同一事实和理由作出与原具体行政行为基本相同的具体行政行为。如果司法审查相对人在实践中作出了与原具体行政行为基本相同的具体行政行为,这就违反了司法审查结论的既定力。

司法审查结论的拘束力是指司法审查结论对何人何事产生约束作用。由于司法审查的目的在于监督行政机关依法行使行政职权,司法审查的拘束对象应该是作出具体行政行为的行政权主体以及与具体行政行为相关的行政管理法律关系。对于行政诉讼中的第三人是否属于司法审查的拘束对象，从司法审查的直接目的是针对行政机关依法行使行政职权这一点来看，第三人并不是司法审查结论的直接拘束对象。由于第三人与司法审查结论有利害关系，所以司法审查结论的既定力内容对第三人的权益有影响。

司法审查结论的执行力是指使司法审查结论既定力和拘束力付诸实施的法律效力。《行政诉讼法》第65条规定，行政机关拒绝履行判决、裁定的，进行初次司法审查的人民法院可以强制执行，或者向该行政机关的上一级行政机关、监察机关、人事机关提出司法建议。接受司法建议的机关，根据有关规定进行处理，并将处理情况告诉人民法院。同时法律还规定，对拒不履行判决、裁定，情节严重，构成犯罪的，依法追究主管人员和直接责任人员的刑事责任。

2. 司法审查的法理依据

对于司法介入大学自治争论不休的一个重要原因是关于大学的性质及法律定位的模糊。因此，要阐明司法审查介入的法理依据，应从剖析大学的性质入手。大学在产生之初，为了摆脱世俗权力和宗教势力的控制，确立了"教授立校"的宗旨，即以某些著名的教授作为系、院、校的支柱，以他们为中心向外辐射。在"教授立校"的宗旨下，大学的管理人员（包括最高级别的行政人员）都必须听从教授的领导。我国抗战时期的西南联大就是这种大学模式的典范。"西南联大办学成功的原因是多方面的，但实行民主管理、专家治校无疑是联大茅屋生辉的重要原因之一。其组织结构之简洁明了，教授专家介入决策的环节和程度之深，是今天的大学无法比拟的。"[①]新中国成立后，国家推行计划经济模式，大学实行高度集权式的管理，由中央政府和地方政府分工控制大学的事务，诸如

---

① 董云川：《论大学行政权力的泛化》，《高等教育研究》，2000年第2期，第60－64页。

在经费划拨、人事管理、专业设置、招生就业等方面均由政府单方面决定。随着经济体制的转轨,大学的办学自主权逐步扩大,但大学的行政管理模式变化不大。"在中国,大学的整体概念和形象在许多场合被视为事业单位,在管理上主要沿袭行政管理体制。校长领导院(处)长、院(处)长领导系主任、系主任领导教研室主任、教研室主任领导教师,实行长官负责制,一级管一级,隶属关系清晰,建构了一个金字塔式的组织结构。"①

纵观海外各国,特别是大陆法系国家,大学的行政主体色彩相当明显。例如,法国明确将公立大学视为行政机关,而大学教师则为国家公务员;日本一直也是将大学视作行政机关,虽然 2000 年日本进行了将国立大学改为行政法人的改革,从而使国立大学更少地受国家的直接控制,逐步走向独立化,但其改革后称谓变为独立的行政法人表明大学已成为行政主体;德国则将学校作为公营造物来看待,即由人和物组成,是在一定时期内持续地为公共目的服务的组织体。公营造物的管理是典型的行政管理,即其对使用者所受的侵害应以行政司法途径予以救济。

权力制约理论也为司法审查介入大学自治提供了法理依据。大学的行政主体身份及大学中的行政权力与学术权力并存的权力架构表明,在大学金字塔式的组织结构中,大学自治也就是大学的内部管理更多体现为一种行政权力的运作过程。几千年的权力运作史表明,权力既可以治国安邦,也可以祸国殃民;既可以给人类社会带来巨大的利益,也可以给人类社会造成深重的灾难。不同时代、不同国度的思想家对权力的本性有着共同的领悟和感受。欧洲古代哲学家柏拉图指出:绝对的权力对行使这种权力和服从这种权力的人及其后裔,都是一种不好的企图,无论是以任何方式都是充满灾难的。孟德斯鸠总结了一条亘古不变的经验:一切有权力的人都容易滥用权力,有权力的人们使用权力一直到遇到有

---

① 董云川:《论大学行政权力的泛化》,《高等教育研究》,2000 年第 2 期,第 60-64 页。

界限的地方才休止。现代美国法学家亦作了类似的阐释:"对权力统治在建立和操纵社会方面的特征的观察表明,权力在社会关系中代表着能动而易变的原则。在它未受到控制时,可将它比作自由流动、高涨的能量,其效果往往具有破坏性。权力的行使,常常以无情的不可忍受约束为标志。它自由统治的地方易于造成紧张、摩擦和突变。"①因此,人类社会为了减少权力的负面效应确立了权力制约的原则,司法审查介入大学自治意味着大学的内部管理权力必须受到法律的制约。司法审查的介入可以使大学管理者更加审慎地行使手中的权力,使大学自治行为减少人治的任意成分,增添法治的理性要素。

司法审查介入大学自治也是法治社会发展的必然结果。法治化初期,司法审查的注意力主要放在对国家行政权力的控制方面,而忽略了对诸如行业组织、基层自治组织、社会团体、国有企事业组织等行使的某些公权力的控制。伴随着法治化进程的深入,为了保障管理相对人的合法权益,应强化司法对上述组织行使的公权力的规范和制约。对此,丹宁在《法律的训诫》一书中对法院应否受理团体内部纠纷作过详细的分析:30年以前,对集团滥用或误用权力实际上没有有效的控制手段。法院已经被他们自己虚构的设想捆住了手脚。他们认为——实际上与事实相反——这些自愿性团体是成员个人间的契约的产物。无论成员何时受到集团不公正的对待——或被不正当地开除出集团,那么,只要在规章允许的范围内,他就无法得到法律援助。无论自愿性团体何时与其成员发生争执,法院只能说:"让我们看看规章吧。"这样,法院便陷入了最糟糕的困境。事实是,这些规则就是法规——一套由管理机构制定的所有协会会员都要遵守的法规。这些法规,虽被说成是合同,但也是受法院控制的。如果它们对于职业加以不合理的限制,它们就是无效的;如果它们企图取代法院的司法权,它们就是无效

---

① 博登海默:《法理学——法哲学及其方法》,华夏出版社,1987年,第344页。

的;如果它们不合理地剥夺一个人的工作权利,它们就是无效的;如果它们规定了反对自然公正原则的程序,它们就是无效的。① 在一起关于工会处罚会员的案件中,丹宁支持司法介入此类纠纷,他认为工会委员会是掌握千百人命运的内部机构。工会委员会可以以其决定成就一个人或毁掉一个人,不仅可以开除他的会籍,也可以拒绝吸收他入会,或者还可以拒绝授予他执照或拒绝批准对他的任命。工会委员会的规章往往都有这样的规定,以便能够进行自由裁量。于是它们就要求这种自由裁量应该是一种"不受限制"的自由裁量,法院无权进行干涉。在丹宁看来,工会委员会走得太远了,它们的要求太过分了。丹宁认为,工会不能凌驾于法律之上,而应该受法律的管辖。工会制定的法规应当与国会本身制定的法规一样,由法院来控制。② "法治社会中,司法应是解决纠纷的最终手段,而且大学内部裁判权中有的直接关系学生的受教育权,对于这一宪法性权利的剥夺却无法从国家获得司法救济,有违法治国家的基本原则,亦使大学自治可能退化为大学专制,有违大学自治的初衷。"③

立足当今司法实践,司法审查介入大学自治已成常态。作为英美法系的英国和美国,虽无公法和私法的划分,但对公立或私立学校的划分却十分明显,而且对学校内部特别是学校对学生的不利决定,规定了绝对的司法审查权,完全可以通过司法的途径寻求救济。联邦上诉法院在"狄克逊诉亚拉巴马州高等教育委员会案"中,司法介入了学校开除行为不轨学生的活动;在"戈斯诉洛伯兹案"中,联邦最高法院还将司法的触角扩大到对学生暂停学业的处分。④ 法国行政法院认为,开除学籍、留级等纪律处分决定,如足以

---

① 丹宁:《法律的训诫》,法律出版社,1999 年,第 192－193 页。
② 同①,第 188－189 页。
③ 李丽峰、潘秀红:《司法审查对大学内部裁判权的有限介入》,《政府法制》,2007 年第 3 期,第 20－21 页。
④ 王名扬:《美国行政法》,中国法制出版社,1994 年,第 408 页。

影响到了利害关系人的地位,就不应属于内部行政措施,必须接受行政法院的监督;日本"承认人权的制约应限于该关系的目的所必要的限度内,且此种关系涉及市民法秩序时(如学生的退学处分),就要接受法院的司法审查。"①我国台湾地区司法机构大法官作出的"382 号解释文与解释理由书"曾对司法审查的范围作了更为清楚的说明:"各级学校依有关学籍规则或惩处规定,对学生所做退学或类似之处分行为,足以改变其学生身份并损及教育之机会,自属对人民宪法上受教育之权利有重大影响,此种处分行为应为诉愿法及行政诉讼上之行政处分,受处分之学生用尽校内申诉途径,未获救济者,自得依法提起诉愿及行政诉讼。"②

我国沿袭大陆法系的传统,传承大陆法系的精神,大学性质多为公立,国家授予其一定的行政权力对学生、教师进行管理,学生、教师承担认可和服从学校管理的义务,双方的主体地位是不平等的。这已被北京市海淀区人民法院《田永诉北京科技大学拒绝颁发毕业证学位证行政诉讼案》的判词所证明。在我国目前的情况下,某些事业单位、社会团体虽然不具有行政机关的资格,但是法律赋予其行使一定的行政管理职权的权力。这些单位、团体与管理相对人之间不是平等的民事法律关系,而是特殊的行政管理关系。他们之间因管理行为而发生的争议,不是民事诉讼,而是行政诉讼。③ "田永案"作为对大学内部管理行为进行司法审查的先例,其影响是深远的,不仅被收入《最高人民法院公报》指导今后各级人民法院的审判实践,而且还波及此后的司法解释。1999 年 11 月 24 日《最高人民法院关于执行〈中华人民共和国行政诉讼法〉若干问题的解释》第 12 条规定:与具体行政行为有法律利害关系的公民、法人或者其他组织对该行为不服的,可以依法提起行政诉讼。

---

① 盐野宏:《行政法》,法律出版社,1999 年,第 30 页。
② 吴庚:《行政法之理论与应用》,台北:三民书局,1996 年,第 205 页。
③ 朱世宽:《学校能否作为行政诉讼的被告》,《人民司法》,1999 年第 9 期,第 54－56 页。

这表明,1989 年颁布的行政诉讼法规定的受案范围已经逐步扩大。大学与其成员之间的争议已不再排斥在行政诉讼之外,大学被管理者的个体权利有了司法救济的途径。换言之,司法审查介入大学自治有了法律上的依据。

3. 司法审查的现实需求

作为中国法治进程的一部分,司法介入大学自治正有力地推动大学内部管理秩序的完善。"全世界的教育都由成文的法律规范来调整",然而,"法律化的概念并不是指对教育的成文法律的约束。它是指对教育方面的决议进行司法审查"。① 实际上,正是由于大学内部管理秩序存在问题,才引发了管理相对人维护自身权利的诉讼救济,导致了大学自治领域司法审查的现实需要。

（1）现行大学规章的瑕疵

司法介入的现实需要首先表现在大学规章的瑕疵。《教育法》明确规定,学校及其教育机构"依照章程自主管理"、"依法接受监督"。大学规章对大学内部机构的活动具有明确的规范性,是大学自主管理、自律及接受监督的基本依据,也是我国教育法制体系的延伸和组成部分。按照章程自主管理的法律规定,表明了自主管理权的行使必须遵循法治原则。由于大学规章的制定过程中,片面追求管理效率,缺省民主参与的渠道,欠缺法治理念,因此其存在的瑕疵是有目共睹的。

一是不适当地增加学生的义务,违背了权利与义务相一致的原则。"在设定公民义务时,首先要考虑与该义务对应的权利是否得到保障。如果法律只作单纯义务规定,这样的法律难以为人们普遍接受,难以调动人们守法、护法的积极性。"②某大学规定,文科

---

① 中央教育科学研究所比较教育研究室:《简明教育百科全书·教育管理》,教育科学出版社,1999 年,第 153 页。

② 郝铁川:《不对称的权利和义务》,《检察日报》,1999 年 3 月 24 日。

博士生必须在核心刊物上发表4篇以上论文,理科博士生必须被SCI转载论文4篇以上才有论文答辩的资格。重压之下,博士生们必加倍努力,于是该高校在国内、国际刊物上所发表和被转载的论文数在国内高校的排名突飞猛进,该校也因此声名大振。于是很多高校也纷纷效仿,甚至所作出的规定有过之而无不及。但问题是国内核心期刊就那么多,3年内在同类的刊物上发表那么多文章,可能对相当数量的博士生导师来讲也不那么容易,更何况国内核心刊物往往被一些名人、专家和所谓的学术权威所"垄断"或"包揽"。越来越多的高校作出诸如此类的规定,而且扩招政策将使我国的博士生队伍越来越庞大,博士生怎样才能完成这类硬性指标?如果此类规定必须被严格执行的话,最终的结果只能使学术越来越虚假、浮躁和腐败,并因此制造出更多的学术垃圾和学术泡沫,甚至是拿不到学位的博士生与学校发生矛盾而对簿公堂。"所以,我们的规章制度也应与时俱进,充分考虑现实的客观变化,考虑到学生作为契约一方的主体地位和享有的权利,适时地做相应修订。"①

二是不适当地扩大学校规章的适用范围和调整手段,导致规范之间相互冲突。② 例如,考试作弊是目前学生中一种较普遍的违纪现象,其对大学优良校风和学风的创建产生极大的不良影响,许多大学为了减少和杜绝这一现象,出台了五花八门的"土政策"。某大学的《学生守则》规定,对于考试作弊者,一经发现将给予严厉的处罚:自动停学一年,回家参加劳动,到期后凭家庭所在地基层组织或父母单位出具的证明方可回校继续学习。事实上大学根本无权作出这种实质为变相的"劳教"或"劳改"调整手段的规定。还有的大学为了显示其惩治考试作弊的决心,加大对考试作弊的惩

① 尹力:《试论学校与学生的法律关系》,《北京师范大学学报(社会科学版)》,2002年第2期,第97-106页。
② 黄成松:《依法治校中的法制瑕疵》,《安徽师范大学学报(社会科学版)》,2001年第3期,第37-40页。

处力度,规定考试作弊一经发现,一律予以退学或开除学籍。我们这里姑且不论高考的过程对考生来说是如何的艰辛,上大学机会对学生来说是如何来之不易,仅就其规定本身来而言,也是与《普通高等学校学生管理规定》相冲突的。按照《普通高等学校学生管理规定》第16条的规定,学生严重违反考核纪律或者作弊的,该课程考核成绩记为无效,并由学校视其违纪或者作弊情节,给予批评教育和相应的纪律处分。显然,在教育部的规定中区分了考试作弊的情节轻重与纪律处分的宽严,而所谓"考试作弊一经发现,一律予以退学或开除学籍"的做法,不仅与上位阶规范相违背,也不符合现代行政法所追求的比例原则。行政法上的比例原则是指,行政机关实施行政行为应兼顾行政目标的实现与保护相对人的权益,如为实现行政目标可能对相对人权益造成不利影响时,应尽可能限制这种不利影响,保持二者处于适度的比例。① 例如:2000年杨金德诉上海财经大学一案反映出高校章程缺乏对内部管理体制及相应的内设机构的规定。审理该案的法院认为,根据法律规定,硕士研究生学业的最终结论应由被授权的学校即该案被告上海财经大学作出,其研究生部作为被告的内设机构,在无法律、法规或者规章明确授权的情况下,以自己的名义对原告作出结业处理,应认定为超越职权行为,无法律效力。杨金德案所反映出来的问题绝非个别现象,在很多高校中都不同程度地存在。我国高校内部管理的职权,往往是习惯性沿袭下来,至多由一个经学校批准的内设机构职责范围所规定。至于各种内设机构的职权界定以及在何种程度上代表学校行使职权,并未严格地规定在学校的章程中,这与法治底蕴相距甚远。

（2）大学内部管理失范

大学内部管理的失范是司法介入大学自治的另一个重要原因,司法审查可以促进大学内部管理的有序化。前述"田永案"中

---

① 陈新民:《行政法学总论》,台北:三民书局,1995年,第62页。

学校败诉的一个重要原因,就是由于学校内部管理失范,对田永的退学处理决定实际并未执行。田永被学校认定考试作弊并依据学校规定按退学处理后,除了学校编印和签发的"期末考试工作简报"、"学生学籍变动通知单"外,并未给其办理实际退学手续。在此后的两年中,田永仍以一名正常学生的身份继续参加学校安排的各种活动。田永以该校学生的身份参加了大学英语 4 级考试、计算机应用水平 BASIC 语言测试,重修了作弊课程并考试合格;学校每年依然收取田永交纳的学费,正常为其办理学期注册,为其补办丢失的学生证、发放津贴、安排培养环节,直至其最后修满学分、完成毕业设计并通过论文答辩。上述事实均证明由于学校管理的失范,田永被退学处理的决定实际上并未产生法律效力。然而临近毕业时,学校有关部门通知原告所在的系,因对田永已作退学处理,故不能颁发毕业证、学位证,不能办理正常的派遣手续。① 因此,面对司法审查,学校的败诉就在情理之中。"法治精神要求学校管理尊重和保护个人权利,为此就要求对学校管理行为进行必要的限制。法治的要求使得学校管理不能像非法治状态下那么自由和随意,这或许正是学校管理适应法治社会而走向现代化的一个标志或一种反映。"②

（3）大学管理缺乏正当程序

大学在对管理相对人作出处罚或不利决定时,缺乏符合法治精神的正当程序是大学自治面对司法介入反映出来的一个较普遍的问题。从法律的角度来看,程序主要体现为按照一定的顺序、方式和步骤作出法律决定的过程。其普遍形态是:按照某种标准和条件陈述争论点,公平地听取各方意见,在当事人可以理解或认可的情况下作出决定。在大学自治中,诸如管理相对人的举报、申

---

① 朱世宽:《学校能否作为行政诉讼的被告》,《人民司法》,1999 年第 9 期,第 54 - 56 页。

② 秦惠民:《当前引发高等教育诉讼的若干问题探析》,《判解研究》,2001 年第 2 期,第 60 -78 页。

诉、辩解程序,学校管理部门调查程序,专门委员会听证并作出处罚建议的程序,校长的裁决及作出行政决定的程序,实施具体处罚的程序等均是大学管理是否遵循法治原则的重要体现。如果没有正当程序,大学可以借自治之名随意选择实施管理行为的动机、方式、方法和步骤,可以通过滥设程序壁垒的方法或采用拖延执法的方法取消教师、学生的法定权益,同时也可以通过选择欠科学性和正当性的行使权力的方法加重教师、学生的义务。在这种情况下,大学可以轻而易举地摆脱法律对它的控制和约束,从而使法律蜕变为单方面管制教师、学生的工具。正当程序一方面可以增强大学管理的透明度,限制大学管理人员的恣意,减少自治权侵犯个体合法权利的危险性;另一方面又保留一定的选择空间,以保证自治权管理大学事务的活力。大学自主管理的合法性,不等于其具体管理行为的合法性。大学自主管理权能否得到公正、合理的行使,还必须有与之相适应的正当程序作保障。

刘燕文案的一审判词有力地昭示了上述观点。北京市海淀区人民法院对此案的行政判决书这样表述:"因学位委员会作出不予授予学位的决定,涉及学位申请者能否获得相应学位证书的权利,校学位委员会在作出否定决议前应当告知学位申请者,听取学位申请者申辩意见;在作出不批准授予博士学位的决定后,从充分保障学位申请者的合法权益原则出发,校学位委员会应将此决定向本人送达或宣布。本案被告——校学位委员会在作出不批准授予刘燕文学位前,未听取刘燕文的申辩意见;在作出决定之后,也未将决定向刘燕文实际送达,影响了刘燕文向有关部门提出申诉或提起诉讼权利的行使,该决定应予撤销。"①

从法治的眼光来审视,司法审查作为一种被动性、中立性、权威性和终极性的力量对大学行使的公权力实行外部监督,不可缺少且无法替代。"对于高校内部行政权力的司法审查,不仅在其实

---

① 摘自《北京市海淀区人民法院行政判决书》(海行初字〔1999〕第104号)。

际应用时可以保障权力相对人的合法权益,而且由于司法审查的存在,就会对高校管理人员产生一种心理压力,可以促使他们更加谨慎地行使权力,规范管理行为,自觉地按法治精神办事。"①可以说,如果没有司法审查,通过法律来调整和规范大学校园、建构理性的校园秩序就只能是画饼充饥。

二、司法审查的限度解析

司法审查介入大学自治是一个世界范围内有争议的话题,司法审查介入的必然性,并不能消除高等教育界担忧司法审查对大学自治的潜在威胁。同时,司法界对司法审查介入大学自治也存在着不同的认知,"各地法院对是否受理此类案件一直持不同的态度。即使在已受理的案件中,发生截然相反裁判的情况也不是个别现象,出现了在一国司法空间内对学生诉权保护极不平衡的局面。"②因此,有必要从理论上阐明司法审查介入大学自治的有限性,借助司法审查的有限介入,力求在大学自治与司法审查之间保持适度的张力,既保障大学自治权的依法行使,又维护司法的统一与权威。

1. 司法审查程度的有限性

司法审查制度设立的目的是通过对权利主体受侵害的权利予以救济,以保障其法定权利的实现。作为权利的救济方式,司法审查是终极性的,也就是说,"为了追求纠纷的公正解决,保障个人权利,个人可以跳出教育行政系统内部解决途径,寻求司法救济。但从整体来看,个人寻求司法救济之前,首先应该运用内部救济手

---

① 秦惠民:《当前引发高等教育诉讼的若干问题探析》,《判解研究》,2001 年第 2 期,第 60 - 78 页。

② 程雁雷:《论司法审查介入高校学生管理纠纷范围的界定》,《中国高等教育》,2005 年第 21 期,第 27 - 29 页。

段。事实上即使是非教育领域的行政诉讼案件,法院一般也会要求当事人首先用尽行政内部救济措施(如行政申诉、行政复议等),才能向法院起诉。"①我国《教育法》第 42 条对大学生的权利救济作了规定,"受教育者享有下列权利:对学校给予的处分不服向有关部门提出申诉,对学校、教师侵犯其人身权、财产权等合法权益,提出申诉或者依法提起诉讼。"据此,大学生权利救济的方式主要有两种:以申诉权为主的行政救济和以诉讼为代表的司法救济。

司法审查介入大学自治程度的有限性要求将申诉制度作为司法审查的前置程序。换言之,司法审查介入大学自治的前提是大学生申诉权必须先行行使。通过比较两种权利救济方式,申诉制度作为司法审查的前置程序的理由在于:其一,申诉制度作为一种法定的非诉讼救济制度具有救济途径简捷、花费成本低、工作效率高等优点。司法审查尽管具有中立性、终极性和权威性的优势,但也存在着时间长、程序复杂、费用高、执行困难等不利因素。从教育实践来看,学子告母校诉讼案的出现,多数是由于校内申诉渠道缺失或不畅,大学生为了维护自身的合法权益被迫走向法庭。从司法实践来分析,由于司法资源的有限性,某些行政关系特别是某些内部行政关系,往往留给组织内部的制度、纪律、职业道德或政策去调整,避免一些由完全可以通过内部机制解决的当事人的权利救济问题,被迫进入司法程序,占用国家宝贵的司法资源。其二,大学申诉制度的救济范围具有宽泛性。与司法审查的受案范围所限不同,根据我国《高等教育法》和《普通高等学校学生管理规定》,大学生申诉范围几乎包括了所有侵犯学生权利的现象。有学者对大学生申诉范围作了如下列举:一是学生对学校作出的各种违纪处分不服的;二是学校或教师侵犯学生人身权的行为,如在教

---

① 胡大伟、晋国群:《论司法审查介入高校学生管理纠纷的合理限度》,《现代大学教育》,2005年第 4 期,第 39 - 43 页。

学管理中体罚或变相体罚学生、随意剥夺学生荣誉称号、散布学生
个人隐私等；三是学校或教师侵犯了学生财产权的行为，如违法乱
收费、乱摊派、乱罚款等行为；四是认为符合法定条件，申请学校颁
发许可证、资质证、资格证、学位证、毕业证等，学校没有依法办理
的；五是对学校作出的有关执照、资质证、资格证等证书变更、中
止、撤销的决定不服的；六是认为行政机关（学校）的其他行政行为
侵犯其合法权益的。① 因此，司法审查相对于其他救济手段而言，
并不是最佳选择，只能是不得已而为之的次佳选择。所以，"建立
健全高校学生权益救济体系的重点应是建立与完善学生申诉制
度，其中校内申诉制度的建立与完善是当务之急、重中之重。"②

　　司法审查介入大学自治程度的有限性还在于大学组织内部存
在着学术权力与行政权力两种并存的权力架构，既有以校长为首
的行政权力，又有以著名专家学者群为代表的学术权力。通过前
面的分析已知，两种权力有着不同的权力边界和运行机制，不可混
同。以学术权力为例，在学校、教师与学生的关系中，教师根据什
么来判定学生的成绩？这个成绩很可能关系到学生能否毕业，关
系到学生的受教育权利能否进一步实现，以至于影响学生的生存
权与发展权。学位答辩委员会又根据什么来判定一篇论文能否获
得通过？而通过与否，又直接关系到答辩人能否获得学位，同样也
关系到其受教育权利的实现及其未来的生存与发展。在学校与教
师的关系中，教师职称或导师资格的组织根据什么来判定教师的
学术水平这种专业性很强的学术权力作用领域，交由法院来裁判，
确实勉为其难。因此，司法审查介入大学自治程度的有限性，要求
司法审查进入大学自治领地时，应当认清大学自治中行政权力和
学术权力并存的现象，分清两种权力的不同特质，划清两种权力的

---

① 刘艺：《对高校学生申诉制度的解读与思考》，《高教探索》，2005 年第 5 期，第 50－52 页。
② 管建：《论高校学生权益救济制度的实现途径》，《思想政治教育》，2005 年第 6 期，第 68－
71 页。

运行轨迹,将司法审查的基点落在行政权力上,避免对学术权力的不当干涉。国内较有影响的刘燕文诉北京大学案一审结束后,北京大学法学院研究生会主办了"专家评审与正当程序——'刘燕文告北大'一案大家谈"学术沙龙,沙龙上贺卫方指出:"对于这起诉讼,我曾经有一点顾忌,那就是担心外部权力借此机会,以司法的名义干涉大学的独立,对学术自由与独立产生某种不良的影响。"这种担心所要表达的实质上正是司法审查介入大学自治时应当避免对学术权力的不当干涉,保障大学的学术独立与自由。

如何避免对学术权力的不当干涉? 德国学者的"判断余地"理论为此提供了较好的理论指导。"判断余地"理论的要旨是强调行政机关可以借助不确定的法律概念在某些领域获得一种排他性的"判断余地"的权力,即在独立的法院不能权衡或判断的专业领域,法院必须接受在该领域内作出的行政决定,司法介入的尺度只能是判定该领域的界限是否得到了遵守。通过总结和归纳具体的司法实践,德国联邦行政法院确立了6种"判断余地"的情形,其中与教育领域相关的是"考试决定"和"与考试决定类似的决定"两种情形。① 也就是说,由于这些领域的专业性很强,行政机关所进行的判断具有很强的权威性和科学性,法院一般应当尊重行政机关的决定,对此类决定不能进行内容审查,只能进行形式审查。司法对学术权力形式审查的重点在于学术权力的行使是否遵循了正当程序的原则。学术权力行使遵循正当程序的原则,是大学学术权力公开、公正和公平行使的必然要求,也是大学学术管理走向法治化和现代化的必由之路。正当程序的内容包括事先告知相对人、向相对人说明行为的根据和理由,听取相对人的陈述、申辩,事后为相对人提供相应的救济途径等。早在1723 年,英国的王室法庭在审理"国王诉剑桥大学案"时首次涉及"正当程序"的概念。该案中

---

① 桂萍:《论司法审查介入学术自由的合理限度》,《现代教育科学》,2006 年第 1 期,第 16 - 20 页。

王室法庭的裁决恢复了本特利博士的神学博士学位。该学位曾在剑桥大学副校长主持的一次会议上被取消,而当时本特利没有就此事获得任何申辩的机会。担任该案的首席法官普拉特曾发表如下意见:此次会议在进行与之不利的指控、降低其资格的时候拒绝听取他的申辩,这是与自然公平不相符的。

从我国现有的司法实践来看,北京市海淀区人民法院在"刘燕文案"中找到了一个既不涉及专业判断,又能给当事人提供司法救济的进路,并且对这个进路进行了有说服力的辩析和论证。在"刘燕文案"中,当原告方提出"一个学界泰斗面对他所基本不懂的学科争议时,与北京大学学生食堂的师傅并没有什么区别"①的时候,他所挑战的实际上并不是北京大学学位评定委员会是否具有进行裁决的行政权力,而是对这个组织是否具有学术权力提出质疑。专家们关于学位委员会行使的应该是实体性审查权力,还是程序性审查权力的争论,实质上是关于学校学位评定委员会除了行政权力之外,有没有学术审查权力的问题,即由多学科专家所组成的学校学位评定委员会有没有具体的学术裁决能力。由于现行法律赋予了学校学位评定委员会某种程度的实体性审查权力,因此,这个问题同时是对现行学位制度合理性的质疑和挑战。审理"刘燕文案"的北京市海淀区法院法官饶亚东曾就此案作了如下说明:"对于学术界的理论问题法院能否审理,通过庭审,我们的回答大家应该知道了,法院审的就是法律规定、法律程序。法院判决不能涉及学术领域,学者有自己的自由。"②法官知道判断一篇无线电领域的论文是否达到了博士毕业论文的水平不是法院的兴趣所在,法官没有能力也没有权力涉入该领域。毕竟学生是一个学校的产品,而学校颁发毕业证书是一个学校向社会证明其所提供产品的质量,学校在这个领域内应当享有自主权。国家有关的教育法律

---

① 高娣:《法院:最后说理的地方》,《法制日报》,2000 年 2 月 14 日。
② 参见北京大学法学院研究生会为此沙龙编辑的小册子,第 21 页。

法规只是给高校管理提供一个一般而又笼统、抽象的标准,在具体的细节操作层面以及具体的标准方面,应当尊重一个大学符合自身实际的标准。法院不能替代大学制定这些学术规范和标准,如果法院将何为合适的标准强加给学校,在某种程度上就是侵犯了学校的自治权和学术自由。[①]

值得指出的是,我国大学内部行政权力挤压学术权力,行政权力过多干涉学术事务是普遍存在的现象。例如,大学学位委员会作为一种专家组织,在评价某个学科点或某位学者的学术水平时,所行使的应该是学术权力,其结论应该是学术性的;而大学校长就上述问题所作出的决定应该是行政性的,其所行使的是行政权力,应以学术权力的先期行使为基础。如果不区分两种权力的行使轨迹,错位行使就会使学术权力或行政权力受到质疑。秦惠民曾以我国学位点评审为例撰文对此予以说明:"在我国批准学位授权点的过程中,除了学术水平之外,还应考虑诸如行业和区域发展等其他因素,从而需要进行政治性运行和行政调控。这是可以理解的,它应是行政权力运作的结果,但在实践中则往往要求专家们去考察行业或地区需要,对学术水平的评价还要结合其他因素,把本应由行政权力承担的责任转移给学术权力,使学术权力勉为其难。"[②]这种现象无疑证明了司法审查介入大学自治的必要性,同时也给司法审查对大学自治的精准介入增加了难度。正如有学者指出的:"我国大学内部出现行政主导型的管理体制,使学术自治须依赖于行政权力,导致学术研究自由的相对化,趋向短期性和功利化。而能够缓冲这种消极现象的最好办法便是将司法审查引入大学的行政管理,使行政权的行使控制在法律的范围内,尽可能少地

---

① 桂萍:《论司法审查介入学术自由的合理限度》,《现代教育科学》,2006 年第 1 期,第 16 - 20 页。

② 秦惠民:《高校学术管理应以学术权力为基础》,《中国高等教育》,2002 年第 3 期,第 25 - 27 页。

干涉学术自治。"①

2. 司法审查范围的有限性

众所周知,司法并不能解决所有的行政争议,即使在法治高度发达的国家,司法审查介入所有的争议也是不现实、不可能的,行政诉讼法中的受案范围为司法审查介入的范围划定了区域。"受案范围是行政诉讼所特有的一个制度,其理论基础正是司法审查有限原则。因为司法审查有限原则表明了司法权不能过分干涉行政权,必须为司法权在行政诉讼中设定一个界线,这个界线首先必须解决哪些行政争议可以由司法权介入。"②同时,受案范围也表明合理的司法审查的强度能有效配置行政权和司法权,减少司法与行政的冲突,消解司法审查"制衡不足"和"干预过度"的双重危险。

在"管得最少的政府就是最好的政府"的年代,社会对行政权的效率并不关注。但是20世纪后,社会现代化过程客观上要求行政权高效率运行,以满足行政机关协调日益复杂的社会关系的需要。司法审查制度的确立,在一定程度上减损了行政权的运作效率,这是不言而喻的事实。但是,如果没有司法审查权制约行政权的运行,则滥用行政权的现象可能更加严重,许多国家的行政法学家致力于寻找公平与效率的坐标系中的最佳平衡点。例如美国联邦《行政程序法》第702条规定:"法律授权机关自行决定的机关行为"不受司法审查,以保证行政机关的行政效率。但是,该法第706条又规定:"独断专横、反复无常、滥用自由裁量权或者其他不合法行为",法院有权"宣布其为非法,予以撤销"。这两个似乎矛盾的法律规范内容,实质上蕴涵着公平与效率的关系。

我国的司法审查制度中,法律所规定的行政诉讼的受案范围是有限的。一是法律对行政诉讼的受案范围作了较为明确的规

---

① 王嘎利:《大学自治与司法审查关系之分析》,《江苏高教》,2006年第5期,第7-9页。
② 章剑生:《论司法审查有限原则》,《行政法学研究》,1998年第2期,第68-75页。

定。《行政诉讼法》和有关法律、法规中采用列举式和概括式两种
方法指出了司法审查的范围。例如,《行政诉讼法》第 11 条规定,
人民法院受理公民、法人或者其他组织"对拘留、罚款、吊销许可证
和执照、责令停产停业、没收财产等行政处罚不服",或者"对限制
人身自由或者对财产的查封、扣押、冻结等行政强制措施不服"提
起的行政诉讼。这是用列举的方法规定了人民法院行政诉讼的受
案范围。又如,《行政诉讼法》第 11 条规定,"人民法院受理公民、
法人或者其他组织认为行政机关侵犯其人身权、财产权"提起的诉
讼。人民法院"受理法律、法规规定可以提起诉讼的其他行政案
件"这个表述就是人民法院行政诉讼的受案范围的概括式规定。
二是法律明确规定了不属于行政诉讼受理的事项。依据《行政诉
讼法》第 12 条规定,行政机关的下列行政行为不属于行政诉讼的
受案范围:① 国防、外交等国家行为;② 行政法规、规章或者行政
机关制定、发布的具有普遍约束力的决定、命令;③ 行政机关对行
政机关工作人员的奖惩任免等决定;④ 法律规定由行政机关最终
裁决的具体行政行为。

　　法律对行政诉讼受案范围的限定,为司法审查介入大学自治
提供了有益的指南,但大学自治的特殊性表明,要合理界定司法审
查介入大学自治的范围,还需要学者们进一步的理论思考。对此,
不能不提及德国法学家在该领域的理论贡献,其理论形态经历了
"特别权力关系理论"、"基础关系和管理关系理论"、"重要性理
论"3 个发展阶段。"特别权力关系理论"是德国行政法中的概念,
指行政主体基于特别的法律原因、特定的目的在一定范围内对相
对人有概括命令的权力,而另一方却具有高度服从的义务。特别
权力关系比较典型的有学校与学生、国家与公务员之间的关系。
概括起来,特别权力关系理论的主要特点有:① 义务的不确定性。
在特别权力关系下,行政主体具有概括的命令权,只要是在为行政
目的服务的范围内,尽可以为相对人设置相当的义务,而相对人只
有忠实服从的义务。② 无法律保留原则的适用。享有特别权力的

行政主体有权制定特别规则限制相对人的基本权利。这种限制明显地表现在行政主体的惩戒力上,行政主体可以直接依自己的规则对相对人施以惩戒。③ 法律救济途径缺乏。相对人只能忍受行政主体给予的不利处置决定,而不能利用普通的民事诉讼或行政诉讼为法律救济途径予以救济,特别权力关系排除受司法审查的可能。

第二次世界大战后,随着人权理念的受重视和法治国家理论的发展,"特别权力关系理论"受到普遍批评,学者们也努力对其进行理论修正。"虽然特别权力关系理论的提出,在当时是具有进步意义的,但是由于其排除司法审查与法律保留原则的适用,与宪政精神相背,有关该理论的批评自其产生时开始就没有停止过。该理论的不足主要体现在:一是对有关关系不加区分,一概排斥司法审查,可能会造成行政权的滥用和司法权的萎缩;二是剥夺相关人群寻求司法保护的诉讼权,可能造成部分人基本权利(宪法权利)受到侵犯,与民主、法治的潮流不符;三是使行政机关、公营造物在一定程度上成了自己的法官,与任何人不应是涉及自己案件的审判员的自然正义原则相左。"①正是由于上述的不足之处,"特别权力关系理论"逐渐被"基础关系和管理关系理论"所取代。"基础关系和管理关系理论"由德国乌勒教授创立,基础关系指涉及行政主体和相对人之间特别权力关系产生、变更和消灭的基本事项。如学生入学许可、退学、开除,公务员资格的取得、丧失、降职等,对于这些事项,司法可以介入进行审查,相对人可提起行政诉讼。管理关系指行政主体实施的、不涉及相对人个人身份及法律地位的一般管理措施,如住宿规则、考试规定等,这些措施应视为行政主体的内部指示,不能提起行政诉讼,也无需遵守法律保留原则。应该说"基础关系和管理关系理论"相对"特别权力关系理论"有了极大的进步,但是这一理论也存在固有的瑕疵,主要是在界分"基础关

① 陈太清:《特别权力关系与司法审查》,《河北法学》,2005 年第 5 期,第 108 - 111 页。

系"和"管理关系"上存在很大的困难。

"重要性理论"是 20 世纪 70 年代德国联邦宪法法院审理有关教育纠纷案件时,在扬弃了"特别权力关系理论"并发展了"基础关系和管理关系理论"的基础上创立的。依据该理论:对于属于传统特别权力关系的教育纠纷接受司法审查的标准,依该事项对相对人的意义和重要性,其在形式上不再界分"基础关系和管理关系",而是强调从实质上分析某一特定的行政事项对相对人权利的影响程度,凡是"重要事项"都必须由立法者以立法方式限制,不得由行政主体自行决定,相对人亦可获得司法救济。①

"重要性理论"的影响是超越国界,跨越法系的。"在我国台湾地区,'大法官'通过作成一连串'宪法解释',一再否定'行政法院'老旧判例,使得司法在一定程度上介入传统的特别权力关系成为现实。日本、中国台湾地区的相关规定,基本上是采用了德国的'重要性'理论。在美国,在传统上一向视公务员与国家的关系不同于一般人民与国家间的关系,排除宪法基本权利之适用,直至1946 年《联邦程序法》实施后,公务员与国家之间的纠纷均接受司法审查。"②同样,"重要性理论"也为合理界定我国司法审查介入大学自治的范围提供了有益的指导和借鉴。为准确把握司法审查介入的范围,应当认识到:"高校学生管理行为诉讼是法治进程中的必然,其受案范围是一个变数,在动态的发展过程逐渐呈现其开放和扩大的趋势。因此,在确定其划分标准时,既要考虑恰当地保留大学自治的空间,又要符合司法审查的发展趋势;既要考虑现实的可行性,又要有一定的前瞻性。"③

就大学的学生管理而言,可分为日常的事务性管理和重要事项的管理两大类。前者如学生校服、仪表的规定,作息时间和考试

---

① 毛雷尔:《行政法学总论》,法律出版社,2000 年,第 218 页。
② 陈太清:《特别权力关系与司法审查》,《河北法学》,2005 年第 5 期,第 108 – 111 页。
③ 程雁雷:《论司法审查介入高校学生管理纠纷范围的界定》,《中国高等教育》,2005 年第 21 期,第 27 – 29 页。

时间的安排,每个学期的课程设置,论文答辩时间和指导老师的安排,成绩考核和记载的方法,必修课和公共课的指定等。上述日常的事务性管理,大学享有自治权,司法审查应保持克制。

所谓大学生重要性事项的管理,主要是指涉及大学生基本权利、可能给其当前或将来的人身和财产权益造成重大影响的事项,这些事项应当纳入司法审查的范围。具体而言,主要分为 3 种情形。

一是学籍处理类。学生入学后就与学校形成了特定的法律关系,即在学法律关系。学生因此而获得学籍,具有相应的法律地位,享有相应的权利和义务。当学生学业没有达到规定的要求,或违背学校纪律情节严重时,可能会受到学校的学籍处理,这种处理足以引起在学法律关系的丧失,使学生丧失其在学身份,如取消学籍、开除学籍等。

二是证书管理类。这主要是指不予颁发、补办学业(学位)证书,撤销或宣布学业(学位)证书无效的行为。

三是招生考录类。这里指大学本科和研究生的招生考录管理行为,包括取消保送生资格、取消入学资格、限制报考资格等。令人欣慰的是,天津市某法院曾经在两例驳回起诉案件的裁定书中具体运用了"重要性理论",该法院指出:"警告、记过、留校察看等处分并未改变原告在校大学生的身份,并未剥夺原告经过国家统一考试取得的接受高等教育的资格,属于学校对学生进行正常教育的管理行为,学生对此如有异议可通过申诉等其他途径解决。"①

3.司法审查作用的有限性

对法院在"田永案"和"刘燕文案"的受理和判决,有人喻其为司法的阳光照进了大学殿堂,司法的触角伸进了大学校园,其实,"司法审查的介入作用是有限的。不告不理是司法审查的前提和原则,作为事后救济手段,司法权力在某种意义上是纯粹消极性的

---

① 最高人民法院行政审判庭:《行政执法与行政审判》第 12 辑,法律出版社,2005 年,第134 页。

权力,宪法本身通过其系统学说限制了司法权力,司法控制的紧密
程度取决于法院解释和贯彻宪法的方式,取决于宪法与教育的相
关性。"①司法审查介入作用的有限性主要表现在以下几个方面。

（1）司法的消极性

司法审查介入大学自治作用的有限性表现为司法的消极性,即
司法的介入是被动的,法院受理案件依赖于原告的起诉。在我国,人
民法院不能依法主动对行政机关的具体行政行为进行司法审查,而
必须基于与司法审查结论有利害关系的第三人对行政机关作出的具
体行政行为以及与之相关的行政管理法律关系有争议,向人民法院
提出行使司法审查权的请求才能发生,没有第三人的请求,司法审查
行为无从产生。根据《行政诉讼法》的规定,第三人对人民法院行使
司法审查权的请求是通过作为行政诉讼原告的公民、法人或者其他
组织向人民法院提起诉讼的方式来实现的。但是,传统教育中的母
校情结和感恩意识,使得学生将培养自己的学校告上法庭需要承受
很大的心理压力和非凡的勇气。"媒体在报道近来发生的一系列学
生告学校的案件中,经常以学生告母校为新闻标题,母校这个词是否
反映了人们对教书育人之学校有着一种像尊重、敬爱父母亲的心理,
是否会在学生以及学校潜意识中形成阻碍诉讼的情结?"②事实上,
有过类似刘燕文遭遇的人很多,但很少有人会像刘燕文那样勇于
拿起司法的武器,与学校对簿公堂,毕竟这样做要承受太大的心理
压力,而夺回权利成本的预期值又难以预料。

（2）司法的滞后性

司法的滞后性决定司法审查介入大学自治作用的有限性,即
司法救济是一种事后救济。因为法院审理和裁判是一种事后救济,
它制约了权利主体实现权利的程度,它无权为迫在眉睫的教育问
题寻找或提供可以选择的解决办法。换句话说,在学生诉大学的

---

① 吕莉莎:《司法审查对高校行政权力的制约》,《中国高等教育》,2006 年第 12 期,第 34－37 页。
② 沈岿:《谁在行使权力——准政府组织个案研究》,清华大学出版社,2003 年,第 76 页。

案件中,大学对学生所作的处理决定一般不中止执行。这就意味着即使学生最后胜诉了,但在诉讼过程中,其利益损失可能无法得到全面补偿。比如学校对一名学生作出退学的处理决定,在诉讼期间该学生就无法继续上课,大学生即便是最终胜诉,为弥补落下的课程和学分将会延长学生在校学习的时间,使其预期利益受损。再以"刘燕文案"为例,即使北大果真能秉承其宽容、民主的大校风范,最终裁定授予刘燕文博士学位证书和毕业证书,被告因推迟毕业而导致的工资收入损失也很难得到适时而合理的补偿,其福利分房、职称升迁的机会损失事隔多年就更难予以公平补偿。

(3)司法判决的不彻底性

司法判决具有不彻底性,即司法不能直接代替行政主体通过司法判决作出行政决定。具体来讲:一是对于违法的行政行为被法院撤销后,法律并不禁止对原告的行为重新作出一个行政行为。这表明法院的司法判决并没有彻底解决行政争议,这种判决反而设下了一个潜在的行政争议。二是当被告不履行或者拖延履行法定职责时,经原告请求,法院可以判决被告必须在一定期限内履行法定职责。从效益上说,由法院通过判决代替行政主体履行法定职责是最为经济的,但是,宪政体制并不允许法院行使这样的司法权。应当关注的是,这种履行法定职责的判决也可能再次引发行政争议。三是变更行政行为的判决。对于显失公正的行政处罚,法院可以判决变更,但对于一般有失公正的行政处罚,法院也就无能为力了。尽管显失公正的行政处罚判决已经较深地介入了行政权领域,但它也无法彻底解决一般不公正的行政处罚所导致的行政争议。进入20世纪后,社会现代化过程客观上要求行政权高效率运行,以满足行政机关协调日益复杂的社会关系的需要。司法审查制度的确立在一定程度上减损了行政权的运作效率,这是不言而喻的事实。但是,如果没有司法审查权去制约行政权的运行,则滥用行政权的现象可能更加严重,许多国家的行政法学家提出了一些法理观点,致力于寻找公平与效率的坐标系中的最佳平衡点。① 再以"刘燕文案"为例,即使最终法院判决刘燕文胜诉,授予其博士学位的决定权依然还得回到北京大学学位评审委员会各位评委的手中,也许还是同一批审"内行"的"外行"权威,而由于其起诉行为已对国内一流大学的一流学术权威的话语系统构成了挑战,学位委员的评委们是否还能以其公正之心对待其学位问题也是个未知数,其最终命运恐怕难以预测。

（4）司法权滥用的可能性

司法权可能受到一个国家政治、经济、文化的不当影响,进而导致司法滥用。有学者指出,我国由于改革开放的形势,司法队伍的现状及传统政治、文化的影响而颇具"中国特色",与经济发达而法制健全的国家比较,这种司法权滥用显得更加严重,具体表现为:一是经济利益导致的枉法侵权。虽然与经济发达国家相比我国经济的腾飞还处在起步阶段,但均贫局面已经打破,先富起来的人一些成为社会名流,一些凭着捐赠谋取了官职,凭着官职又谋取了更大财富,并掌握了一部分生产资料和服务群体。这种现象在相当程度上对经济上处于拮据状况的司法人员发生了影响。二是政治利益导致的不法侵权。自清末主持司法改革的沈家本把司法从行政中分开以后,实际上司法从未真正完全离开行政而独立,更未须臾离开政治利益的牵制而存在。从某种角度讲,司法始终是政府大院里的司法,作为政治代表的某些党政和人大领导始终"指挥"着司法的操作,司法官员的政治利益始终操纵在法外要员手中并为其所左右。三是团体利益和地方主义导致的轻法、侮法。新中国成立初期,党和国家曾经竭力反对狭隘的地方主义和小团体主义,提倡以党和人民的利益为重。的确也有一段时间,包括司法人员在内的国家机关工作人员心目中没有一杆个人利益服从组织利益、团体利益服从国家利益、地方利益服从中央利益的标尺。②

①　章剑生:《论司法审查有限原则》,《行政法学研究》,1998 第 2 期,第 68－75 页。
②　沈木珠:《论司法制度性侵权及其防范》,《甘肃政法学院学报》,2001 年第 4 期,第 5－10 页。

（5）司法自由裁量权的模糊性

自由裁量权并不为行政官员所专有，实际上司法官员同样也经常行使自由裁量权。法官自由裁量权的提法源于英美等国的法律，是伴随着英国平衡法的出现而产生的。在中国，尽管曾有人竭力否认法官具有自由裁量权，但实际上法官自由裁量权是客观存在的。对之视而不见显然是一种不负责任的规则完美主义态度，其完全忽略了法官在抽象法律规范具体化过程中所起的决定作用。① 如对《行政诉讼法》第54条所规定的"显失公正"的理解，就是行政诉讼中司法自由裁量权的一个例证。我们还应该看到，中国是一个成文法的国家，再加上违宪审查制度的缺失，自由权、平等权等宪法权利并没有完全得到具体法律的落实，而以法官创造性的判决去突破现有法律的规定，毕竟又有导致不严格依法判决及难以维护法律严肃和稳定的倾向，况且目前中国各地、各法院法官水平参差不齐，总体素质有待提高。如果法官在没有行政诉讼基本原则指导下进行裁量，则裁判权的恣意和任性就难以避免。"由于社会方方面面的干扰、法律本身的弊端、法官制度不完善、法官素质参差不齐等诸多因素，致使法官滥用自由裁量权的现象俯拾即是。诸如'地方保护主义'、同罪不同罚、量刑畸轻畸重、同一案件相同事实而一审与二审判决结果截然不同等。"②

三、司法审查的实践评析

司法案例是微缩的法治，法治是由司法案例构成的整体。司法案例以其直观、生动的方式体现着法治社会的价值追求，导引着普通民众的法律行为。"案例具有直观性，是看得见的法典，是摸

---

① 刘家琛：《当代刑罚价值研究》，法律出版社，2003年，第335页。
② 雷鑫：《司法改革视野下法官自由裁量权的规制与监督》，《行政与法》，2006年第2期，第90－93页。

得着的规则。法治社会的一个基本特征就是同等情况同等对待，同案同判。然而，其中相同或不同的判断尺度，与其说在法官手里，不如说在当事人以及公众心目中。公民是通过案例中一个个生动具体的故事、纠纷和处理结果去感受法律、体会法律的。"①然而，由于我国并非判例法国家，司法案例的特殊价值没有引起国人的足够重视。因此，为了更为直观地阐释司法审查介入大学自治的必要性和有限性，这里选择了国内较为典型的田永诉北京科技大学拒绝颁发毕业证、学位证行政诉讼案的司法判决进行评析。②

1. 案件的事实陈述

原告：田永，北京科技大学应用科学学院物理化学系94级学生

委托代理人：马怀德，北京市大通正达律师事务所律师

委托代理人：孙雅申，北京市大通正达律师事务所律师

被告：北京科技大学

法定代表人：杨天钧，北京科技大学校长

委托代理人：张锋，中国政法大学副教授

委托代理人：李明英，北京科技大学校长办公室主任

原告田永认为自己符合大学毕业生的法定条件，被告北京科技大学拒绝给其颁发毕业证、学位证是违法的，遂向北京市海淀区人民法院提起行政诉讼。

原告诉称：我一直以在校生身份在被告北京科技大学参加学习和学校组织的一切活动，完成了学校制订的教学计划，并且学习成绩和毕业论文已经达到高等学校毕业生水平。然而在临近毕业时，被告才通知我所在的系，以我不具备学籍为由，拒绝给我颁发

---

① 白建军：《案例是法治的细胞》，《法治论丛》，2002年第5期，第25－27页。

② 《田永诉北京科技大学拒绝颁发学位证书、毕业证书行政诉讼案》，《最高人民法院公告》，1999年第4期，第139－143页。

毕业证、学位证和办理毕业派遣手续。被告的这种作法违背了法律规定。请求判令被告：① 为我颁发毕业证、学位证；② 及时有效地为我办理毕业派遣手续；③ 赔偿我经济损失3 000元；④ 在校报上公开向我赔礼道歉，为我恢复名誉；⑤ 承担本案诉讼费。

被告辩称：原告田永违反本校《关于严格考试管理的紧急通知》（以下简称"068号通知"）中的规定，在补考过程中夹带写有电磁学公式的纸条，被监考教师发现，本校决定对田永按退学处理，通知校内有关部门给田永办理退学手续。给田永本人的通知，也已经通过校内信箱送达到田永所在的学院。至此，田永的学籍已被取消。由于田永不配合办理有关手续，校内的一些部门工作不到位，再加上部分教职工不了解情况等原因，造成田永在退学后仍能继续留在学校学习的事实。但是，校内某些部门及部分教师默许田永继续留在校内学习的行为，不能代表本校意志，也不证明田永的学籍已经恢复。没有学籍就不具备高等院校大学生的毕业条件，本校不给田永颁发毕业证书、学位证书和不办理毕业派遣手续，是正确的。法院应当依法驳回田永的诉讼请求。

北京市海淀区人民法院经审理查明：

1994年9月，原告田永考入被告北京科技大学下属的应用科学学院物理化学系，取得本科生学籍。1996年2月29日，田永在参加电磁学课程补考过程中，随身携带写有电磁学公式的纸条，中途去厕所时，纸条掉出，被监考教师发现。监考教师虽未发现田永有偷看纸条的行为，但还是按照考场纪律，当即取消了田永的考试资格。北京科技大学于同年3月5日按照"068号通"知第3条第5项关于"夹带者，包括写在手上等作弊行为者"的规定，认定田永的行为是考试作弊，根据第一条"凡考试作弊者，一律按退学处理"的规定，决定对田永按退学处理，并于4月10日填发了学籍变动通知。但是，北京科技大学没有直接向田永宣布处分决定和送达变更学籍通知，也未给田永办理退学手续。田永继续以在校大学生的身份在该校参加正常学习及学校组织的活动。

1996 年 3 月,原告田永的学生证丢失,未进行 1995—1996 学年第二学期的注册。同年 9 月,被告北京科技大学为田永补办了学生证。其后,北京科技大学每学年均收取田永交纳的教育费,并为田永进行注册、发放大学生补助津贴,还安排田永参加了大学生毕业实习设计,并由论文指导教师领取了学校发放的毕业设计结业费。田永还以该校大学生的名义参加考试,先后取得了大学英语四级、计算机应用水平测试 BASIC 语言成绩合格证书。田永在该校学习的 4 年中,成绩全部合格,通过了毕业实习、设计及论文答辩,获得优秀毕业论文及毕业总成绩全班第九名。北京科技大学对以上事实没有争议。

被告北京科技大学的部分教师曾经为原告田永的学籍一事向原国家教委申诉,原国家教委高校学生司于 1998 年 5 月 18 日致函北京科技大学,认为该校对田永违反考场纪律一事处理过重,建议复查。同年 6 月 5 日,北京科技大学复查后,仍然坚持原处理结论。

1998 年 6 月,被告北京科技大学的有关部门以原告田永不具有学籍为由,拒绝为其颁发毕业证,进而也未向教育行政部门呈报毕业派遣资格表。田永所在的应用学院及物理化学系认为,田永符合大学毕业和授予学士学位的条件,由于学院正在与学校交涉田永的学籍问题,故在向学校报送田永所在班级的授予学士学位表时,暂时未给田永签字,准备等田永的学籍问题解决后再签,学校也因此没有将田永列入授予学士学位资格名单内交本校的学位评定委员会审核。

原告田永提交的证据如下:

① 1996 年 9 月被告北京科技大学为田永补办的学生证(学号为 9411026)。能够证明北京科技大学不仅从 1996 年 9 月为田永补办了学生证,并且逐学期为田永进行了学籍注册,使其具有北京科技大学本科学生学籍的事实。

② 献血证、重修证、准考证、收据及收费票据、英语四级证书、计算机 BASIC 语言证书、田永同班同学的两份证言、实习单位书

证、结业费发放书证。以上证据能够证明田永在北京科技大学的管理下,以该校大学生的资格学习、考试和生活的相关事实。

③ 学生成绩单。能够证明田永在该校 4 年的学习成绩。

④ 加盖北京科技大学主管部门印章的北京地区普通高校毕业生就业推荐表。能够证明北京科技大学已经承认田永具备应届毕业生的资格。

⑤ 北京科技大学应用科学学院的证明。证实田永已经通过了全部考试及论文答辩,其掌握的知识和技能已具备了毕业生的资格,待田永的学籍问题解决后就为其在授予学位表上签字的事实。

被告北京科技大学为此案向法院提交的证据如下:

① 原告田永于 1996 年 2 月 29 日写下的书面检查和两位监考教师的书面证言。这些证据能够证明田永在考试中随身携带了写有与考试科目有关内容的纸条,但没有发现其偷看的事实。

② 原国家教委《关于加强考试管理的紧急通知》、北京科技大学《关于严格考试管理的紧急通知》(校发〔94〕第 068 号)、原国家教委有关领导的讲话。这 3 份材料不属于《中华人民共和国行政诉讼法》第五十三条规定人民法院审理行政案件时可以参照的规章范畴。

③ 北京科技大学教务处关于田永等 3 人考试过程中作弊按退学处理的请示、期末考试工作简报、学生学籍变动通知单。这些书证能够证明北京科技大学于 1996 年 4 月 10 日作出过对田永按退学处理的决定,但不能证明该决定已经直接送达给田永,也不能证明该决定已经实际执行。

④ 原国家教委高校学生司函、北京科技大学对田永考试作弊一事复查结果的报告。这些书证能够证明北京科技大学部分教师、原国家教委高校学生司对田永被处分一事的意见,以及北京科技大学在得知这两方面意见后的态度。

⑤ 北京科技大学《关于给予北京科技大学学生王斌勒令退学处分的决定》、《期末考试工作简报》7 份。这些书证与本案没有必

然联系,不能成为本案的证据。

此外,北京科技大学在诉讼期间,未经法院同意自行调取了唐有兰等教师的证言、考试成绩单、1998届学生毕业资格和学士学位审批表、学生登记卡、学生档案登记单、学校保卫处户口办公室书证、学籍变动通知单第四联和第五联、无机94班人数统计单等书证交给法院,这些证明由于不符合《中华人民共和国行政诉讼法》第三十三条关于"在诉讼过程中,被告不得自行向原告和证人搜集证据"的规定,不能作为认定本案事实的根据。

在庭审中,法庭对双方当事人提交的上述证据均进行了质证。

2. 法院的判决理由

北京市海淀区人民法院认为:在我国目前情况下,某些事业单位、社会团体,虽然不具有行政机关的资格,但是法律赋予它行使一定的行政管理职权。这些单位、团体与管理相对人之间不是平等的民事关系,而是特殊的行政管理关系。他们之间因管理行为而发生的争议,不是民事诉讼,而是行政诉讼。尽管《中华人民共和国行政诉讼法》第二十五条所指的被告是行政机关,但是为了维护管理相对人的合法权益,监督事业单位、社会团体依法行使国家赋予的行政管理职权,将其列为行政诉讼的被告,适用行政诉讼法来解决它们与管理相对人之间的行政争议,有利于化解社会矛盾,维护社会稳定。《中华人民共和国教育法》第二十一条规定:"国家实行学业证书制度","经国家批准设立或者认可的学校及其他教育机构按照国家规定,颁发学历证书或者其他学业证书。"第二十二条规定:"国家实行学位制度","学位授予单位依法对达到一定学术水平或者专业技术水平的人员授予相应的学位,颁发学位证书。"《中华人民共和国学位条例》第八条规定:"学士学位,由国务院授权的高等学校授予。"本案被告北京科技大学是从事高等教育事业的法人,原告田永诉请其颁发毕业证、学位证,正是由于其代表国家行使对受教育者颁发学业证书、学位证书的行政权力时引起的行政争议,可以适用行政诉讼法予以解决。

原告田永没有得到被告北京科技大学颁发的毕业证书、学位证书,起因是北京科技大学认为田永已被按退学处理,没有了学籍。《中华人民共和国教育法》第二十八条规定的"学校及其他教育机构行使的权利"中,第四项明文规定:"对受教育者进行学籍管理,实施奖励或者处分。"由此可见学籍管理也是学校依法对受教育者实施的一项特殊的行政管理。因而,审查田永是否具有学籍是本案的关键。

原告田永经考试合格,由被告北京科技大学录取后,即享有该校的学籍,取得了在该校学习的资格,同时也应当接受该校的管理。教育者在对受教育者实施管理中,虽然有相应的教育自主权,但不得违背国家法律、法规和规章的规定。田永在补考时虽然携带有与考试有关内容的纸条,但是没有证据证明其偷看过该纸条,其行为尚未达到考试作弊的程度,应属于违反考场纪律。北京科技大学可以根据本校的规定对田永违反考场纪律的行为进行处理,但是这种处理应当符合法律、法规、规章规定的精神,不得重于法律、法规、规章的规定。国家教育委员会 1990 年 1 月 20 日发布的《普通高等学校学生管理规定》第十二条规定:"凡擅自缺考或考试作弊者,该课程成绩以零分计,不准正常补考,如确实有悔改表现的,经教务部门批准,在毕业前可给一次补考机会。考试作弊的,应予以纪律处分。"该规定第二十九条规定的应予退学的 10 种情形中,没有不遵守考场纪律或者考试作弊应予退学的规定。① 北

---

① 原国家教育委员会 1990 年 1 月 20 日发布的《普通高等学校学生管理规定》第二十九条规定应予退学的 10 种情形是指:1. 一学期或连同以前各学期考试成绩不合格课程有 3 门主要课程或 4 门以上(含 4 门)课程不及格者;2. 实行学分制的学校,不及格课程学分达到退学规定学分数者;3. 连续留、降级或留、降级累计超过两次者;4. 不论何种原因,在校学习时间超过其学制两年者;5. 休学期满不办理复学手续者;6. 复学经复查不合格不准复学者;7. 经学校动员,因病该休学而不休学,且在一学年内缺课超过该学年总学时 1/3 者;8. 经过指定医院就诊,患有精神病、癫痫病等疾病者;9. 意外伤残不能再坚持学习者;10. 本人申请退学,经说服教育无效者。本书认为以上 10 种情形都不是处分,可视为退学处理,而退学处分是指该规定第六十二条规定的勒令退学,法院判决书提到的退学处分严格意义上应当称为勒令退学。

京科技大学"068 号通知",不仅扩大了认定"考试作弊"的范围,而且对"考试作弊"的处理方法明显重于《普通高等学校学生管理规定》第十二条的规定,也与第二十九条规定的退学条件相抵触,应属无效。此外,按退学处理涉及被处理者的受教育权利,从充分保障当事人权益的原则出发,作出处理决定的单位应当将该处理决定直接向被处理者本人宣布、送达,允许被处理者本人提出申辩意见。北京科技大学没有照此原则办理,忽视了当事人的申辩权利,这样的行政管理行为不具有合法性。北京科技大学实际上从未给田永办理过注销学籍、迁移户籍和档案等手续,特别是田永丢失学生证以后,该校又在 1996 年 9 月为其补办了学生证并注册,这一事实应视为该校自动撤销了原对田永作出的按退学处理的决定。此后发生的田永在该校修满 4 年学业,还参加了该校安排的考核、实习、毕业设计,其论文答辩获得通过等事实,均证明按退学处理的决定在法律上从未发生过应有的效力,田永仍具有北京科技大学的学籍。北京科技大学辩称,田永能够继续在校学习,是校内某些部门及部分教师的行为不能代表本校意志。鉴于这些部门及部分教师的行为都是北京科技大学的职务行为,北京科技大学应当对该职务行为产生的后果承担法律责任。

我国实行学业证书制度。原告田永既然具有北京科技大学的学籍,在田永接受正规教育、学习结束并达到一定学历水平和要求时,北京科技大学作为国家批准设立的高等学校,应当依照《中华人民共和国教育法》第二十八条第一款第五项及《普通高等学校学生管理规定》第三十五条的规定,给田永颁发相应的学业证明,以承认其具有的相应学历。

我国实行学位制度。原告田永是大学本科生,在其毕业后,按照《中华人民共和国学位条例》第四条的规定,可以授予学士学位。被告北京科技大学作为国家授权的学士学位授予机构,应当依照《中华人民共和国学位条例暂行实施办法》第四条、第五条规定的程序,组织有关人员对田永的毕业成绩、毕业鉴定等材料进行审核,以决定是否授予其学士学位。

关于高等院校毕业生派遣问题。"毕业生就业派遣报到证"是各省、自治区、直辖市主管毕业生调配的部门按照教育行政部门下达的就业计划签发的。普通高等学校根据《普通高等学校毕业生就业工作暂行规定》第九条的规定,应当履行将毕业生的有关资料上报所在地的教育行政主管部门的职责,以供当地教育行政部门审查和颁发毕业派遣证。原告田永取得大学毕业资格后,被告北京科技大学理应履行上述职责。

《中华人民共和国国家赔偿法》第三条、第四条规定的行政赔偿范围,只包括违法行政行为对受害人人身权或者财产权造成的实际侵害。目前,国家对大学生毕业分配实行双向选择的就业政策,并非学生毕业后就能找到工作,获得收入。因此,被告北京科技大学拒绝颁发证书的行为,只是使原告田永失去了与同学同期就业的机会,并未对田永的人身权和财产权造成实际损害。故田永以北京科技大学未按时颁发毕业证书致使其既得利益受到损害为由提出的赔偿经济损失主张不能成立。

原告田永在考试中有违反考场纪律的行为,被告北京科技大学据此事实对田永作出的按退学处理的决定虽然不能成立,但是并未对田永的名誉权造成损害。因此,田永请求法院判令北京科技大学在校报上向其赔礼道歉,为其恢复名誉,法院不予支持。

综上所述,北京市海淀区人民法院于1999年2月14日作出如下判决:

一、被告北京科技大学在本判决生效之日起30日内向原告田永颁发大学本科毕业证书;

二、被告北京科技大学在本判决生效之日起60日内召集本校的学位评定委员会对原告田永的学士学位资格进行审核;

三、被告北京科技大学于本判决生效之日起30日内履行向当地教育行政部门上报原告田永毕业派遣的有关手续的职责;

四、驳回原告田永的其他诉讼请求。

一审宣判后,北京科技大学不服一审判决结果,依法向北京市第一中级人民法院提起上诉。其上诉理由是:

一、田永已被取消学籍,原判认定我校改变了对田永的处理决定,恢复了其学籍,是认定事实错误;

二、我校依法制定的校规、校纪及依据该校规、校纪对所属学生作出处理,属于办学自主权范畴,任何组织和个人不得以任何理由干预;

三、我校向一审提交的从教学档案中提取的证据,不属于违法取证,法院应予采信。

依据上述理由,上诉人北京科技大学请求二审法院依法撤销原判,驳回田永的诉讼请求。

北京市第一中级人民法院经上诉审理后认为,原判决认定事实清楚、证据充分,适用法律正确,审判程序合法,应当维持。上诉人北京科技大学认为被上诉人田永已不具有该校学籍,与事实不符,不予采纳。学校依照国家的授权,有权制定校规、校纪,并有权对在校学生进行教学管理和违纪处理,但是制定的校规、校纪和据此进行的教学管理和违纪处理,必须符合法律、法规和规章的规定,必须保护当事人的合法权益。北京科技大学对田永按退学处理有违法律、法规和规章的规定,是无效的。北京科技大学在诉讼中提交的从教学档案中调取的证据,虽然不属于《中华人民共和国行政诉讼法》第三十三条规定的"被告不得在诉讼过程中自行向原告和证人搜集证据"的情况,但是由于无法证明这些证据是在作出按退学处理的决定时形成的,故法院不予认定。据此,北京市第一中级人民法院依照《中华人民共和国行政诉讼法》第六十一条第一项的规定,于 1999 年 4 月 26 日作出判决:驳回上诉,维持原判。

3. 裁判理由的评析

(1)"田永案"之典型性评析

近几年来国内大学涉讼案有很多起,本书之所以选择"田永案",主要由于该案的影响力非同寻常。该案经北京市海淀区人民法院一审后,北京市第一中级人民进行终审,同时在该判决生效后,被最高人民法院作为典型案例收录在《最高人民法院公告》1999 年第 4 期。我国尽管不是判例法国家,司法判例没有拘束力,但被《最高人民法院公告》收录的案例,对下级法院司法审判的指导意义是不言而喻的,可以成为各级人民法院审理同类型案件的直接参照。

同样广受关注的刘燕文诉北京大学案的受理就是直接受到"田永案"的影响。寒窗苦读 3 年、一心渴望知晓自己为何没有获得博士学位的刘燕文,在向北京大学无线电电子学系和学校有关部门询问并向教育部反映皆未果的情况下,曾于 1997 年来到海淀区法院寻求司法救济。但是,其得到的答复是不予受理,法院给出的理由是"尚无此法律条文"。但是,到了 1999 年 12 月案情出现了转机,当刘燕文再次迈入同一个法院的大门时,他顺利地获得了以原告身份与母校对簿公堂的权利。

在国家制定的法律法规没有丝毫修改的情况下,为什么同一法院的法官会作出与以前不同的选择呢? 有学者认为,"原因较为复杂","也许,最为直接的一个原因是:在刘燕文案之前,同一法院在'田永诉北京科技大学拒绝颁发毕业证、学位证行政诉讼案'(1999 年 2 月 14 日判决)中采取了相同的解释策略。虽然我国迄今为止尚未实行真正的判例制度,但是,上级法院或'兄弟'法院的判例在司法实践中实际上已经具有相当程度的参考价值,更何况同一法院? 而且,人们可能认为从保障法律的一致性、稳定性、可预期性等价值出发,法官应当遵循先例。其实,法官对先例的遵循不仅仅来自于法律价值的要求和民众的需求等外在约束,也同样来自于法官维护自身尊严的内在约束"。① 换言之,田

---

① 沈岿:《制度变迁与法官的规则选择——立足刘燕文案的初步探索》,《北大法律评论》,2000 年第 3 期,第 159－203 页。

永案的判决结果为"刘燕文案"的受理提供了法理依据,打开了方便之门。

顺便指出的是,田永案判决不久,2000 年 3 月最高人民法院颁布了《关于执行〈中华人民共和国行政诉讼法〉若干问题的解释》,该司法解释吸纳了田永案的审判实践成果,在扩大对行政相对人的权利救济渠道方面,作了两处重要的修改:一是司法解释第一条第一款规定,"公民、法人或者其他组织对具有国家行政职权的机关和组织及其工作人员的行政行为不服,依法提起诉讼的,属于人民法院行政诉讼的受案范围。"这一规定没有沿袭"具体行政行为"的提法,而改用了"行政行为",应当说对公民权利的保护更为有利;二是《行政诉讼法》第二十五条第四款规定:"由法律、法规授权的组织所作的具体行政行为,该组织是被告。"司法解释第二十条、第二十一条将"法律、法规授权"扩大解释为"法律、法规和规章授权"。① 很显然,增加了规章授权也就扩大了行政诉讼被告的范围。

(2)"田永案"被法院作为行政案件审理的理由评价

对该案被法院作为行政案件审理理由的评价,也就是要阐明该案中北京科技大学为何成为行政诉讼的被告,这也是该案在法院内部产生争议的焦点,②该案例之所以被收录《最高人民法院公告》的原因也在于此。在司法能动主义的影响下,法院给出了富有

---

① 袁明圣:《解读高等学校的"法律法规授权的组织"资格——以田永诉北京科技大学案为范本展开的分析》,《行政法学研究》,2006 年第 2 期,第 1 - 6 页。

② 作为一审法院的北京市海淀区人民法院内部对北京科技大学能否作为行政诉讼的被告也存在着不同的意见。朱世宽法官意识到这一问题的存在,并结合田永诉北京科技大学案提出,颁发毕业证书、学位证书的权力应属于教育行政管理权的范畴,理由如下:第一,该项权力专属于国家,是普通公民和一般社会组织所不能行使的公共权力,只能由教育行政部门和法律、法规授权的组织行使;第二,该项权力行使的依据是法律和行政法规的规定;第三,该项权力的行使是单方行为,无需征求相对人的意见,更不能与相对人协商,颁发"两证"的主体与获取"两证"的主体之间不是平等主体的民事法律关系,而是行政法律关系;第四,该项权力行使的主体是法律和行政法规授权的学校及其他教育机构,我国每年毕业的大学生数量庞大,颁发"两证"的工作不可能由教育行政部门完成,所以,《教育法》及《中华人民共和国学位条例》将此项权力授予了学校及其他教育机构(朱世宽:《学校能否作为行政诉讼的被告》,《人民司法》,1999 年第 9 期,第 54 - 56 页)。

创造性的"说理":

其一,北京科技大学是行政诉讼的适格被告。大学作为事业单位,法律赋予其行使一定的行政管理职权,其与大学生之间不是平等的民事关系,而是特殊的行政管理关系。他们之间因管理行为而发生的争议,不是民事诉讼,而是行政诉讼。

其二,就本案田永的诉讼请求看,北京科技大学颁发毕业证书和学位证书的行为是可诉的行政行为。《中华人民共和国教育法》第二十一条规定:"国家实行学业证书制度","经国家批准设立或者认可的学校及其他教育机构按照国家规定,颁发学历证书或者其他学业证书。"第二十二条规定:"国家实行学位制度","学位授予单位依法对达到一定学术水平或者专业技术水平的人员授予相应的学位,颁发学位证书。"《中华人民共和国学位条例》第八条规定:"学士学位,由国务院授权的高等学校授予。"本案被告北京科技大学是从事高等教育事业的法人,原告田永诉请其颁发毕业证、学位证,正是由于其代表国家行使对受教育者颁发学业证书、学位证书的行政权力时引起的行政争议,可以适用行政诉讼法予以解决。

对于法院的"说理",大多数专家学者持赞同的态度:"在现有的法律框架内,不管学校这个事业单位是否是行政主体,只要其在法律范围内行使的权力具有公权力性质,就可以作为行政诉讼的被告。这样可以方便公民诉讼,又可以防止法官随意放弃诉讼管辖,最大限度地保障人权。"①

(3)北京科技大学败诉原因分析

依据法院的判决理由,北京科技大学败诉主要有以下 3 个方面的原因。

其一,学校的退学处分缺乏相应的法律依据。北京科技大学

---

① 任学强:《论事业单位在行政诉讼中的被告资格——以田永诉北京科技大学案为参照》,《行政与法》,2008 年第 7 期,第 75 - 76 页。

的"068 号通知"不仅扩大了认定"考试作弊"的范围,而且对"考试作弊"的处理方法明显重于《普通高等学校学生管理规定》第十二条的规定,也与第二十九条规定的退学条件相抵触,应属无效。本书认为法院给出的理由尚不令人信服,这里将作进一步论述。即便田永的考场违纪行为构成考试作弊,北京科技大学作出的退学处分也是没有法律依据的。《普通高等学校学生管理规定》第十二条规定,考试作弊的应予以纪律处分;第六十二条又规定,纪律处分包括警告、严重警告、记过、留校察看、勒令退学、开除学籍等 6 种类型;第六十三条更是详细列举了可酌情给予勒令退学或开除学籍的处分的 4 种情形,①而 4 种情形中却没有关于考试作弊的规定。据此,北京科技大学的"068 号通知"对田永认定考试作弊而作出退学处分(应当视为勒令退学处分),违反了《普通高等学校学生管理规定》的有关条款。

其二,学校的处分决定并没有得到学校自身的实际执行。田永丢失学生证以后,北京科技大学又在 1996 年 9 月为其补办了学生证并为其注册,这一事实应视为该校自动撤销了原对田永作出的按退学处理的决定。此后发生的田永在该校修满 4 年学业,参加了该校安排的考核、实习、毕业设计,其论文答辩获得通过等事实均证明按退学处理的决定在法律上从未发生过应有的效力,田永仍具有北京科技大学的学籍。对于北京科技大学辩称的田永能够继续在校学习是校内某些部门及部分教师的行为,不能代表本校意志。法院作出了有力的驳斥,鉴于这些部门及部分教师的行为,都是北京科技大学的职务行为,北京科技大学应当对该职务行为产生的后果承担法律责任。

---

① 《普通高等学校学生管理规定》第六十三条规定的"可酌情给予勒令退学或开除学籍的处分"是指以下 4 种情形:第一,有反对四项基本原则的反动言论和行为者;组织和煽动闹事、扰乱社会秩序、破坏安定团结、侮辱和诽谤他人而坚持不改者。第二,触犯国家刑律,构成刑事犯罪者。第三,破坏公共财产,偷窃国家、集体、私人财物造成严重损失和危害者。第四,有偷窃行为而又屡教不改者;酗酒、赌博、打架斗殴,情节严重者。

　　其三,学校的退学处分决定没有遵循正当程序的要求,北京科技大学对田永作出退学处分的程序缺失在于:第一,北京科技大学没有直接向田永告知处分决定和送达学籍变更通知,没有给予相对人最起码的通知是其处分程序中的缺失。第二,北京科技大学没有给予田永陈述和申辩的机会。例如,在作出退学处分的情况下,相对人应当享有要求听证的权利,这是程序上的又一个重大的瑕疵。也就是说,学校并没有严格执行《普通高等学校学生管理规定》第六十四条规定的:对犯错误学生的处理结论要同本人见面,允许本人申辩、申诉和保留不同意见。对本人的申诉,学校有责任进行复查。第三,北京科技大学没有告诉相对人田永受处分后的相应权利以及救济渠道(例如向学校提出申诉),这也是其处分程序中的缺失。

　　关于正当程序原则在大学管理中的重要性,前文已作了阐述,这里需要强调的是,我国大学在对大学生违纪行为进行处分时,往往重事后程序、轻事前事中程序。以新《普通高等学校学生管理规定》有关学校处分学生的程序规定为例,其明显地存在着"重事后程序、轻事前事中程序"的偏颇。从条款数目来看,事前、事中的程序性规定只有3条(第五十六条至第五十八条),有关事后学生申诉的程序性规定共有8条(第五十九条至第六十六条)。从内容来看,有关事前、事中的程序条款也仅规定了"应当听取学生或者其代理人的陈述和申辩。学校对学生作出开除学籍处分决定,应当由校长会议研究决定。应当出具处分决定书,送交本人"。而对于如何听取学生或其代理人的意见,开除学籍以外的处分由谁以何种形式作出,都没有具体规定。而有关事后学生的救济程序,尤其是申诉制度,较为具体地规定了受理的单位、组成的人员、复查的步骤以及时效等。北京科技大学败诉原因的分析给了我们这样的提示:不仅大学的管理者的程序意识应该强化,即便是法律法规的制定者的程序意识也有待优化。

（4）法院判决结果评判

法院的判决结果共有 4 项：其一，被告北京科技大学在本判决生效之日起 30 日内向原告田永颁发大学本科毕业证书。其二，被告北京科技大学在本判决生效之日起 60 日内召集本校的学位评定委员会对原告田永的学士学位资格进行审核。其三，被告北京科技大学于本判决生效之日起 30 日内履行向当地教育行政部门上报原告田永毕业派遣的有关手续的职责。其四，驳回原告田永的其他诉讼请求。从判决结果的第一项、第二项可知，法院区别了毕业证书和学位证书两者的不同，体现了司法审查对大学自治的理性介入。由于学位证书更多的是学术权力作用的领域，体现了大学自治中的学术自由权，法院审查的介入应当保持节制，法院不能越俎代庖地直接判令被告北京科技大学给田永颁发学位证书，而应责令北京科技大学召集本校的学位评定委员会对原告田永的学士学位资格进行重新审核；判决结果的第三项涉及被告北京科技大学的行政不作为，法院判令被告履行其职责，是合法恰当的；唯一美中不足的是判决结果的第四项驳回了原告田永赔偿经济损失的诉讼请求。法院认为，《中华人民共和国国家赔偿法》第三条、第四条规定的行政赔偿范围，只包括违法行政行为对受害人人身权或者财产权造成的实际侵害。目前，国家对大学生毕业分配实行双向选择的就业政策，并非学生毕业后就能找到工作，获得收入。因此，被告北京科技大学拒绝颁发证书的行为，只是使原告田永失去了与同学同期就业的机会，并未对田永的人身权和财产权造成实际损害，故田永以北京科技大学未按时颁发毕业证书致使其既得利益受到损害为由提出的赔偿经济损失的主张不能成立。对于法院的如此理由，本书持保留意见，或许法院是为了"平衡"当事人双方的诉求，以免对被告造成更大的"伤害"而作出的折中选择。从理论上讲，法院既然认可田永失去了与同学同期就业的机会，完全可以参照其同学的工作时间和收入标准确认田永的经济损失，并以此确定赔偿数额。尽管此案原告田永的主要诉讼请求是毕业证和学位证,并非经济赔偿,但只有使被告北京科技大学在经济上付出代价,才能使其更谨慎地行使行政权力,从而更好地保护大学生的合法权益。

后　记

　　对大学的研究旨趣，首先源于作者多年来一直生活在大学之中。这里所指的大学既有作者求学的南京师范大学、工作的江苏大学、留学的多伦多大学，还有虽未曾去过，但时时魂牵梦绕、心驰神往的哈佛大学、耶鲁大学、剑桥大学、牛津大学等举世公认的世界一流大学。

　　有位教育大师曾说过，大学研究一切，却时常忽略自身，这也是作者对大学进行研究的动力所在。当今世界，大学在国家政治、经济、社会发展中的突出作用已无可争议，而大学能否肩负起这种历史重任是存有疑问的，尤其是缺乏自治传统的中国大学正承担着民族复兴的神圣使命。

　　从法学视野对大学展开研究是源于作者所学的专业。伴随着我国法治进程的渐次深入，依法治校已成为大学管理的必然。在依法治校的背景下，从大学权力的研究进路审视大学权力的现状、剖析问题的原因所在、提出解决的方法是本书写作的目的。

　　本书的写作过程可谓痛苦与快乐相伴，有时为搜肠刮肚、绞尽脑汁而痛苦万分，有时又为灵感突现、茅塞顿开而欣喜不已。更令作者忐忑不安的是，由于学识所限，呈现在读者面前的这本书偏激与错误在所难免，只能期待读者的不吝赐教。

　　在本书付梓之际，作者衷心感谢江苏大学科技处和江苏大学出版社的领导,正是他们的支持与关心才使书稿得以顺利出版,特别要感谢江苏大学出版社的编辑林卉女士,她认真细致的工作使书稿增色不少。此外,江苏大学法学院的刘同君教授为书稿的大纲提供了有益的建议,我的研究生张蓉同学也参与了书稿的校对工作,在此也对他们的无私帮助致以诚挚的谢意!

夏　民

2009 年 12 月